专题史系列

〔日〕森谷克己 著

孙怀仁 译

中国社会经济史

中国出版集团 东方出版中心

图书在版编目（CIP）数据

中国社会经济史 /（日）森谷克己著；孙怀仁译.
－上海：东方出版中心，2024.2
ISBN 978-7-5473-2318-2

Ⅰ.①中… Ⅱ.①森… ②孙… Ⅲ.①中国经济史－
研究 Ⅳ.①F129

中国国家版本馆CIP数据核字（2023）第245972号

中国社会经济史

著　　者　[日]森谷克己
译　　者　孙怀仁
组　　稿　张爱民
责任编辑　刘　叶
装帧设计　钟　颖

出 版 人　陈义望
出版发行　东方出版中心
地　　址　上海市仙霞路345号
邮政编码　200336
电　　话　021-62417400
印 刷 者　山东韵杰文化科技有限公司

开　　本　890mm×1240mm　1/32
印　　张　10.5
字　　数　187千字
版　　次　2024年3月第1版
印　　次　2024年3月第1次印刷
定　　价　89.00元

凡　例

一　"中国社会经济史文库"收录民国时期出版的中国社会经济史方面的著作,这些著作为知名学人所著,并有开宗立论地位,惠及当今学术和大众。

二　入选著作内容、编次保持原貌,编辑底本以民国时期初版原刊或此后影印本为主,若有作者修订本则以修订本为准,另参校他本,以正讹误。

三　原书多为竖排繁体,本文库均改作横排简体,以便读者阅读。目录与正文不统一等明显排印舛误,则予径改。原书中无标点或仅有简单断句者,一律改为新式标点。

四　各时代均有其语言习惯,本文库遵照原本,不按现行用法、写法及表现手法改动原文;原书中凡人名、地名、术语、译名与今不统一者,也不作改动;作者引文时有省略或更改,倘不失原意,也不以原文改动引文。但如确系作者笔误、数据计算错误、外文拼写错误、标点错误等,则予径改。其他情况,则以"编者注"的形式作脚注,进行说明。

五　因年代久远导致的字迹模糊以及纸页残缺等,所缺字用"□"表示;字数难以确定者,则以"(下缺)"表示。

译者序言

中国经济史,到现在还是着了一件神秘的外套。近年来,许多中外学者,虽然很努力是想把这件神秘的外套脱下来,看一看它真实的内面情形,但这件工作毕竟太伟大了,在目前,还不能说已经得到怎样的结果。然而,比较完全的结果,一日得不到,我们也就一日无法把那件神秘的外套脱下来,也就永远看不到它真实的内面情形,而更无法说明了今后中国经济往何处去。前事不忘,是后事之师。

这几年来,在中国读书界中,空气似乎比九一八前要消沉得多了。在过去,还能看到有中国社会经济史的论战,还能看到有许多中外学者关于中国社会经济史的译著出版,但到现在,几乎已是不可多得了。这现象,或者正就是象征着目前中国社会之变态吧。

这本书,为日本京大助教授森谷氏所著,是东京章华社出版的各国社会经济史丛书中的一册,其内容正如著者自己所说,是一本中国社会经济通史,把中国古代社会到一九一一年大革命前的数千年中的经济演变,做了一个很简单的概观。他把周以前,划分为"原始社会";把周朝到秦始皇并吞天下止,划分为"未成熟的封建制度之成立时代";把秦代至东汉末,划分为"官僚主义的封建制度之成立时代";把三国至南北朝,划分为"中古分散的封建制度时代";把隋朝至元末,划分为"官僚主义的封建制度之发展时代";清以后,划分为"官僚主义的封建制度之完成及崩坏时代"。这个时代划分是否准确,姑置不论,但本书著者以为在中国社会经济之辩证法的发展中,保守的契机往往是多过于废弃的契机,换言之,也就是生产力之发展,不但往往不能突破了旧有的生产关系,而且常为旧有的生产关系所克服,这一点,我想是很值得我们参考的。

本书原文中,有许多引证,多出于中国旧籍,现在大部分都已经译者对照原书,将原辞列入,并另列小注,注明其原书书名与章节,以便读者有所参照。唯其中有一二处,尚不知其所出何处,只能俟以后有机会时,再行觅得列入了。本书迻译,曾得许多先辈、友人之鼓励,倪文宙先生的劝奖与援助,尤应于此深表感谢之意。

全书译事,先后计五阅月,中间以人事匆忙,时作时辍。三月二十八日后,又以次儿澄渊之亡,心境不佳,搁笔较久。今全书译竣,而澄渊已不知魂去何方? 沧桑变幻,思之凄然。

译者

一九三五,五一纪念日

原著者序言

　　著者在此小著中的企图，正如表题之所表示者。不过，本书是由一个既非"支那学者"，亦非"支那通"的社会科学学徒所提供的。而社会科学的"支那研究"，发生以来，为日尚浅。这本书，毋宁说，不过是著者为以后此种学问的研究，能更具体化起见，亦即为著者自身起见所作成之未成熟的路标而已。因而，其主要着眼点，是先为"方位之决定"与"基本的诸关系之究明"。不消说，著者也特别为了付梓之故，而费去了种种之苦心，以求在可能范围内，忠实的完成本书的主旨。但其结果，正如此处之所见者，是非常的不满足。这就在著者自身，每次重读此书一遍的时候，也总常常发生着与前不同的新感觉。

　　由来，中国社会经济之研究，自始就不能不与很大的诸种困难相抗斗。因为从外形上看，"中华"中国人之社会，自从原始的种族社会废墟上形成以来，到今日止，它的生活史，已包括了异常长的期间——假若我们远溯至中国历史最初之黎明，果然已经可以发现了在日本神武纪元前数百年时，定住于黄河流域之过渡期殷人社会，那末，其生活史上下已三千年，或已为三千年以上了——而其国土地盘之广袤及人口也非常的大。（今日大中国据说有面积一千百万平方几罗米突①"四百三十万平方哩",人口则将近于五亿。)不仅这样,中国还藏有多量之非人人得易亲近的历史记录。假若更进一步,踏入于此社会内部时,大家又就都不得不为其政治史上激烈的治乱兴亡之迹所眩惑了。而要在此现象上为诸自然基础与诸历史条件所复杂化之中国社会的生活诸关系中,发见其枢轴、秩序、法则,以阐明其经济基础结构之本质及进展的关联时,那他就要感到困难了。而此时,主要的可以凭据之资料,不仅在量的方面为丰富而难以自由运用——虽然有如此多量——就在质的方面,以之确认社会经济史的诸事实关系时,也常常藏有很大的缺陷。此种缺陷,单就各种事实关系之量的方面——因而也与其质的方面有关系——而确证时,已可以暴露。但此种困难,不消说也非绝对的。这些困难,毕竟可以用科学的史观及方法,与更广泛的视界及执拗的分析,来克服它的。

著者在这小著中之企图,是中国社会经济通史及概述。凡通史及概述的一般企图,一般的必先与一种困难相抗斗,这困难就是通史及概述之企图,必先以研究者之个别的诸研究为前提,同时,必须又是这些结果的总括,特别像我们,这困难也很大。这本书的出生,并不是著者自身个别诸研究之结果的总括。因为严密意义之中国社会经济通史,不知将于何日何人而能有所寄与呢!本书,不外主要的是根据旧来"支那学"研究之诸结果,以求确定基本的方位,以为后日个别的研究能得一基点而已。

① 平方几罗米突,即"平方千米"。——编者注。

其时,著者在可能范围内,曾努力于过去"支那学"研究诸成果之掌握。本来,在旧来"支那学"的领域中,不消说,关于社会经济史诸问题的研究乃至关说,在数量上决不能说多。加之,这些在质的方面,纵令在该领域中是很贵重的研究,但未必与社会科学的"支那研究"为同一焦点的。不过,此时在中国资料中,有《通典》《文献通考》等,比较我们容易亲近而得以透视的宝贵编纂物。但这些资料,本来是应由研究者自身,先掌握及考索原资料,然后再与之对质及吟味的。不消说,本书距此种境地正还远。但著者因小著在性质上为一社会科学的"支那研究",所以对于"支那学"中很优越的诸研究,也常不得不加以批评。而这一方面,也不外是希望斯学之前进。

本书之完成,有负于同学大内武次教授之激励与示教者很大。著者于此,深表感谢之意。

这小著的出生,也已很超过了豫定之期日,而是非常的难产。著者与章华社社长田中清之氏之间,约定担当本书以来,已经过了二年,而豫约完成期限,也已过一年多了。在著者,不消说也不是徒过时日的。现在,在书台上已经积了催促或激励之电报数十封。著者已不能再在此以上迁延,致有碍于章华社,及破坏公约。而现在虽已完成,但原稿却已远超于所定分量以上了。著者曾努力于削减,但结局,小著仍然如在此处之所见者,显著的过超本丛书豫定的页数了。著者还希望插图,这点也得到了章华社之快诺。出版者之负担,无疑的已远高出于豫定之上了。著者对于该社,负着不得不抱歉而深谢的义务。其时,该社野岛辰次氏对于著者，又给予了种种之支援。荒木氏对于原稿之整理，也给予了助力。深表感谢之意。

现在，东洋研究，特别是"支那研究"，已为客观的诸事情所制约，而已在于显著被促进之机运中了。譬如东洋古典复兴之企图，与东洋再认识之倡导，就是此种之一表现。从来广泛而强固保存的东洋的东西之已濒于危机，这虽然自有其历史的意义，但东洋研究的促进，却无疑的是一种可喜的现象。不过，东洋之再认识，并不是单为东洋的观念形态，尤其是少数者观念体系之研究与复兴。换言之，真正意义之东洋再认识，是东洋社会之现实的生活过程，尤其是占人口最大多数之直接生产者地位的再认识，而又必须是此种之再认识。但大家都在东洋再认识之名义下，却说着古典的观念形态之复兴，而把东洋社会中直接生产者之地位，毫不顾到。然而最重要的事，却正是要把东洋社会之现实的生活过程，在历史的，世界史的比较下，根本的研究之，而把这种关系，一直阐明到最深处的秘密。著者把未成熟的小著之所以也于此公刊者，是想使中国社会经济史，能够为人人更得亲近，同时，又希望对于理解今日中国社会所不可缺之"中国社会史之进展的经济结构之阐明"，能有所寄与。

一九三四年十二月　森谷克己于京城

目　　录

第一篇　原始时代

第二篇　"未成熟的"封建社会之成立时代

第三篇　官僚主义的封建制之成立时代

第四篇　均田制之成立时代

第五篇　官僚主义的封建制之发展时代

第六篇　官僚主义的封建制之完成与其崩坏时代

绪　　论

（一）本书主旨及方法　这本书的主旨，是想把原始"种族社会"分解同时所形成的中国人社会，由可以远溯之原始时代起，到最近卷入于世界资本主义体制时完了，就其现实生活而考察，借以阐明其经济结构是如何连续的进展，各种形态有如何的特质，以及现实运动的各种事情是怎样。

人类社会，是一个"有机的团体"。而社会之现实的基础，不消说是"经济过程"，特别是"物财的生产过程"。但社会之生产——再生产，只能起于一定方式之下，及与此一定方式相关联之人类一定社会关系之下的。社会之经济方式及经济过程中人类的各种社会关系，形成社会的经济结构，成为社会之基础构造。

如后所述，社会之经济的结构，是有着多种多样的"种类"与"形态"（Type）的。而人类的历史，正如地壳之地质的构造，是种种生存年代与年龄相异的各"种类"与"形态"之"社会经济结构"的重叠与堆积。

而社会之经济的结构，是适应于各社会劳动生产力之一定发达水准的，因而，一个社会经济结构之解体，与转变于另一结构，实在可以归因于社会劳动生产力与经济关系相矛盾与撞着所致。换言之，社会之劳动生产力与该社会之各经济关系相互矛盾时，假若前者可以冲破后者,那末,从来之社会的经济结构,即归于解体,而形成一新的经济结构,在这里,社会也便有了发达。在反对的情形之下,若欲维持旧日之社会的经济结构,那末,社会的生产力,必被破坏,而发生社会之停滞,乃至衰灭。

倘若一国历史之考察,必须以过去研究人类社会与历史所已得之各种结果为基础,那末,我们现在就可以根据此种"基本的认识"。

关于研究及叙述的方法,在形式上,后者当然应与前者相区别的。"研究是应该不分巨细的掌握一切资料,分析其种种发展形态,以究明此种形态之内面的关系。"现实之生活诸形态,一经分析而"还元于各单位"后,可以适应现实的再构成于思维之上。但叙述对于现实之运动,不消说必定是适应的。而现实之运动,必须在此种工作(研究)完了以后,才得以适应的叙述。(注一)

(二)历史考察及叙述之出发点　人类社会之现实的基础,以及历史中根本的决定的因素,当然是社会之生产——再生产过程。但生产不消说是不能离自然条件而独立的。不宁唯是,假若从工艺学的眼光而观察生产时,那末可以说生产实在不外是人类加工于自然,而使自然变形化而已。因此,各种自然条件,不但成为了人类历史的第一前提,同时,在其以后之发展中,也常常是社会生产的契机,(注二)而生作用于社会的生产。这正是历史考察及叙述之所以由各自然条件出发的缘故。但这个已经《德意志的观念形态》之著者所指摘过了。(注三)"一切人类历史之最初前提,当然是活着的人们之个人生存。因此,可以确定的第一件构成事实,就是这些个人的肉体组织,与这些人对其四周自然之关系。……一切的历史叙述,不能不由这些自然基础(意即围绕于人类自身之肉体的属性与人类的自然诸条件,如地质的,山岳水理的,气候的等等事情。——本书笔者)与历史经过中因人类活动所生之诸自然基础的变形化而出发"。同样,《经济学批判》的著者,^(注四)于该书"生产、生产手段及生产诸关系……"一项的开头,举出了八条"于此应述而不可遗忘之要点",最后第八条上,就指摘着说"出发点当然是应该举出种族,人种等主体的与客体的自然规定性"。^(注五)他之所以如此指摘者,其理当已不言而自明了。

社会之自然的基础,可以大别为主体的与客体的二种类。例如种族,人种及民族等自然特性,属于前者,而后者则为自然环境,换言之,即包含地质的,山岳水理的,气候的等诸关系。

不消说,自然的基础,其自身并不是恒常固定的;它不但在长期间中有变化,就是它与人类社会发生关系后,而所作用于人类社会的部分,也随历史而不同。例如有关系于人类社会的自然环境,在牧人种族与原始的耒耨农民,其作用部分是不同的,就是原始的耒耨农民与进一步的农业社会,其作用部分也是相异,同样,农业社会与进入工业化之社会,亦复如是。但大体上,社会劳动生产力所依系之外面的自然条件,除掉气候的因素而不论外,经济上可以分为二大部类。即第一部类是土壤之丰饶力及富于鱼介之河海湖沼等生活资料的自然富源,第二部类是巨大的瀑布,可以航行的河川,木材,金属及非金属矿物等劳动手段的自然富源。这两种类的自然条件,在历史上连续的生作用于社会。换言之,在文化初期,第一类之自然条件有重大的意义;到较高发达阶段以后,第二类之自然条件,就有重大的任务了。^(注六)

(三)"经济社会构成之进展的时代"与中国社会经济史之时代区分 在考察与叙述中国社会经济史的时候,当然仍旧不能不先顾及于过去研究人类社会及历史所已得之诸结果,及其总括的种种公式。这个是社会经济史研究过程中最基础的阶段。

譬如大家都知道的,《经济学批判》的著者,根据当时(前世纪五十年左右)的各种社会经济史研究之结果,举出了一个关于"经济社会构成之进展的时代"之要约。他说:"很概括的而言,亚细亚的生产方式,古代的生产方式,封建的生产方式,及近代布尔乔亚的生产方式,^(注七)这可以举为'经济的社会构成之进展的各时代。'"因而,他是把社会经济史——即社会经济结构之历史的连续——根据其生产方式——即社会成员获得彼等生活资料之方式——而时代的区分的。然则,如上所述的公式,到底应该怎样的理解呢? 因这理解程度之不同,对于一国社会经济史之考察与叙述,自然也就不能不相异了。

人类之社会,由其经济结构而观察,正如地壳之地质构造,一层一层向上重叠堆积而成的。

我们根据摩根之《古代社会》研究(一八七七年出版),^(注八)人类社会可以大别为"蒙昧""野蛮"及"文明"之三时期(Period)与三状态。"文明",是以"文字之发明"与"文字使用于文献的记录"之二条件而划期的。这是一个阶级社会,同时是一个由国家所统括的社会。"蒙昧与野蛮",包含自人类摇篮时代,到进入有史时代止之全部先史时代的诸社会。本质上,那是一个不晓得阶级的社会,是前国家的社会,同时是人类社会之原始时代。

这蒙昧人还并不受地方特性之影响,而异其发展途径。在摇篮时代中,经过数千百年之久,而仅以采取果实,草根,树皮等充作食粮的原始人类——其时已形成明晰之言语——到知道以鱼介为食粮与使用火的时候——同时进入于蒙昧中段——于是就离去了原始栖处的森林及亚热带森林,而扩张到"地球上之最大部分了"。所谓"旧石器时代",大体上就相当于这蒙昧中期。(如后所述,中国的先史民族,也可以上溯至于此一时代)不久,人类发明了弓箭,进入到了蒙昧上段。总之,蒙昧时代之发展途径,无关于地方的特性,可以认为"对于一切民族之一定时代,皆得通用的"。

这样,人类便进入到野蛮时期,同时,也就是进入到"东西两半球自然惠泽相异而发挥效力的一阶段"。野蛮下段,依土器工艺之发明而划期。美洲大陆的土人,也曾经到过这一阶段。但他们除掉少数例外之外,就始终不能不停滞在这一阶段了。更以上的发达,则发生于东半球大陆。发展与停滞,是由社会生产之客体的自然条件所决定。"在东半球大陆——即所谓'旧世界'——几乎有一切适于驯养的动物,有除掉一种例外而都可以栽培的谷物种类。在西半球大陆——美洲,可以驯养的哺乳动物中,只有骆马,而且只在南美洲一部分存在;至于一切栽培谷物中,只有一种——不过是最好的玉蜀黍。"在这样不同的自然条件之影响下,于是两大陆的住民，就不得不走各别的途径了。东大陆的野蛮中段，开始于家畜驯养的同时。牧畜与家畜群的形成，使适宜的地方发生了经营牧人生活的牧人种族——即发生了以家畜为主要劳动部门的诸种族，同时，使他们的社会有别于其余的野蛮人。在这里，发生了"最初之巨大的社会分业"。亚洲的植物栽培，在野蛮中段终叶的时候，才开始于园耕形态之下。青铜器在这阶段时已被发见，而为重要的劳动手段。野蛮上段，以铁矿之镕解而划期。这里，农业渐渐的进步了不久，野蛮人以文字之发明与文字之使用于文献的记录，而进入于文明之域。但不消说，东半球大陆的一切野蛮人，并不是都攀登于"文明"。就在这里，其发达之途径，也仍不能不因地方而相异。

前述《经济学批判》著者所定的"经济社会构成之进展的各时代"之公式，可以认作为是根据当时——尚不知摩根之研究，原始社会研究亦尚未发达——各人类社会发达史研究结果的要约。而且，都是从"原史时代"——即先史时代——到进入历史时代之过渡期后的"人类社会经济结构之连续的进展"。因此，例如进展公式之发端的"亚细亚生产方式"，假若是当时所已知的最低社会阶段，而是历史的始纪，那末，大概其意是指着所谓"农业共产社会"。总之，《经济学批判》著者称人类社会之原史的经济结构为"亚细亚的"，大概其意为农业共同体的构成，而认为在这里是连续的经济社会构成之始纪。[注九]

但是，前述的公式，是一个世界史的范畴。换言之，那是根据世界史规模中人类社会之考察，而所得的社会经济结构之种别，及关于这些"连续进展"之要约。不消说，那是一个适应于社会劳动生产力，而由低向高的经济社会结构之序列。各种经济的社会结构，在这时候，的确是排列于"内部的联系"，"合规性"及"合则性"之下的。然而，那毕竟不过是世界史规模中人类社会经济结构之种别与其重叠堆积而已。换言之，那是一个脱离特定之国家及特定民族之历史而独立的一般的抽象的公式。因此，那个对于各个民族的历史，都得以通用的。然而，这个通用，并不能像摩根对于蒙昧人发展途径研究所得的结果那样，在现实上一律的"通用于一切民族之一定时代"。实际上，各文化民族之社会，不消说是在相互不同的自然条件与历史条件的影响之下，而异其发展过程，同时，其过程也不得不有种种的变异。换句话说，各民族的历史，正如地层堆积之因国而异，及同一系统地层之因环境而异，也同样的可以相互异其经济社会结构之重叠与堆积，同时，相互由各主要条件而观察时，纵令其时代与种别为相同，也可以因环境不同而有种种的变质化。所以，前述的"经济社会构成之进展的各时代"之一般的公式，在考察一国社会经济史时候的通用，其意义只能像"地质时代及地层系统"之一般的公式，在对于一国地质构造研究时的通用一样。

中国社会经济史时代区分之企图，虽然向来并不是完全不存在，[注一〇]但这本书中，却不能不采用多少相异之时代区分。

注一 对于中国研究之存在有"二种途径"，此已经平野义太郎氏所指摘。参照《对中国研究之二途径》一文。（杂志《唯物论研究》第十二号）

注二 契机(Moment)有"动因""要素""机会""偶缘"等之意义,通常指使某种事态转变为别种事态的基因而言。——译者。

注三《德意志的观念形态》一书,为恩格尔斯(Friedrich Engles,1820—1895)与马克思(Karl Heinrich Marx,1818—1883)两氏所合著,其时为一八四五年初,马克思出走不鲁舍尔之后。——译者。

注四《经济学批判》为马克思氏所著,公刊于一八五九年。中文有郭沫若译本,现代书局出版。——译者。

注五 "生产、生产手段及生产诸关系……"为《经济学批判》"序论"第四节,该节中尚包含"……生产关系与交通关系。'生产'与'交通关系'之关系中的国家及财产形态,法律关系,家族关系"等诸项目。——译者。

注六 最初,著者企图以独立之章节,叙述中国社会之自然的诸基础,此叙述虽殆已完成,但于此则姑割爱。

注七 布尔乔亚为"Bourgeois"之译音。"布尔乔亚的生产方式",亦可译作为"资本家的生产方式"。——译者。

注八 摩根之《古代社会》(L. H. Morgan:Ancient Society),中文有杨东蓴等译本,上海崑岺书店出版。上下两册。——译者。

注九 因此,"亚细亚的生产方式",并不是像一般人所主张的"亚细亚的封建制"——即亚细亚的变形化之封建制自体。总之,那是人类社会经济结构之历史的进展,由此所开始之始纪,也就是由原始的共有,移于私有之过渡期社会之经济的结构。对有私见的批评,读者请参照相川春喜氏之见解。

注一○ 例如郭沫若氏,大体上就把中国历史,嵌入于前述之"经济社会构成之进展的各时代"一般的公式中,而企图区分中国社会之历史的诸阶段,为:西周以前——氏族共产主义社会;西周时代——奴隶制社会,春秋以后——封建制社会;最近百年——资本主义时代。参照《中国古代社会研究》。其他之企图,可参照加藤繁博士之《中国经济史》,陶希圣之《中国封建社会史》;威德福格尔之《中国经济史之问题》;沙发洛夫之《中国社会史》;拙稿《中国经济社会史之诸问题》(杂志《历史科学》第三卷第五号)。

第一篇

原始时代

序说　中国人之始原代

　　中国人之原始时代,回溯于遥远之古代时,很缺乏物质的证据,而未开拓之领域,也还是非常多。不过,无论如何我们可以确认中国人有过石器时代——就中之旧石器时代——而由最古之时代起,已扩张于中国了。

　　第一,是陕西甘肃省北部。爱弥尔·李桑氏在一九二〇年,曾于甘肃省庆阳县之北,发现过旧石器时代之石器;一九二二年于鄂尔多斯南部之西拉乌苏果勒河流域,发现过旧石器时代人类之齿与骨;翌年,又于同地附近,发现了旧石器时代动物之化石遗骨,及石器与骨器;更于甘肃省宁夏县附近,也发见过丰富的旧石器时代之遗迹;又在一九二三年,也于陕西省发现了旧石器时代之石器。此时应特别注目的,就是这些遗物,大概都是发见于风力可以运搬之黄土层下部的砂砾层上,而由黄土层上所发见者,极少。这个正是完全证明鄂尔多斯地方,即陕西甘肃省北部,已有过旧石器时代之存在。

　　其他广大的领域,可以说还留着未曾开拓。安德孙等于一九二一年以后，几次在北平西南约三十七哩的地点，发现了可以认为与世界最古人类同一时代之人类的齿与骨。因而，可以说人类之居住，就在这地方，也可以远溯至最古之时代。

至于新石器时代之遗迹，已发现的很多，而其分布也很广大。根据一九三〇年李桑氏之发表，新石器时代之遗迹地，在华北，蒙古，东三省等处，达七十处。而这些遗迹地是亘于陕西，甘肃，河南，河北，山东，热河，奉天等地的。

一九二〇—二一年，北平地质调查所安德孙等，在河南省渑池县仰韶村，发掘了多数的石斧，石镞，石刀，石锹，石制纺锤具，石环等之石器类，及骨镞，贝镞，骨制角制之针，土制纺锤具与各种土器类。不过金属与文字，还未曾发见。恐怕那些是始原代——即尚不知文字与金属利用之——种族占据当时之遗迹。

其后，一九二三—二四年在华北西部甘肃地方遗迹地发掘之结果，已经发见了铜，青铜器。因而，这是表示着由石器时代进入金石并用时代，乃至青铜器时代之种族，已经占据过的事实。安德孙氏推定这甘肃遗址，是纪元前三五〇〇年至纪元前一七〇〇年，十八个世纪间的遗迹。

总之，我们把想像远溯于纪元前数千年以上之太古时，最少，在黄河上流，陕西，甘肃北部，已扩张了了解言语与使用旧石器时代石器——即不磨光之最简单的石器——之蒙昧时代的种族。其次，在经过难测之长时代中，使用新石器时代石器之种族，已扩展于山西，河南等地方。如石镞，骨镞，贝镞等之发见，可知新石器时代之中国人已发明弓箭，而以狩猎为正规的劳动部门，同时以兽肉为常食了。又已知以火，石斧，石刀等加工于自然产物了。妇女子以纺锤具纺树皮之纤维，以手指编织之。由石锹可以推知它们以最幼稚的方法，已了解植物之栽培。从而，它们已开始了村落定住之端绪。同时，它们还已发明了土器，不过犹未知金属。由此而观，可以想像它们已在于野蛮下段。它们的社会，恐怕就是在始原氏族之满开期。

由铜器，青铜时代遗迹之推测，在华北各地的中国人，其后不久，已知道矿石之熔解与金属之利用，而进入于野蛮中段。依摩根氏之人类原始社会研究而推考，它们此时应该已经晓得家畜驯养与蕃殖之方法。即已出现以牧畜为主要劳动部门之种族。其后，它们之间，新的以畜群及其他主要动产，蓄积为"夫"之财产后，就不能不引起了一最深刻之社会的变革——即母权之颠覆与父权之确立。依母权而组织的原始的氏族，可以认为在野蛮中段时，已转变为依父权而组织之派生的氏族了。

我们在考察野蛮上段——即原始社会崩坏期——之前，必须先追寻一下中国人所传说之诸文化阶段。

第一章　传说时代之诸文化阶段

如前节中之已阐明者,中国人已由石器时代,特别是旧石器时代而出发,换言之,已由蒙昧中期而出发。这在大体上,与人类由热带或亚热带之始原的栖处,迁移各地而扩张的时代相一致。

在这悠久远古之始原代的中国人之物质的及社会的生活,可以根据发掘品之搜集,分析,及国际的人类原始社会一般的诸研究结果,而窥得之。不过,又不得不考索中国人已有之传说,或是依分析,溯源,再构成历史时代中所残留之遗制,痕迹等的方法,而究明之。

因此,我们在这里追寻传说中中国人之诸文化阶段。

(一)伏羲(包牺)氏之时代,依然以获得自然界中的东西为食粮。其后,知道了狩猎渔捞之方法,以捕兽(佃),捉鱼(渔)为主要劳动部门而生活。《易经·系辞下传》上说:"古者包牺氏之王天下也,仰则观象于天,俯则观法于地,观鸟兽之文与地之宜,近取诸身,远取诸物。于是始作八卦,以通神明之德,以类万物之情。作结绳而为网罟,以佃以渔,盖取诸离。"假若《易传》可以相信是孔子所作的,那末,制作年代当在纪元前第六世纪末至第五世纪初,而这传说,可以说是当时所盛传的。但如此传说中所传之生活时代,由当时之文化中国人而言,也已经可以远溯于数千年之前了,因此,伏羲氏究为何时之时代,本来已不能确定了。不过中国人也只知道有过那么一个时代而已。

(二)神农氏之时代,已经知道用木制农具之最幼稚方法的植物栽培了。这时候,恐怕也已知道动物之驯养了罢——据《史记》之说,牧畜已始于伏羲氏之时代——交易也已在发生。同样,在《易经·系辞传》中说:"包牺氏没,神农氏作,斫木为耜,揉木为耒,耒耨之利,以教天下,盖取诸益。日中为市,致天下之民,聚天下之货,交易而退,各得其所,盖取诸噬嗑。"

(三)据传说,黄帝,尧,舜氏之时代,以无为而治天下,有许多的发明。发明舟楫,臼杵,弧矢,作宫室,棺椁,知役畜之利,最后发明了文字。在《系辞传》中也说:"神农氏没,黄帝,尧,舜氏作。通其变,使民不倦,神而化之,使民宜之。易穷则变,变则通,通则久,是以自天佑之,吉无不利。黄帝,尧,舜垂衣裳而天下治,盖取诸乾坤。刳木为舟,剡木为楫,舟楫之利,以济不通,致远以利天下,盖取诸涣。服牛乘马,引重致远,以利天下,盖取诸随。重门击柝,以待暴客,盖取诸豫。断木为杵,掘地为臼,臼杵之利,万民以济,盖取诸小过。弦木为弧,剡木为矢,弧矢之利,以威天下,盖取诸睽。上古穴居而野处,后世圣人,易之以宫室,上栋下宇,以待风雨,盖取诸大壮。古之葬者,厚衣之以薪,葬之中野,不封不树,丧期无数,后世圣人,易之以棺椁,盖取诸大过。上古结绳而治,后世圣人,易之以书契,百官以治,万民以察,盖取诸夬。"但在实际上,无论如何,文字(书契)之起源,不能溯于殷代以前。反之,根据传说,中国天文历法的起源,也在于黄帝的时代。传说黄帝,神农氏之世衰,"修德振兵,治五气,艺五种,抚万民,度四方,教熊,罴,貔貅,貙,虎,以与炎帝战于阪泉之野"。大战三次,终于得志,于是驰驱于东西南北,平定万国。帝颛顼高阳,帝喾高辛,也以精通天文历法,而能支配人民。此外,帝尧"乃命羲和,敬顺昊天,数法日月星辰,敬授民时"。换言之,派遣羲仲,羲叔,和仲与和叔四人于东西南北四方,教人民以历法,使其明白农事之适期。帝舜也通晓天文历法而为支配者。由这纪元前二千数百年前以后,传说中国文明发祥地农民所歌唱之有含意的歌谣,如次:

日出而作;

日入而息;

凿井而饮;

耕田而食;

帝力何有于我哉?!

（四）禹之时代(纪元前二二〇五年—二一九八年),据传说,禹以能平水土之功,在帝舜之下,先被任命为掌司水土的官职司空,其后,以治水平土之功劳,终为王,而成夏朝之始祖。当他治水的时候,先由帝都所在地的冀州(其中心为今日之山西省)开始,第一,从南部之壶口着手,切开黄河的河道,然后治梁山及岐山,以影响黄河,这样顺次完成了兖州,青州,徐州,扬州,荆州,豫州,梁州及雍州之治水。同时,他依各州不同之土色,鉴别土质,分田土之肥硗等级为九等,斟酌各种情形,创定九等田赋——此时田土之等级与田赋之等级,未必一致——而且调查土产,指定贡物。根据《禹贡》所载,表示其结果如次:

州名	土质	田等级	赋	贡	篚(装笼之贡物)	包、匦、锡贡(有时,赐命装苴而使贡纳者)
冀	白壤	第五等	第一等			
兖	黑坟	第六等	第九等	漆、丝	织文(有美纹之织物)	
青	白坟、海滨为广斥	第三等	第四等	盐、绤、各种海产物。泰山溪间地方为丝、麻、铅、松、怪石	由山茧所取之丝	
徐	赤地	第二等	第五等	土五色、羽山谷之雉羽、峄山南之桐、浮于泗水边之石、淮夷之真珠与鱼	玄纤缟(黑色细丝绢)	
扬	涂泥	第九等	第七等	金三品(金银铜)、瑶、琨、篠、簜、玉石竹类、齿、革、羽毛、木	织具(织出贝模样之锦)	橘、柚
荆	涂泥	第八等	第三等	羽毛、齿、革、金三品、杶干、栝、柏(木材)砥砺、砮丹(石材)箘、簵楛(竹木)	玄纁(黑绸)玑组(珠与纽)	菁茅、在九江为大龟

州名	土质	田等级	赋	贡	篚(装笼之贡物)	包、匦、锡贡(有时,赐命装菹而使贡纳者)
豫	壤、下土为坟垆	第四等	第二等	漆、麻、绨、纻	纤纩(细丝绵)	磬错(磨磬而成之石)
梁	青黎	第七等	第八等	镠、铁、银、镂、砮、磬(石磬)熊罴、狐狸、织皮		
雍	黄壤	第一等	第六等	球琳(美玉)琅玕(似石玉之物)		

但是,禹还属于传说时代,其事迹当属可疑。因为记载禹之事迹最详细的《禹贡》,在《书经》中入于《夏书》,因而从来都认为夏之史官所作,但如后述,依殷墟出土之龟甲兽骨文字而观,文字在殷代末年,当在形成之过程中,因而,要把文字形成再远溯于一千年前之太古时代,不能不说是很困难的。又何况是文字之利用于文献的记录呢?因而,像《禹贡》之《九州说》那样,也许只是战国时代地理知识发达后之所构想而成的。总之,在《禹贡》中,如"九"州,"九"山,"九"川,"九"江,"九"泽,"九"河等,都爱用着"九"之数字,这一事实可以使我们假定《九州说》实不外是爱用"九"之公式数字时代中的构想而已。

然则,《禹贡》之记载,是否必须如《中国古代社会研究》著者郭沫若氏那样,说是与《帝典·皋陶谟》那样同为"儒家之创作",同为"托古改制之伪作",同样的"断然不可作为古代之史料"吗?我们以为《禹贡》之史料价值,却不能完全否定。诚然,我们很难承认在纪元前二千年以上之古代中国,能有完全体现《禹贡》中所记载事迹之一人格的禹之存在。又如今日所见之《禹贡》的编成,可以假定属于更后之时代,如《战国》乃至汉代。因而,此时在《禹贡》中,无疑的已很多窜入后代之知识与见解,更还加入有儒家之哲理了。不过,我们决不能就因此而把中国古代已有着关于夏禹事迹之传说的事实,也都否定了。换言之,《禹贡》虽然是后人所编成与修饰者,但在其核心中,可以认为是包含有完全不能藐视之传说。而根据《禹贡》之记载,可以说中国农业文化之发祥地,在于山西之溪间低地。因为治水由冀州着手,而冀州在田土肥硗等级中虽然较低,但田赋等级却是第一等。

此时,特别成为问题的,就是中国太古治水之传说,原则上是否得以维持。假若食用植物之栽培,最初为溪间低地的园耕,而开始于河川沿边之湿地,那末,纵令由今日而观,当时之治水不过为小规模的,但在太古,对于尚在自然襁褓中而缺乏必要知识与技术之未开人而言,那可以说已完成了值得惊叹之"大"治水了,因而,禹之治水传说,在原则上不能不说是难以否定的。

《禹贡》中最重要的,是关于其本来内容之"贡"的记载。这个,是如前揭的分为"田赋""贡""筐""包""瓯"之五种。但是,其中只有田赋可疑。因为在纪元前二千年以上之中国古代,很难以承认农业已发达至于已有田赋之成立。如后面的考察,孟子即以"贡"与"田赋"视作为同一物,而称夏之税法为"贡法",但这个却不能不说是基于对原始之"贡"的误解。盖"贡"是"献功也",其意义不过是以人类劳动之结果或产物,献于君主之谓,因而并不即与"田赋"相一致。总之,在禹之时代中,很难承认已有田赋之成立。反之,关于"贡""筐""包""瓯"的记载,就在《禹贡》中也是最古质的文辞,而"贡""筐""包""瓯"是有着差异,即前二者为加以手工的产物,后二者为天产物;在大体上讲,大多是包含着农业以前之产物。因此,《禹贡》中除掉可以疑为后日窜入之"田赋"记事外,而其核心,可以说也许是由太古而来之传说。因为"贡"以下所列举的产物,可以认为是未开时代征服种族对被征服种族所课贡纳之内容。换言之,《禹贡》中关于"贡"之记载,其核心可以说是表现着种族社会中最初的国家之萌芽。

禹开始建立夏朝,而夏朝据说存续了约五个世纪。但是关于当时之经济与社会,却几乎已完全不传。不宁唯是,我们假若由殷代末年之中国社会的文化阶段而观,很难说在夏代已存立了真正意义之国家。

第二章　原始社会之崩坏时代

西历一八九八至九九年，洹水泛滥，在河南省北端——黄河北侧——彰德府（安阳县）西北，有一个名为小屯的村落中，土地流失，结果，露出了许多记载着奇体古字之龟甲兽骨片。在那里，农民更翻掘附近之田土，由黄土层中，发掘了数千同样之破片及若干之青铜器，象牙及土器等。其后，这土地传说实为古来之殷墟。即殷朝帝都之遗迹——《史记·项羽本纪》中曾记载着："洹水之南之殷虚。"许多发掘起来之龟甲兽骨破片中记载的古文字，主要的即不外是殷王室中所行占卜之文辞。

中国在殷代末年——即纪元前第十一至十一二世纪左右——已发明了原始的文字，亦即今日字体之原型。换一句话说，那时文字正在形成之途中。自此而后，中国人遂依文字之发明，而进入于历史时代的阶段。同时，殷墟之发掘，使从来只靠《易经》《书经》《诗经》而对太古中国社会之研究，更得以前进一步了。

先根据传说的说法，最初在唐虞之时代，契为司文教的官"司徒"，被封于商。那里是今日陕西省西安府的商州，所以名为商者，据说是因为其地有商山之故。由契到第十四代的成汤，灭夏之桀王，然后统一天下，国号为商，都于亳。由汤王到第十四代的盘庚——其间有商、亳、嚣、相、耿之五个国都——迁都于殷。此后，王朝即称为殷商，或单称为殷。殷自汤王以至于第二十八代的纣王，为周之武王所灭。殷代前后（纪元前一七六六——一一二二年）据说包括六百余年。

殷之文化圈，在本质上讲，还是以山西南部至河南的一带为中心。但也许还要扩大一点，亦未可知。因为根据传说之说，殷王国为周所灭亡后，即归解体，在黄河南岸，河南地方，残留着殷之后裔而为宋之公领；在黄河北岸，即山西南部河南北部之地方，原为殷之首都，后为卫之公领；在东北部之泰山山麓，则为鲁之公国。由这样看来殷之领域，当自山西高原之麓，东至泰山之麓，南及淮河上流之黄河边，或者还扩大至渭水流域，亦未可知。而在其周围，东有山东之"夷"；南东有徐"夷"与淮"夷"——这些人在某时代时，像是承认殷之宗主权的；南方长江流域为"蛮"之领域；在黄河之西方，居住着"戎"，在北方有"狄"。事实上，殷是被这些四方之诸蛮族所包围着的。

第一节　牧人种族土著定住而营农业

根据殷墟出土的《卜辞》与古器物，可以说殷人已进入于"未开"之上段。换言之，它们已知道金属之熔解与利用，已知农耕，且已发明着文字。但是在本质上——即由当时大部分及主要生产部门而观——还不能说它们已移入于农业社会。根据《史记》的《殷本纪》，殷人自契至汤，八迁其国，更自汤至盘庚，五迁其国——而盘庚迁殷以后，大体上可以认为是已土著定住。这样，我们对于迁殷以前之商代，容易假定为牧人生活。实际上就根据殷墟的出土品，也可以窥测出当时牧畜是很盛。虽然我们不能把殷人之社会，单规定为"牧人社会"，但像玛斯比罗（Maspero）氏那样的规定为"农业社会"，也不能不说是不充分的。要之，那可以看作为是由牧人生活至农业土著的开端。

（1）牧畜　　根据罗振玉氏读得出的《卜辞》之分类，在体上，关于生产占卜中之回数最多的：第一是卜田（狩猎）；第二是卜风雨；第三是卜年（丰凶）；第四是卜渔。但第二位卜风雨的占卜，正如郭沫若氏之亦所指摘者，可以说与牧畜也有关系的。但现在，就把这个姑置不论，此外可以使我们想像当时牧畜很盛的材料，也不贫乏。

根据小岛祐马教授之研究，《卜辞》中如羊，牛，犬，豕，豚，羆，马，鸡等家畜家禽的名称，实在可以看到很多。又牧畜之"牧"字，也可以发见。要之，不能不说殷代即在末年，距离以牧畜为支配的生产部门之时代，也还不远。

当时，家畜为重要的食粮资源，即某种家畜，以肉供食用，某种家畜，以肉与乳供食用。但家畜同时又供祭祀之牺牲用。这常常为数极多。不消说，家畜无疑的也还利用为役畜。但尚无使役于农业劳动之形迹。此外，家畜更使用为交换手段。最后，家畜死亡了,即以其角与骨等,利用为各种器具之材料,或王者占卜之材料。要之,家畜对于殷人是重要的财产,是重要的食粮资源。

（2）农业　　根据罗氏之《卜辞》分类,卜年（丰凶）之占卜,其数次于卜风雨之占卜,即后者为七十七,而前者为二十二。

殷代之劳动用具,不是铁器,最多不过是铜制。而这个还难承认是已到达至铜,锡意识的合金——青铜。不消说,在某种时候,因为铜与锡存在于一处的关系,偶然的造成过青铜,也未可知。但是发掘起来的铜器,经化学分析的结果,是纯铜。这样的铜器是很软而柔弱的,因此尚不足以驱逐石器。因而,当时石器还作为劳动用具,而负着重要之任务。石斧、石刀、石锹等都被应用着。不仅这样,木器无疑的也还作为劳动用具而负着重要之任务。因为就在一千年左右后之汉代,如后所述,也还有"木耕手耨"之故。在殷代,农用役畜当然还不知道。

殷代之农作物,以黍为主要作物,其次为禾,麦,米等。又,桑树似乎也已被种植着了。因为在《卜辞》中,"桑"字也可以发见之故。因而,桑树既已种植,当然养蚕也不能不说已经营着了。

要之,殷代之农业,以木器与石器为主要农具,主要的不能不说是在于"木耕手耨"之阶段。即在于所谓"耨耕"之阶段。

（3）狩猎及渔捞　　《卜辞》由其种类而言,除掉关于祭祀及王者之出入者外,以卜田（狩猎）者为最多。但这个事实,意义并不是说殷代就是狩猎时代。一般人类史上,是否存在有狩猎时代,姑置不论,但由《卜辞》分类而即假定殷代为狩猎时代时,那末,这不能不说是藐视了《卜辞》之性质。《卜辞》是王者占卜之记录,因而,关于田的占卜,大体是关于王者之狩猎者。《卜辞》中卜狩猎的所以占多数,正表示着当时狩猎盛行着为支配者之游乐,而其意义,未必是说狩猎为一般住民主要之食粮获得手段。不过,在某种程度内,无疑的一般住民,恐怕也以狩猎作为着食粮获得之补助手段。渔捞在支配者间,不很通行,据《卜辞》之分类,卜田者百二十三,卜渔者仅七回而已。

狩猎具是弓,矢,网,陷阱等。其时,犬已被利用,马也已被使用为乘御之用。渔具是"梁"及"笱"。

当时,在文化中心地的四周,有多种野兽咆哮着。田猎之主要对象,是鹿、狼、羊、马、豕、兔、雉等。据郭沫若氏所说,狩猎一回所获物之最高记录,鹿为三八四头,豕为一一三匹,狼为四一匹。但是关于虎豹等猛兽之记录,完全没有。

要之,狩猎对于一般住民,不过为补助的食粮获得手段,同时已为"一部分特权阶级间所仪礼化娱乐化"(小岛教授语)了。

(4)工业生产　　殷代之劳动用具,最多是铜器。那个还不能不以石器与木器来补足。因而,工业不能不说是在极幼稚的阶段。

当时之工业生产,第一,是土器制造,这个一部分是已进于工艺化。第二,是铜矿之镕解与铜器之制作。铜在当时是最贵重,主要的用作为武器之制作。第三,如《卜辞》中之能发见"丝""帛""衣"等的文字,因此纺织也已经营了。这不消说是家内工作。此外,在家庭中也造酒。最后,如《卜辞》中之能发见"宫""室""宅""家""舟""车"等之文字,建筑也已进于某种程度了。

要之,工业除土器制造之一部分,铜器制造及工匠等外,仅止于家内工作之阶段。而且,即令这些是专业化的手工业,但也恐怕是隶属于支配者的。

（5）交易　　殷代交易之发达水准,恐怕还不出于自然产物不同之诸共同体间的交换。这种交易,最初,恐怕是以家畜,兽皮来尽货币之职能的,其次,龟甲贝壳也尽了货币之职能。而当时用作为货币之贝壳,据说是子安贝。这恐怕是殷人与沿海诸种族交易而所得者,或者是使沿海诸种族所贡纳者。最后,因养蚕之发达,而绸帛也用作过为货币。

殷代之交通,以战争为主要之形态。武器是劳动手段中的最发达者。战争频繁的发生着,但当时之战争,是扩张文化,掠夺人类劳动力及财货,同时,是混血而使种族向上之主要的交通形态。

第二节　　由种族社会到国家

殷代之中国社会,是在父权组织的氏族社会,进到国家形成之过渡期中。换言之,乃在于由野蛮到文明之过渡期中。

通常,称中国太古之氏族社会,崩坏于虞夏之间——西历纪元前二二〇五年,日本神武纪元前一五四五年。因为传说尧舜让位于贤人,至夏禹时,始传位于子孙,树立王朝,而开王位世袭之道的缘故。但是,对于殷代以前的中国社会,可以信凭之史料,几乎完全不存在。

总之,可以说殷人还是氏族组织。但殷代之氏族组织,不是母权的氏族,而是依父权所组织的氏族,并且已逐渐为国家的统制所代替。认为由蒙昧中期出发之中国社会中,无疑的曾经行过母权,但已颠覆于不可知之先史时代。

但是关于这一点,郭沫若氏对于殷人之社会,假定为彭那鲁亚婚,[注一]母权,及氏族共产制,以殷代认为是由原始的氏族共产社会,到奴隶国家之变革期。但对此见解,不能无疑。

第一,郭氏根据《卜辞》,因为殷代末年亲族称呼上有多父,多母之现象,所以就主张殷人是生活于彭那鲁亚家族之下。但是,一时代中亲族称呼上之多父,多母,并不能就举为是该时代群婚的证据。因为亲族称呼上之多父多母,在春秋时代亦复如是——即小儿对父与父之兄弟,概称之以"父",对于母及其姊妹,概称之以"母",但不以"父""母"称父之姊妹及母之兄弟的。然而,无论何人,也不假定春秋时代为群婚。又郭氏所依据之摩根,也不说因一社会中亲族称呼上多父,多母之发见,即认为该时代是行着群婚或彭那鲁亚家族。加之,摩根氏已认彭那鲁亚家族在蒙昧上段已归废弃,且已进入于对偶家族。但是殷代已表现为野蛮中期或上期。

第二,郭氏对于殷代之欲论证为母权,主要的是根据王国维氏的研究,举了三件事实:(甲)殷人对于先妣都行特别之祭祀;(乙)殷人对于帝王,称之以"毓","毓"字有生子养育之意,实为母权时代之"遗孽";(丙)王位继承是"兄终弟及"之制。实际上,殷代"共三十一帝十七世,直接传于子者,仅不过十一,二,三,兄弟相及者,占过半数以上。"但是,以这些证据,还不能说殷代是母权之支配。因为三个论据中最重要的是王位继承,三十一帝中,过半数为兄弟相及的另一面,当然近半数是直接传王位于子的,这一事实,与母权就绝对不相容了。在行母权的时候,小儿归于母之氏族,而绝对是不能继承父亲的。小儿之得以及父,就不能不说是行父权之证据。要之,殷代之氏族是依父权而组织的。

而殷人之社会,氏族的统制,已逐渐为国家的统制所代替。例如树立殷王朝的汤王,恐怕就是种族之最高军帅。他伐夏之桀王归,都于亳,而对"万方之百姓"发过谕告(《书经》,《商书·汤诰》),这"万方之百姓",即是诸氏族,由此开国家树立之端绪。又盘庚迁于殷时,及又迁都以后,对"百姓"发过谕告(《商书·盘庚》上、中、下),而这"百姓"亦为诸氏族。但盘庚压服了诸氏族的反对,迁都于殷——即种族评议会已丧失了民主主义的性质。但是,氏族组织到殷末,还依然维持着。因为根据《春秋左传》,定公四年子鱼的话,周初,周公之时代,其子伯禽封为鲁公——鲁之地为殷之领土,分予以殷之民六族——条氏,徐氏,萧氏,索氏,长勺氏,尾勺氏,又武王之弟庚叔封于卫——殷代之文化中心地,分予以殷之民七族——陶氏,施氏等等。

如上所述,在殷代,一方面存在着氏族组织,同时他方面亦已有国家萌芽之生长。这原因,第一是由于支配者氏族已形成了之故。殷之祖契之子孙,被分封后,形成了以国为姓的支配者氏族。"——契为子姓其后分封,以国为姓。有殷氏,来氏,宋氏,空桐氏,稚氏,北殷氏,目夷氏"(《史记·殷本记》)。第二,因为"百官"已备,而又有总率之的冢宰了。例如盘庚迁殷,先正君臣上下之位，而对"邦伯，师长，百执事之人"发一谕告，令对民须悯惜。

　　但是，中国人之国家建设的事业，如次篇之考察者，实由周人所完成，同时，由此而真正入于历史时代。

第三节　结　　论

　　殷代在本质上，还不脱野蛮时代。换言之，应该说尚未入历史时代。而关于殷人之文献的不备，就是纪元前第六世纪末乃至第五世纪初年之孔子，也感到了。他说——"夏礼吾能言之，杞不足征也；殷礼吾能言之，宋不足征也。文献不足故也，足则吾能征之矣。"（《论语·八佾篇》）

　　注一　彭那鲁亚婚，即男女除自己的同胞姊妹兄弟外，皆得任意结合之群婚。——译者。
　　注二　杞与宋为当时——春秋时代——现存之公国。据称杞为夏后禹后之苗裔，为周之武王所封，以奉夏后氏之祭祀。又相传宋为殷之末裔，为周公所封，以奉祖先之祭祀。然据孔子之说，当时夏殷两家，都没有足征的记录了。

本篇参考文献

驹井知爱，江上波夫，后藤守一著：《东洋考古学》（《世界历史大系》2）
道野鹤松著：《由化学上所见之古代中国的金属与金属文化》（载《东方学报》第四册）
内藤虎次郎著：《禹贡制作之年代》（载《东亚经济研究》第六卷第一号）
加藤常贤著：《舅姑甥称谓考》（载京城帝国大学法文学会之《朝鲜中国

文化之研究》第二部论纂第一辑）

郭沫若著:《中国古代社会研究》

小岛祐马著:《殷代之产业》(载《支那学》第三卷第十号)

丹羽正义著:《殷周革命》(载《支那学》第三卷第九号)

玉井是博著:《唐之贱民制度与其由来》(载《朝鲜中国文化之研究》)

田崎仁义著:《中国古代经济思想及制度》

仝人著:《古代中国经济史》(《经济学全集》第二十八卷内)

陶希圣著:《中国婚姻与家族之发达》

饭岛忠夫著:《中国古代史论》

小川琢治著:《中国历史地理研究》并其续集

桥本增吉著:《东洋古代史》

希尔尔原著:《中国古代史》(西山荣久译补)

罗振玉著:《殷虚书契考释》及《殷虚古器物图录》

《易经·系辞传》

《书经·虞书》,《夏书》并《商书》

《史记》

Legge, Chinese Classics, Vol. Ⅲ, The Shoo King.

Anderssen, Children of the Yellow Earth：Studies in prehistoric China, London, 1934.

Maspero, La China antique paris, 1927.

第二篇

"未成熟的"封建社会之成立时代

序　　说

　　"厥初生民，时维姜嫄。"这是出于《诗经》之歌谣文句。^(注一)根据传说，周人之祖先，是那神农氏之后，有邰氏之女及帝喾高辛氏之妃的姜嫄——姜为姓，嫄为名——感天而生的后稷——名弃，后稷为官名。弃生来就善于农耕，无论种大豆（荏菽），禾谷，麻，麦，瓜，瓞，都得着很好的结果。于是，帝尧任命他为农官"后稷"。后稷遂开拓草深之处——盖当时一方面任命禹为司水土之官"司空"，而完成其治水事业——播种黍谷（黄茂）。那结果不消说是很好的。于是，帝尧因后稷教民农耕之功，封于姜嫄所出之邰，为其建家室，以奉其母姜嫄之祭祀。但后稷之子孙，因不肖而失官职，且没落到了戎狄之间。其后至公刘，率一族移居于豳。如《诗经》的《大雅·文王·緜篇》中所歌之"民之初生，自土沮漆"，周人是占据着沮水及漆水——渭水之二支流——之边，开始土著定住，逐渐滋生。但他们在那里并不就固定不变。其后，经十代而至古公亶父（太王），因常被戎狄之侵扰，于是弃豳，自己乘马沿水流东行,移于东南方的岐山——一说禹治水时所治梁岐二山中之一,即此山——之南。他在那里,发见姜女,而与之结婚。又烧龟甲而行占卜,遂建周室于此处。跟来的一族,就以周室为中心,定住于其四周左右。通称此为"岐周"。古公在占据豳地时,还是在营穴居生活而无家室的状态。周原的土地,非常肥沃,堇,荼——草叶之名称——等,都甜得同糖一样的,因此,他非常欢喜,而与一族就土著于此,先垦治土地,导水流,开拓田亩。这样,开垦逐渐进展后,他就召集司空、司徒,使他们建筑宗庙、宫室、门社等。周之国家建设,即开始于此。周人在占据于豳的时代,在本质上可以认为还是牧人种族。

周初,古公(太王)之次,立季历(王季);季历之次,立西伯(文王)。其间,周室日益荣达,接连的征服了四邻之诸种族,或与之缔结同盟。最后,到西伯之子武王,灭亡殷代,建设了未成熟的封建组织之国家。西伯的时候,移都城于丰邑——陕西省关中道鄠县之东。武王再度迁移,据说一方面是经营镐京——长安之西南——为"西都",他方面经营洛邑——河南省洛阳县——为"东都"。

注一 见《诗经·大雅·生民篇》——译者

第一章 古代中国农业社会之成立

根据《诗经》之说,古代中国农业之祖,大体是周人之祖后稷。譬如据《閟宫篇》之说,后稷曾继禹之事业而开始农业。不过,据《小雅·信南山篇》之说,是由禹开始农业。但不问禹或后稷,都远在唐虞之世,而是一个传说中之人物,因此很难以信凭的。总而言之,周人不是中国最初发明农业的民族。因为一方面,殷人已曾经知道了种种食用农作物之栽培,而另一方面,周人自身在土著于岐山之南以前,恐怕还营着牧人生活。

但是,古公亶父于岐山南发见周原,而土著定住于此处以后,农业已急速进步了。以前,在周原,恐怕曾经住过经营更进步的农业之种族。古公亶父在岐山南遇姜姓之女而缔结婚姻,行占卜而与一族土著于此以后,生种族之交婚,其结果,因自然淘汰而使更优秀之头脑发达了。农业生活次第增进,

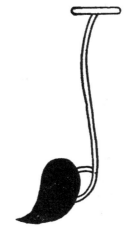

耒耜图

社会统制组织也就渐次整备了。古公之孙西伯(文王),成为了四十余邦——村落共同体——之支配者。要之,中国由这时候起,才真的入于农业社会。牧畜及狩猎,在周代时也还很盛,但是已非住民之主要的食粮获得方法,而不过是供公家诸侯等游乐用而已。

第一节 农 业

(1)农具 周代之农具,据《诗经》所载,是"耒耜""钱""镈""铚""斧""斨"等。依靠畜力的犁,尚未发明。耒耜是最古的农具,最初是削木而成的。斧,斨最初恐怕是石器罢。但是,这些东西到了周代,可以认为是已与钱,镈,铚等同样的渐次用金属而制造了。

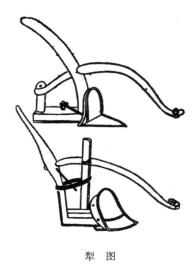

周代之劳动用具,虽已变为金属所制,不过还是青铜器。据《周礼·考工记》,周代之钱,镈等农具,是以铜二锡一之比率的合金"青铜"所制作者。——但果真如此,那末,青铜所制农具之硬度,几乎可以说是很理想的了。因为青铜在包含锡三一·八%时,其硬度为最高。至于铁器的利用,在周代不能不说是还未知道——郭氏对

犁 图

于铁之利用,虽然承认是在于周初,但并不曾举有历然不爽的证据。铁器之利用,毋宁说是在春秋战国时代才知道。

最后,农耕用之役畜,其时也尚未知道。因而当时是以人类代替着动物,由两个人相并的拿着耒耜而耕作,这个通称为"耦"耕。

(2)主要农作物　周代之主要的食用农作物,是黍稷。这个,我们从传说中农官之称为"后稷"的事实上,可以想像出来。但实际就在《诗经》上也可以举出多数之证据。黍稷分类为多数种类,即秬,秠,穈,芑,重,穋,稙,稺等。而稷可以解说为今日之高粱。

次于黍稷的是稻,粱,菽,麦(来,牟),麻(结实而供食用)。

周代,诗人总称这些农作物,不用五谷,六谷,九谷等的名词,而称之为"百"谷。因五,六,九等公式的数字,乃战国时代以后才被人所爱用的。

铁　图

总之,谷物之外,蔬菜当然也被栽培了。瓜瓞即为其主要的蔬菜。又,桑之栽培亦已很盛,其他桃,李,梅,棘等果树也已被种植了。

要之,栽培植物可以说是非常多种多样的。

(3)治水设施　古代中国之农作物,通常认为除水稻外,统是陆田的农作物。但是,譬如桑树那样,或者也许是被灌溉过的——"隰桑有阿,其叶有难……"(《诗经·小雅·隰桑篇》)

无论如何,农业社会成立之同时,治水设施,必定愈益有重要之任务了。在《周礼》之《地官·司徒·遂人》条中,规定着水道的配置。"凡治野,夫间有遂,遂上有径。十夫有沟,沟上有畛。百夫有洫,洫上有涂。千夫有浍,浍上有道。万夫有川,川上有路,以达于畿。"这是规定着乡遂——即帝都——附近之水道的布置。"遂""沟""洫""浍"之各水道,不仅是排水沟,同时,无疑的

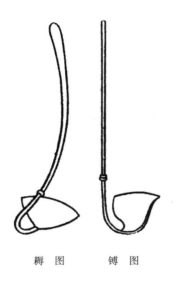

耨图　　　镈图

是灌溉沟。本来,各水道是否是像上述那样机械的设置着呢,那是可以疑惑的,不过,水道之非常重视,那却是无疑的了。因为如《论语·泰伯篇》中这样说过:"子曰:禹,吾无间然矣!……卑宫室而尽力乎沟洫,吾无间然矣!"

水道为司空所管辖。《荀子·王制篇》中说:"修堤梁,通沟浍,行水潦,安水臧,以时决塞,岁虽凶败水旱,使民有所耘艾,司空之事也。"

第二节　工业生产

主要的劳动用具,是铜器及青铜器。铁器则由春秋战国时代后,才逐渐使用。因而,可以制造劳动用具的重要金属工业,是铜器,青铜器之制造。

但是,据《周礼·考工记》之记载,青铜器制作之技术,早已很

发达。据《考工记》之说，周代之诸青铜器，是依照下列之比率，用铜锡之合金所制作的。[注]

六种之合金方法　　　　诸器具

铜五与锡一……………钟、鼎，及祭器，量器。

铜四与锡一……………斧、斤。

铜三与锡一……………戈、戟。

铜二与锡一……………大刃。"段氏"所制之田器——即钱，镈之属等，也入于此类。

铜三与锡二……………削、杀矢。

铜一与锡一……………凿燧。

即在周代时，"金有六齐"，换言之，青铜有六种之合金方法。再换一句话说，周代之中国人，已脱离了钝铜器之时代，不是偶然无意识的制作青铜器，而是已经知道铜与锡的两元素，又已知道目的意识的制造合金了。其后，他们对于铜之合金的材料，除掉锡以外，还知道使用铅，锌，锑，铁及银等。

要之，在周代之劳动手段，最多不过是使用青铜器，而金属工业，也不过只有铜器与青铜器工业而已。

其次，土器制造是最古的手工业。譬如制作青铜器时，铸型也是必要的。由殷墟的发掘，我们已发见了用高岭土所制作之铸型似的土器。在周代，一般对于土器之制造，无疑的已很进步。实际上，比较再迟一点，已发见了有印画模样的土器，而这个据说为纪元前第四世纪时的东西。然发掘起来的大多数，是粗制的葬具，这个据说是代替当时贵重之青铜器而埋葬者。总之，土器之制造也已从前时代起，继续的发达了。

当时植桑养蚕之盛，已如前述，由此我们就可以想像到当时缫丝织绸之家内工作或手工业，已无疑的进步了。妇女缫丝织绸，以染料染为玄，黄，朱各色的事实，由《诗经·豳风·七月篇》中，可以知道。但其时很好的织物，不是为自己使用的，而是为献与“公子”用的。在《诗经》中，妇女织麻的事实，也可以发见。（例如《陈风·东门之枌》）

实际上，工业的生产物，究竟有些什么样的东西呢？这大体可分类之如次：

（甲）劳动手段（包含武器，猎，渔具等）……耒耜，钱，镈，铚，斧，斤大刃（刀剑），削，戈，戟，矛，杀矢，弓，网，梁，笱，陶土制之铸型及瓦等。

（乙）被服等……棉衣，麻，锦，裘，冠，蓑，笠，履物等。

（丙）家庭用具……大釜，小釜，鼎，筐，筥，及罍（大坛）瓶（小坛）等种种土器。

（丁）交通手段……车，舟。

（戊）乐器类……琴，瑟，钟，鼓，笙，笛等等。

其他，尚有天子诸侯之宫室建筑，装饰品，祭器，葬具之制作，又，酒（有酒与醴之别）之制造，也不消说是很盛的。

周代之工业的劳动，在本质上，依然仅为家内工作，而纯然之手工业，可以认为是附属于公家而经营的。但是，附属于公家的手工业中,好像是有过比较大规模的协业。譬如车之制造(参照《周礼·考工记》)。不过,"全部《诗经》中,关于工业者生活的诗,一首也没有"(小岛教授),这一事实,是值得注目的。

第三节　交　　易

商品交换,当然还是在未发达的阶段,但是已产生了高于"共同体间交换"以上的个别的交换了。

在《诗经》的时代中,商人已出现了。这根据《诗经》中若干的歌谣,可以无疑。因为《诗经》中有着"贾用不售"(《邶风·谷风篇》)"如贾三倍,君子是识。"(《大雅·瞻卬篇》)等之诗句。但这些是发生于西周末或春秋时代之歌谣。而关系于正则的商品交换及商业的歌谣,是很少。不过,事实自身,的确也是非诗的。

总之,如前面诗句中之所述,商品交换已渐渐发生,而这个商品交换,就是"君子"——即王室之官吏——也经营的。不,或者王室也还曾打算过集中商业而独占利益。在《国语·周语》上,有一段记事,说西周末期的厉王,不从大夫之谏言,起用"专好利而不知大难"的荣之夷公为宰相,于是诸侯皆不服,皆不贡纳,结果,厉王遂不能不出奔至彘。由这个大夫的谏言,我们可以窥察出当时的厉王,似乎是想独占过商业利益。

然则,在商品交换出现以后,用什么做交换手段的呢? 这如小岛教授之指摘,在《诗经》中完全没有可以证明当时使用金属货币的材料。就在《易经》中,亦复如是。在某一时代,贝货曾经使用过为交换手段。即在《易经》中有"亿丧贝"（震六二）、"旅即次，怀其资，得童仆"（旅六二）等的文句——由此足见童仆也可以买卖了。又在《诗经·小雅·菁菁者莪篇》中，也有"既见君子，锡我百朋"之句，"朋"可以解释为二贝。在某时代中，布也有货币的职能，而实际上也行使过。《卫风·氓篇》中说："氓之蚩蚩，抱布贸丝。匪来贸丝，来即我谋。送子涉淇，至于顿丘……"之句。这"布"从来就释为"帛制之货币"。但小岛教授却解为是"布帛"之布，而小岛教授还以为从上面的诗句中，可以看出是"物物交换"。然而，我们却以为"布"已现实的完成了货币职能。

　　交通不消说还是非常不发达。农民以村落为小宇宙。当时，舟车虽已发明，马虽已用于乘骑，但这些几乎是毫无关于一般之住民的。而当时主要的交通形态，依然还是战争。

　　注《考工记》中谓："……金有六齐：六分其金而锡居一，谓之钟鼎之齐；五分其金而锡居一，谓之斧斤之齐；四分其金而锡居一，谓之戈戟之齐；参分其金而锡居一，谓之大刃之齐；五分其金而锡居二，谓之削杀矢之齐；金锡半，谓之鉴燧之齐。"——译者

第二章　田制与税法

　　周人在自然生长的农业共同体之基础上，开始树立了未成熟的封建制度。从来，周之封建制度，是解作为"中国之古典的封建制度"。但这如后面所述，实在不外是"混入了很多旧日种族组织之未成熟的"封建制度。自然生长的农业共同体，在周代之封建制度下，一方面是变形化了，同时，他方面在实质上，却多量的保存着。

第一节　《诗经》与田制

　　在文化诸民族之间，原始农业共同体之不表现其全貌于历史上，那是毫不足怪的。因为，这农业共同体在进入历史时代的同时，当然已变形化了。但是，假若一文化民族是曾经由原始的农业共同体所出发者，那末，我们可以说，在古记录中，一定遗留着痕迹或残影的。

　　在《诗经》的歌谣中，成为问题的有下列诸篇。

（甲）《小雅·信南山篇》："信彼南山，维禹甸之，畇畇原隰，曾孙田之。我疆我理，南东其亩。"

通常，以"我疆我理，南东其亩"的一句，视为问题。因为一般解释这句诗歌，以为是咏"井田的划分；每井设沟，引田垄或向南或向东，方便灌溉与排水，借以田作"的事实的。但是，我们由上面的文句，却不能即作如是的解释。因为那诗句可以解释为，单不过是咏"把原隰治水平土后，开垦之以设经界，而引垄于南东"的事实而已。因此，上面的诗句，只能在当时之"井田制"得以论证了以后，才可以有"单纯之垦治"以上的含蓄，而断不能就用作为"井田制"之证据的。

（乙）《小雅·大田篇》："有渰萋萋，兴雨祈祈。雨我公田，遂及我私。"

根据通说，这一句是证明周代无疑的曾经行过井田法的有力证据。因为孟子说明古代中国田制时，曾经引用了上面的诗句，说："《诗》云：'雨我公田，遂及我私'，惟助为有公田。由此观之，虽周亦助也。"[注一]但对于这见解的另一方面，也有说《诗经》中之"公田""私田"，与"井田法"是全无关系的，单不过是"君主之土地，人民之土地"的意义而已。譬如服部博士就这样解释。小岛教授大体上也从这个见解，他说："《诗经》中的公田，可以解释为是'属于公家而使人民佃作之田'，且这样解释时，反而可以近于事理。"但若根据这见解，那末，《诗经》中所见之公田，单不过是使人民佃作的土地而已，因而与"井田法"是无关系。换言之，所谓"井田法"——后面当详论。要之，井田法者，是以土地九百亩为一井,中央一区百亩为"公田",四周各百亩之八区,为八家之"私田",公田叫大家共同耕作,而以其徭役为租税之组织——之"公田",在周代已废止了,从而"井田法"自身也已被废止了——但前时代之土地经界,并不改废。又,服部博士以为,"助"自身不过是一种税法,与"井田法"没有关系的,换句话说,未必要以"公田"之存在为前提,而"公田"废止后的周代税法——"彻法"——实不外是"贡""助"二法的并用而已。

但是,我们以为,"承认《诗经》中之公田,私田是与'井田法'毫无关系,而不过为'天子之田'与'人民之田'的区别;且公田也是使农民佃作"的见解,未必得到正鹄。因为这个见解,与其说是在阐明古代中国田制税法继起的诸姿态之历史的特质与关联,毋宁说是在用单色抹杀了一切。而且,孟子在比我们更近于《诗经》之时代的战国时代,已经把前面诗句中之公田,认为是井田法之公田了,而又以为只有"助法"是留保公田的组织了。所谓"助法",与"井田法"决不是无关系的。但不过所谓"井田法"者,是否是如孟子所传之那样机械的,那是一问题。

总之,第一,"助法"为"徭役制"的一点,那是一个有历史的特质的。从而,与服部博士的见解正反对,助法是必须以公田为前提的。孟子所谓的"惟助为有公田",那是正当的。且根据孟子之说,助法在周代还通行着。所以,第二,前面诗句中之公田,决不是单纯的天子所有田之意义的田,而是留保于"井田法"中的徭役田。假若《诗经》中之公田,不是这种意义的公田,那末,这事实孟子也比较我们会更知道。然则,孟子也无疑的不会引用《诗经》

而明示的说"惟助为有公田"了。第三,一样的称为公田私田,而实际上可以因时代不同而异其意义,而异其历史的内容,因此我们不能拘泥于名称,而必须由历史的环境,究明其特质。假若地租征收之最初形态,是助法——后面详述那末,最少在春秋宣公十五年"初税亩"以前,所谓公田,无疑的是公家使耕作者给付徭役劳动所保留的田,而与后代单"使人民佃作"的公田,应有区别。

(丙)《大雅·公刘篇》:"度其隰原,彻田为粮。"

通常这"彻"字是成为问题的。"彻"字在《诗经》其他歌谣中,也可以发见(《大雅·崧高篇》,《江汉篇》等)。后来,对于这些"彻"字,认为是孟子所想定的周代税法中所谓"彻法"之"彻",而大家以为可以由前面之《公刘篇》中,看出彻法之起源。换言之,大家把上面诗句的意义,解作是"测量湿地原野,实行井田的区划,颁布彻法,以为公家粮米之出处"。然而,这是一个比较无理的解释,把"彻"字解作为税法之"彻",其意义是不彻底的。这还不如从"彻者治也"的解释,解作为"垦治"之意义,来得妥当。换言之,前面诗句中之"彻",只包含"对于隰原实行平土治水之工作而开垦之"的意义。本来,这一解释,即令当时正施行着井田之法,也并不会排除"适合井田法而疆理的"事实的。但要从"彻田"之文字自身,而说明当时是井田法,那是不可能的。这一事实,对于其他使用"彻"字之各篇,亦相同。

然则,下列诸篇,是特别值得注目的重要之篇。

(丁)《周颂·载芟篇》:"载芟载柞,其耕泽泽。千耦其耘,徂隰徂畛。侯主侯伯,侯亚侯旅,侯强侯以,有嗿其馌。"

（戊）《周颂·噫嘻篇》："噫嘻成王，既昭假尔。率时农夫，播厥百谷，骏发尔私，终三十里，亦服尔耕，十千维耦。"

此时，"千"耦或"十千"——即一万之数字，几乎全无意义的。不过，从这些诗句上，不是可以窥察出多数农民斡旋于田圃中情景的事实吗？换一句话说：在那里，可以看出了原始的共同耕作之情景。而这种残影痕迹的历史的形成物，与下列诗句结连时，更可以表现出了完全的姿态。

（己）《周颂·良耜篇》："获之挃挃，积之栗栗。其崇如墉，其比如栉。以开百室，百室盈止，妇子宁止。"

但这"百室"，有人解作为是《周礼》"六乡""六遂"之制中的一族或一鄁。因为《周礼》之《地官》"大司徒"条中，规定着五家为比，五比为闾，四闾为族，五族为党，五党为州，五州为乡，又"遂人"条中规定着五家为邻，五邻为里，四里为鄁，五鄁为鄙，五鄙为县，五县为遂，因此，"百室"似乎正相当于这一族或一鄁——即百家。然而，实际上"百室"恐怕不是"族"或"鄁"罢。因为"百"之数字，几乎是无意义的。这正如当时诗人不总称谷物为"五"谷，"六"谷，"九"谷，而称"百谷"是一样，这"百"字恐怕是《诗经》时代的一个公式的数字而已。而"百室"假若可以在《周礼》"六乡""六遂"之制中发现，那末，实际上也恐怕只相当于"比""闾"或"邻""里"罢。总之，我们由前面的诗句，可以看出在周之某时代，比，闾或邻，里的农夫们，是把共同耕作之结果——收获，分配于各家的。

《诗经》中与古代中国田制，税法似乎有关系的诗，仅为以上所举的几首。在那里只不过表示了原始的农业共同体之片鳞而已。但这个却是最确实而最重要的片鳞。

第二节　孟子与"贡""助""彻"法

无论什么人，研究古代中国之田制与税法时，通常都以孟子之所说与《周礼》的规定为问题。因为这些是比较古的资料，而有关系的记事，也比较的是详细与鲜明。在本节中，也就孟子之所说而考察。

最初，我们不能不先把《孟子》之资料价值弄一个明白。《孟子》是传记孟轲自身之言说的。不过，他的生存年代，据说为西历纪元前三七二年——二八四年（有若干人之异说），换言之，即战国时代；因而距离所谓三代已很远了。但他是特别以田制与税法，作为了所谓"先王之道"的主要部分，竭全力而考究之的，因而，可以说他已具备当时关于古田制与税法之一切可以得知的知识了。

在战国当时，有着关于更古时代——即夏，殷，周三代——之田制税法的传说。在那里，孟子先在可能范围内，搜集了关于这些的知识。他忠实的根据传说而考究之，当时，滕之文公询问治国之要谛时，孟子就说明定田制与税法是比什么都必要，因而先从三代之制度说起。他说："夏后氏五十而贡，殷人七十而助，周人百亩而彻，其实皆什一也。彻者，彻也；助者，藉也。……诗云：'雨我公田，遂及我私。'惟助为有公田，由此观之，虽周亦助也。"

云云。

　　孟子关于三代田制之所说，不是他自己单纯的虚构。这已经加藤繁博士正当的主张过了。他说："此夏，殷，周三代之田制，是当时所有的传说，而孟子是跟古老人或识者所学得的罢。"因为，第一，假若此三代之田制税法，为全然无根据的虚构，那末，孟子对于一个并非三岁小儿的一邦支配者，决不会说的。第二，假若那是孟子为自己之所说便宜而虚构的，那末，孟子是一个助法论者，因此，他对于先王之制度，只要说明助法就好了。换言之，他无须乎再举出对自己所说无用的，同样，对先王制度不利的"贡法"了，而且，也不必特别由《诗经》引证了诗句，来证明周代也曾经行过"助法"。所以，"夏后氏五十而贡，殷人七十而助，周人百亩而彻"的事实，"其起源虽不明白，但要皆为当时之传说，而孟子忠实的祖述之而已"。

　　这里成为问题的，就是传说之信凭力如何。第一，如前所述，夏王朝之自体，已是可疑的。那完全是一种传说而已。假若关于夏王朝之传说是可以相信，那末，夏王朝可以推想为在于西历纪元前二二○五年——一七六六年时，此时距离孟子实已在一千数百年以前了。然则，假若在次代之殷王朝末年，文字还在形成途上，那末，夏——假定已存在——之制度，是已难正确的传说到战国时代。商或殷王朝，在其末年，已稍稍出现于历史舞台。而商或殷王朝之存在，假若如传说那样实在的，那末，是在西历纪元前一七六六年——一一二二年，距离孟子也在八百年以上的从前了。然而关于殷王朝之存在及殷人之制度的传说，虽然已隔了许多年，但在某程度内，也许可以相信的。因为殷人自身已渐渐的发明了原始的文字，而对于它们征服者的周人，已遗有了文献的记录。但殷人自身关于殷朝制度的记录，假若是曾经遗留着，那末，应该在宋国，然而如前所说，孟子却讲"宋不足征也"。由此而观，殷之制度，也未必能说正确的留传着。这样，所残留下来的，毕竟只有周之制度而已。根据孟子所说，周人之制度，如前所述，是"彻"的制度，但同时孟子又说周代也有过"助"法。

现在，我们必须尝试着分析孟子关于古代中国田制与税法的所说了。

甲、贡法

假定夏王朝存在于殷朝以前，那末，我们不能不说那时地租还不存在。因为殷代末年，还在于由牧人生活到农业的过渡期中。孟子把贡法拟为夏代之田赋，引用龙子之言，以说明贡法，他说："贡者，校数岁之中以为常。乐岁粒米狼戾，多取之而不为虐，则寡取之。凶年粪其田而不足，则必取盈焉。"（注）但要行这样的田赋，那末，其前提必须农业有更高之发达。因此，由殷代末年回溯至六百年或一千年前的太古中国人，到底难以说已经知道这样的田赋了。或者，"贡法"相传为夏代之传说，而被孟子误解为田赋的了。换言之，如前所述，"贡"在始原时，与地租是无关系的，而不过为征服种族使被征服种族贡纳土产，手工品等的意义而已。所以，纵令在《夏小正》中曾记载着说，夏代有公田私田之别，而已行助法；又纵令如唐朝杜佑在《通典》卷三中曾记载着说，井田法起于黄帝时代，但这些对于当该时代而言，都是不符合的。因而，孟子所说之夏后氏的"五十"亩，究有如何之面积，这已无讨论之必要了。但这并不是说，龙子及孟子所视为田赋的"贡法"，在孟子时代以前，不曾施行过。事实上，那是一种先折衷数年间之收获，豫定平年一年之收获额，然后，依一定税率——十分之——规定税额，同时，以此为恒常税额的制度。换言之，那是一种"纳物地租"，而不问年岁丰凶，使农民缴纳豫定收获之一定量的。但这种制度，必须以农业生产之非常发达为前提。因而，这怕是春秋末到战国时代时所施行的制度。

乙、　井田与助法

在孟子，大体上以"助"用作为税法之意义，而对于此助法的田制，称为"井地"。

（1）井田法　　孟子自身用过"井地"一语。而"井田"一语之最初使用者，据说在《春秋·穀梁传》宣公十五年条中："古者，三百步为里，名曰'井田'。井田者，九百亩，公田居一。……"

总之，孟子对滕文公解说井地时，说："方里而井，井九百亩，其中为公田。……"由此而观，一井者，就是一边长一里——三百步，即一千八百尺。换算为日本尺度时，约一千二百九十六尺，即二百十六间，或三町三十六间——的正方形耕地。以此分为井字形,等分为九个正方形的田地。这样,各边一百步的九个正方形田——各面积约当日本一町七段二亩二十四步——排成为一井字形。但这是孟子根据周代耕地区划法而说的,据说在夏代的区划法,一区为五十亩,在殷代,一区为七十亩,而此时,对夏殷代是完全藐视的。

据孟子之说,在井田法之下,井字形之土地区划中,保留公田一区,其余部分,分配如次,即:"百家皆私百亩,同养公田。"

(2)助法　　孟子对于"助"——在周代也施行——说明之如次。

"助者,藉也。"

又说——"惟助为有公田。"

他解释为只有助法要以公田之保留为前提。

又,滕文公叫其臣子毕战问井田,助法时,他答说:

"方里而井,井九百亩,其中为公田。八家皆私百亩,同养公田。公事毕,然后敢治私事。"

又如次的说:

"死徙无出乡,乡田同井出入相友,守望相助,疾病相扶持,则百姓亲睦。"

最后的一句,其意如次即死亡或迁居时,都不离开乡,而仍留居于乡内。一乡之田而同属于一井的,一切耕作须协同,看守应相互帮助,疾病的时候应相互扶持。这样,百姓(一般人民之意)就可以生活于亲睦之中了。

其次,孟子对于这制度的施行区域,他说:

"清野九一而助，国中什一使自赋。"

即助法——助法乃以九百亩为一井，其中一区百亩保留为公田，而征收徭役劳动之制度，故曰"九一而助"——一般施行于比较远隔之处，即乡遂之地（野）；在其中心地（国中），把每一农夫一百亩地，使他们缴纳其生产物之十分之一。

然则，所谓"助"法，本来是指什么东西呢？换一句话说，助法在本质上是表现怎样的生产方法——生产关系的呢？根据孟子的见解，助法的本质，第一是保留公田。但有些人，却以为助法不必一定要保留公田后才能实行的。然而这解释显然是藐视孟子——他恐怕是一个最早对中国古代田制税法的研究者——之知识与见解的，而不能不说是忽略了助法之历史的特性。我们在前面已说过，孟子的见解是正当的。第二，根据孟子所说，解释助法是"助者，藉也"，这个值得注目的解释，是把助法认为是共同耕作制度或相互扶助制度。譬如经传之英译者楼格氏（Legge），他在《孟子》的英文译本中，把助法译为"The system of mutual aid"，而解释为"The aid system means mutual dependence"。根据孟子之解释，助法是单纯的税法。普通注释孟子为"藉者，借也"，借之意义是"借民力以耕公田者，实为助之意"，说明助法是"设公田，借民力而耕作之"的意义，所以助法的本质，不过是"徭役制"而已。反之，照楼格氏那样解释，助法是表现共同的劳动方式或社会制度，其特质是"共同耕作或邻保相助组织"了。然则到底那一个解释是适于真相呢？

无论那一解释，都只有单面的正当，而都是不充分的。孟子及一般通说,是把握着"比较发达之生产关系,农奴的关系",而认为是"助法"制度的特质。换言之,孟子解释给滕国支配者所听的助法,可以说是单面的最适确的表现了该制度实行当时之社会经济构成之本质的。"助者,藉也","惟助为有公田","八家皆私百亩,同养公田,公事毕,然后敢治私事"。这些的意义,就是说支配者保留公田,对公田向农民征徭取役劳动,而在公田作业未完了以前,不许营私田之作业的。这是露骨的徭役制,表现农奴的关系,而为古代中国未成熟的封建国家之基础。

但是,在助法之中,像楼格氏所解释的那种关系,也很多的保存着。即农夫不仅"死徙无出乡,乡田同井,出入相友,守望相助,疾病相扶持",同时是"同养公田"。在这里,不消说已经可以发现了适合封建国家基础的村落组织。但这是以比较原始的劳动方式及社会关系为基础而组织的。因此,在那里也表现着"同养"公田,及相互扶持等封建国家以前的,而与村落组织无关系的农业共同体的相貌。然而通说却把助法之特质,专求之于税法。根据加藤博士之说:"助法的特色,是'公田之存在'与'八家共同耕作公田'的两点",这是仁政的施行,是君民共当年岁丰凶之结果的良法。而加藤博士对于同养公田之制度所发生的根据,以为:"同养公田之制度,不过是欲维持耕地之整齐,而使公田大小与一家的私田,成为同面积之结果而已。"而博士还明白的以为:"到底难以认为是一村落或在血族团体之共同耕作的遗物。"但是,无论如何,我们可以说孟子所传的助法,是最初之地租存在形态的徭役劳动制,是表现农奴制的,同时,可以确认,在那里,原始的生产方法及生产关系,已被否定而保留成为较高发展之一部分了。

又关于助法之税率,孟子一方面说,贡、助、彻三法皆为"什一也",而他方面又说"九一而助"。但在井田法中,显然的不得为十分之一税的。因为从支配者方面讲,是九分之一税——一一%余,在农夫的立场而言,是缴纳了一二·五%^(注二)之剩余劳动。总之,这都是较"什一"为高率。

丙、 彻法

孟子称周人之田制,税法为"彻"法,但他关于这一制度,几乎毫无说明。孟子所称为"彻"法的周人之制度,实际上究竟是如何的制度呢? 这我们只能从下列二处来推考了。

"夏后氏五十而贡,殷人七十而助,周人百亩而彻,其实皆什一也。彻者,彻也;助者,藉也。"

换言之,孟子先称彻法之税率为"什一"。彻法究竟是"物租"呢? 还是"徭役劳动"呢? 孟子不曾说明。骤一观之,"彻"法在内容上与"贡"法,"助"法似乎是不同的。但孟子不过是反复传说中之三代制度的名称而已,并不是因为要表明这三种制度之区别而选这些名称的。这样,"贡"法与"助"法的相异,虽是明白,但"助"与"彻"及"彻"与"贡"的异同,却是漠然。而孟子在下列的说明中,关于这点的疑问,是更深了。

"《诗》云:'雨我公田,遂及我私。'惟助为有公田。由此观之,虽周亦助也。"

据此,孟子在先,只不过是根据传说,而称"周人百亩而彻"而已。同时，孟子不仅在"彻"的文字中，发现了与其他二法的文字一样，是表示税法之特色的意义，他方面又据自己研究的结果，认为周代在大体上也行助法，所以引证了《诗经》，论证"彻之内容，也不外是助"。总之，孟子自身是认周代行助法的——不过周代所行助法，是全个周代都行的呢？还是只有某一短时间呢？同时，是行于全领域中呢？还是一部分的呢？这一点并不曾明白说明。无论如何，可以认为孟子是把彻法内容与助法，视为同一的。

但是，在传说中，周之制度既然特别称之为"彻"法，自然不能说是毫无特色。换言之，假若是与助法完全相同的，那末，为什么特别称之为"彻"呢？这一点必须要说明。关于这一点，有着种种关于"彻"字之文义的解释，及关于该制度内容的解释。

第一，譬如有人说，彻是"彻取"，由百亩之耕作者彻取十亩为赋之意。但是通说却解"彻"之本义为"通"。不过，就在这样训解的学者内部中，对于"彻法是如何之制度？""为什么'彻'之本义为'通'？"等问题，也有种种不同的说法。多数学者，以为"彻"法在实际上是前时代之"贡""助"二法的并用——大体在帝都附近"贡法"，远隔之地行"助法"——所以解"彻"之即为"通"者，因二法"通用"之故。又有人以为所以解释为通者，因为"什一而税"是"天下之通法"之故。此外，还有一值得注目的说明，即认"通"为"通力合作"之意。譬如楼格氏大体即抱此见解。他翻译"彻法"为"Share System"。他说，这制度的特色，是一夫分配百亩，十夫共同耕作一千亩，共同分配生产物，而以十分之一，缴纳为租税。本来，在原始的农业共同体之下，此种劳动方式是可以有的，且在《诗经》中可以发见此种征表，而孟子在说井田法时，也说过共同耕作。不过，楼格氏以此作为"彻"法之解释，那是未必能够得到正鹄的。加藤博士对于"彻"之原意，一反从来之解释，而正当的根据《诗经》，树立了一个新说。即"彻"自原意而言，既非"彻取"，亦非"通"。"彻"字用之于土地时——像《诗经》中也有此用法——是垦治或正定经界等意义之"治"。而"治"字用之于土地时——像孟子引用之龙子之言中，有此用法——是由土地取税之意。换言之，"彻"，毕竟只不过是表现周人征税之事实的言语而已，舍此而外，绝无其他的意义。由此而观，"彻"之文字自身，实在丝毫没有表示周代制度之特质。因而，我们从文义而解释"彻"法，自然一无所获。这样，训"彻"为"通"，而想由文义解释以发见"彻法"特质的企图，不外是一个没却"彻"之古义的无益企图而已。

然则，称为"彻"之周代制度的内容，实际上就是助法吗？还是贡助二法的并用吗？或者是第三种制度吗？这个可以依《周礼》而明白。由孟子所言，我们不过知道虽周亦行助法而已——但此为一短时间的意义呢？还是全时代的意义呢？是不很明了。

孟子是根据传说而说"周人百亩而彻"，但关于这"百亩"，不能无疑。第一，如前所述，因为在周代已有易田（休耕）之法；第二，因为土地在肥硗及位置便益上有差等，这些事实，无疑的不能一律分配百亩；第三，"百"之数字，以能单照字面上来解释，如周人在《诗经》中总称谷物为"百谷"，或使用"百室""百礼""百里"等语，以表现"多数"之家屋，"许多"的礼仪，"远"距离等的意义。

此外,孟子称三代之税率为"其实皆什一也",但在实际上究竟是否如此,如前所述,不能毫无疑问。

第三节　周礼中之田制及税法

《周礼》一书,或谓周初周公所作,或称王莽时代(西历九一二三年)国师刘歆之伪作,著书年代是未曾确定。不过要说《周礼》确为周公所作,那是很难的,但同时,要说《周礼》是刘歆完全与周代制度无关的创作,那也同样是困难。《周礼》一书,我们实在可以视作为周代之制度而附加后人之解释与修饰者。因而,重要的是要能分析与考索其各种规定,以再构成周代本来之制度。

在考察《周礼》诸规定之前,我们必须先知道周之畿内,大体是分为两部分,一部分是帝都附近,称为"乡遂"之地域;一部分是远隔帝都,而称为"都鄙"之地域。换言之,以帝都为中心而发达于四方,距王地二百里以内,为"乡遂";二百里以外至五百里以内,为"都鄙"。包括这些地域的方千里,是"王畿"。诸侯之国,即在其外方,而公卿大夫的采地,则在于"都鄙"。

甲、　土地之区划及水道道路之配置

耕地区划法,可以说是田制之技术的基础。

据《地官》"小司徒"条,通常解说都鄙——即公卿大夫采地所在之地域——之土地区划法如次:即先经理土地,区划其田野为井字形。以九夫——一夫百亩——为一井——故一井为九百亩——以四井为一邑，四邑为一丘，四丘为一甸，四甸为一县，而以四县为一都。但据"司马法"，是六尺为步，百步为亩，百亩为夫，三夫为屋，三屋为井，在"夫"与"井"之间，存有"屋"的一区划，三夫为一屋，而三屋为一井，这"屋"的区划，据说有过重要任务。

与这区划方法的同时，对于同一地域，还规定着其他的区划方法。即据《考工记》"匠人"条载，九夫为井——这点与"小司徒"之规定同——方十里为一成，方百里为一同。但这个也解作为畿内采地之制。这与"司马法"所传的"夫"，"屋"，"井"，"通"，"成"，"终"，"同"（方百里，一万井）相一致，但与"小司徒"之规定，则在"井"以上，不相一致。总之，"小司徒"及"匠人"之规定，基本单位都是九夫一井，这是相同的。

又据"遂人"条之记载，那末，这基本单位又不相同。在那里以十夫为基本，其上依十进法而进为百夫，千夫，万夫。而无所谓"丘""甸""县""都"或"成""同"等特别名称。

这些虽然多少是矛盾，但都不是无根据的。一般注释家通常解说"小司徒"及《考工记》"匠人"之区划法——《考工记》"匠人"条，以"遂""沟""洫""浍""川"等水道之规定为主——为都鄙之制；"遂人"之区划法为乡遂之制。据加藤博士之说："小司徒及匠人（《考工记》）之土地区划法，大体据周之制度的罢。如遂人那样以十夫为基础而区划土地，虽不曾见于古书，但此种制度恐怕也是存在过的。"

根据这土地区划，配置水道及道路。其在乡遂之地，配置如次:"夫间有'遂','遂'上有'径'。十'夫'——如前所述,此地域中以十'夫'为基本——有'沟','沟'上有'畛'。百'夫'有'洫','洫'上有'涂'。千'夫'有'浍','浍'上有'道'。万'夫'有'川','川'上有'路'。"这样,先在乡遂——即帝都附近——最小区划之"一夫百亩"的地区间,设"遂"及"径",然后渐次扩大,配置到"川"及"路"的水道及道路。

依注释家之说,都鄙中之"遂""沟""洫""浍""川",是像《考工记》"匠人"条所记载的那样配置的。不过,此时缺少道路之规定。因为"匠人"是作沟洫的。但从最小之"畛"以至于"浍"的沟洫广狭深浅,却都规定着。总之,水道的配置方法,是在一夫——即百亩——之地区间设"遂";井间置"沟";成——方十里,或百井——间置"洫";同——方百里,一万井——之间,配置"浍",以通于川。因而,这与悬拟为都鄙之制的"小司徒"之土地区划法——井以上依四进法而进——是不相容的。

把上面总结一句说,在土地区划法中,大体上有三种方式。第一,以九夫一井为基本,以四进法进为"邑""丘""甸""县""都"之区划方法。第二是以九夫一井为基本单位,以十进法进为"通""成""终""同"之区划方法。而此第二方法中,可以认为在夫与井之间,存有"屋"的一区划。第三,最初即以十进法而进,区划为十夫,百夫,千夫,万夫,而无特别之名称。水道及道路之配置规定,在第一种以四进法的土地区划方法中则不存在,而只存在第二及第三之区划方法中。

此种相异之——而一部分相互矛盾——土地区划,水道及道路之配置方法,实际上究竟是如何施行的呢? 果如注释家之所说明,因适用地域之不同,而未曾发生不便吗? 还是它们施行的时代不同吗? 这要确证是很困难的。在这里,姑且从加藤博士之说,只能单确认下列之事实。"总之,把耕地单位百亩之地面,很规则的排列起来,同时,把它以九夫或十夫为基础的分为大小数种之区划。土地之分配,其目的是图公课配赋之便宜,而且此间还配置着"沟""洫""浍"等若干水道,以便施行排水及灌溉,同时以作严定境界之工具。这些,可以认为是周以来之制度。"

乙、 田圃及宅地之分配

我们先从王都附近之耕地分配的考察开始。

(1)乡遂中耕地之分配　　这是规定于"遂人"条中。在王都附近,耕地根据其位置及土壤之肥硗,分为上,中,下三等。同时,在那里施行"休闲法"。休耕田称之为"莱"。而耕地之分配则如下。对于一"夫"(成年男子已结婚而有一家者),若为上地,可以分得百五十亩,每年使其耕作三分之二,休耕五十亩;若为中田,可以分得二百亩,每年使其耕作二分之一,休耕百亩;若为下田,可以分得三百亩,每年使其耕作三分之一,休耕二百亩。这样,农民不问是分得上,中,下三等的那一种耕地,每年都是耕种百亩。家中若有"余夫"(成年男子,未有一家而寄食于父兄家中者),他也可以与"正夫"一样受到同样的分配。但据孟子之说,余夫只能分得正夫之四分之一之田,即二十五亩。

然则,上,中,下,三等耕地,以什么做标准而分配的呢? 根据

"小司徒"条之记载,此时分配之公平,是以家族数及可以征发之壮丁数为标准而实行的。有家族七人及壮丁三人之家,可以分得上田,有家族六人及二家合有壮丁五人之家,可以分得中田,有家族五人及壮丁二人之家,可以分得下田。但这规定,不过表示了大体之基准,事实上恐怕不能如文字记载的那样实行罢。

（2）都鄙中耕地之分配　　这是规定于《地官》"大司徒"条中。都鄙中的耕地,有不易之地(每年耕种之田),一易之地(一年休耕而易耕种区域之田)及再易之地(二年休耕之田)三种。其分配情形如次。即各家若为不易之地,可以分得百亩;若为一易之地,可以分得二百亩;若为再易之地,可以分得三百亩。因而,各家不问在何种情形之下,每年都得以耕种百亩。此时,不易田与易地的分配,究竟以什么做标准呢? 那是不曾明白。或者前述乡遂中上,中,下三等耕地之分配的规定,可以适用罢。

（3）诸邦国中耕地之分配　　在诸侯的国中,田土似乎也是根据与王都附近同一标准而分配的。这个可以从《夏官》"大司马"条中所规定的邦国中"分配耕地与军赋的关系"而窥见。因为在邦国中,规定着从那分得上田而耕作三分之二之家,征发壮丁三人;从那分得中田而每年耕作二分之一之家,二家合征壮丁五人;从那分得下田而每年耕食三分之一之家,征发壮丁二人。即邦国中军赋之前提的耕地分配,与乡遂之制是一致的。

（4）圃宅地　　关于宅地,在"遂人"条中说:"土地,夫一廛,田百晦,莱五十晦……",因此,宅地也是分配的。但分配得几亩呢? 那是不明白。在《孟子》中有"五亩之宅"(《梁惠王章句》上及《尽心章句》上）一语，因而，由此可以窥看出在周代大体以五亩分配作宅地。

园圃——即果蓏蔬菜之栽培地——的分配，也不明白。不过《诗经·魏风·十亩之间篇》，有"十亩之间兮，桑者闲闲兮……"之句，由此而观，园圃分配为十亩，而主要的似乎是栽桑。

要之，《周礼》中没有关于圃宅地分配之规定。

（5）定期变更分配　　《周礼》中关于这一点，并且无何种规定。不过上，中，下三等耕地，是以家族数及壮丁数为标准而分配的，因此，一般恐怕已无变更分配的必要了。

丙、　税法

（1）乡遂　　如前所述，这个帝都附近之土地区划法，以一夫为最小区划，其上依十进法而进，如十夫，百夫，千夫，万夫。这与井田法之耕地区划法完全不相容的。因而，在这里可以说助法已经早已废弃了。在此，通说认为是行着贡法。但这不过为臆说而已。在通说的推论中，以为既非助，当为贡，因为在周代是并用二法的，而认乡遂中行贡法，都鄙中行助法。换一句话说，在所谓"彻"法之下，不认有第三法。然而，如后所述，彻法却可以认为是第三法，而是表现所谓井田及助法废止后之田制的。

（2）都鄙　　离帝都较远之地的土地区划，如"小司徒"条中之规定者（《考工记》"匠人"条亦同），是一个"九夫为井"的制度。因此，这正与所谓井田的耕地区划法相同。但据《周礼》之记载，这井字形区划中，是否保留着一区所谓"公田"，那是不曾明言。

有人以为问题是"遂人","里宰"及"旅师"各条中的"以兴锄利民","治其政令,以岁时合耦于锄"及"锄粟"各句中之"锄",是否与助法之"助"有关系呢? 但这些"锄"字中,特别是第一句的锄,也可以解为助法之"助"(《说文》及王安石《周官新义》卷七)。然而,在另一方面,这锄却也可以解释为"佐助"之意。因而,单以上面的一句话,就认为是助法存在的证据,那是不可能的。在那里,只能从加藤博士之说,到达如次之结论。"要之,《周礼》中虽然有一井九百亩之区划,但不能不断定助法是不存在。但是,……一井九夫之区划,可以认为是助法之遗物。"

要之,根据《周礼》的记载,在帝都附近,已有与井田法完全不相容之耕地区划法,并无公田保留之形迹,因而已无所谓助法;至于在都鄙中,耕地区划上依然存有井田法之遗制,但所谓"助法"自身,已转化为他物了。助法直接转化之形态,恐怕就不外是彻法。然而,彻法究竟有如何的特色呢? 这点必须在下节中表明之。

第四节　要　　约

古代中国社会经济的构成之历史,虽然很缺乏史料,但大体上是始于井田及助法。然而井田及助法之自身,是一个比较原始的农业共同体所组织,为未成熟封建制基础之第二次的姿态。换一句话说,中国的原始的农业共同体,在周代未成熟的封建制度之下,一方面组织为封建制的基础,又加上一些农奴的关系,同时在另一方面,却多量的保存着本来之姿态,而直接转化为井田及助法。这所保存着的始原的姿态,如前所述,少量的是表现于《诗经》若干篇之歌谣中,且又反映于战国时代的《孟子》中。楼格氏正就是把握着了这一方面而解作为助法之特色。我们假若把那个复元一下,就立刻可以得到中国农业社会开始期中"经济的构成"之天真烂漫的姿态。不消说,这种原始的姿态,是以劳动不生余裕及生产不生剩余的极度未发达之劳动生产力为前提的,同时亦以此为条件的。

周代在这基础之上,开始树立了"混入多量古代种族组织之未成熟的封建制度"。因而,最初农业的剩余生产之存在形态,必须是"活的劳动"。这也就是必须保留所谓"公田"而征"徭役劳动"的所以然。这样,就附加上了农奴的关系。但是,原始的农业共同体,却几乎依然保存着。

如加藤博士所说,助是比较彻法——详后述——更为"直截明了"的地租形态,因此,周代在最初是一般的施行着。不过,是否是根据着孟子所传那样"九夫一井"的机械的井田法而施行的呢?那不能无疑。因为从《诗经》中有关农业的歌谣,完全不能窥见这种的耕地组织。诚然,在《周礼》中记载过与孟子所说一致的耕地组织,但《周礼》一书自身之证据力,是可疑的。实际上,九夫一井的组织,恐怕不能就那样施行罢。"九"的这个数字——如《禹贡》中常见的"九"州,"九"江,"九"山,"九"川,"九"泽——实不外是一个战国时代爱用的公式的数字。不过,耕地在大体上是区划为井字形——但这并非即指"九夫一井"组织之意义——

多数的家族成为一体，原始的共同耕作着，而保留公田一区的组织之耕地。当时无疑的是共同耕作，共同收获，而以其收获物分配于各家。因为土地位置及土壤肥硗等的不平等，在施行以包含公田一区之耕地组织为基础的助法时，依此种方法是最简单的得以解决。不仅这样，如前所述，这事实在实际上，由《诗经》中可以看出。

所谓井田及助法，其特色就是以耕地之农村共同体占有，及共同耕作为基础之徭役制。因而，这在劳动生产力发达的同时，就不能不归于解体了。促进这基础解体的一重要因素，是金属农具之发达。这样，在"个别耕作"之要求日渐扩张的同时，井田及助法就崩坏了。而且，自此以后，井田及助法，已再不能施行了。这种井田及助法，虽屡经后代之学者所赞赏，无如像北魏，齐，后周，隋，唐等朝确立"均田制"时，却始终都不能采用。清朝雍正之初，在直隶省新城、固安、霸州、永清四州县的官地，据说曾经模仿周朝制度，移无产旗人数百人，设置井田，但结果一无所成，徒供我们为一谈助而已。换言之，即不到十年就崩坏了，至乾隆之初，就改设"屯田"，而征收实物地租了。井田及助法之所以不得不废止，原因决不在于"人情淳朴"之消失，而移于"末世浇季之俗"之故。这是由于劳动生产力徐徐向上的结果，私有动产渐次蓄积，而普遍的要求个别耕作之故。

井田及助法所直接转化的形态，就是孟子所谓的"彻"法。这一变革，是支配者及耕作者的要求。而这变革是最简单可以成功的。就只要把"公田"不保留而分配于耕作者，同时，对于地租的形态,是变昔日对公田之徭役劳动,而为征收分配耕地之剩余生产物。最少,在周代末期,已有这形态了。这推移变革,无疑的是起于耕作个别化之同时。自此以后,耕地之分配,大体上已如《周礼》中之所记载了。

这样,在彻法施行的时候,共同耕作在本质上已废止了。但旧来之农村共同体,就再组织成了封建国家之基础而保存着。这就是《周礼》中所规定的"比""邻""闾""里"的组织。换言之,譬如在帝都附近,就如次的组织着。

(1)六乡之制　　在《地官》"大司徒"条中,规定着"乡"之组织。"令五家为比,使之相保;五比为闾,使之相受;四闾为族,使之相葬;五族为党,使之相救;五党为州,使之相赒;五州为乡;使之相宾。"

(2)六遂之制　　"遂"之组织,规定于《地官》"遂人"条。"五家为邻;五邻为里;四里为酂;五酂为鄙;五鄙为县;五县为遂。"

比,邻,闾,里是组织为封建社会之基础的。但这不是一个创作,而是根据自然的发达所组织者。至于最高之首长,在"比""邻"有"比长"与"邻长";在"闾""里"有"闾胥"及"里宰";在"族""酂"有"族师"及"酂长";在"党""鄙"有"党正"及"鄙长";在"州""县"有"州长"及"县正";在"乡""遂"有"乡大夫"及"遂大夫",掌执这些团体内之教化,劝农,祭祀及警察等事务。比邻闾里是相互扶助,相互和亲,相共休戚,同时,有罪恶时是共同负责任的。换言之,这是旧来的农业共同体,一方面维持为邻保相助之自治团体,他方面又再组织为封建国家之基础者。

此一时代中之税法,是彻法。所谓彻法,究竟有如何的特质呢?这个单由"彻"之文义解释——本来,彻字意义,非通说之为"通",亦非"彻取",而为"治"之意义——是毫不能表示历史的特质的,此点在前面已有说明。因而,其内容上亦非"贡""助"二法——乡遂行贡法,都鄙行助法——并用之意义。换言之,这是一个第三种制度。是一个过渡到孟子所引龙子所言贡法——"贡者,校数岁之中以为常。"——的过渡形态。不外是一个徭役制到物纳地租(物租)之直接的转化形态。即《周礼·地官》"司稼"条中规定的"巡野观稼,以年之上下出敛法"的制度,正可以认为是彻法。税额本来无定,关于税率,孟子说"什一",而实际上可以相信是各人收获的十分之一。但当时之公式的数字,大多近于无意义的。准确可以晓得的,这是一个税无常额,而实地观察年岁丰凶以定税额的制度。这也许正如加藤博士所谓:是"出于与助法中设公田同样的精神的"。然而这是"因欲与民共利害"吗?假若彻法依然是王道之发露,那末,我们就不能不作如是解释,但当时农民的地位,却不能不说仍旧与井田助法下征取徭役一样的从属于支配者的。所以,像税率之一定,税率之恒定及"税亩"等的事实,是渐次发生于其以后的。

要之,在周代末年,已不保留所谓公田,一切都分配于农民,而委之以"个别耕作";地租已由徭役劳动转化为物纳地租,而当时"税率税额不定,从年岁丰凶以出敛法"的制度,就是地租直接之转化形态。这一阶段,即所谓"彻法",而大体上,可以认为已有

《周礼》中所表现之经济的社会构成。

在这时代中，尚无土地之买卖，《礼记·王制》中"田里不粥"的规定，是完全适用着。因为当时劳动生产力尚属低度，土地几乎不会发生超出田赋以上之剩余生产物，而且当时土地又比较人口为丰富，因而尚不得成为买卖之目的物哩。

（注一）见《孟子·滕文公章》上——译者

（注二）井田法中，只有八块为私田，一块为公田，因此，从农夫而言，其税率实为八分之一，以此折合于百分比，即为一二·五％。——译者

第三章　"未成熟的"封建制度

第一节　封建国家之成立

根据传说,殷代末年诸王及周之诸先王,实在并没有与庶民相隔绝之地位。譬如在周初周公对成王训谕"无逸"(勤勉,精励)的言词中,就有如后几句。(《周书·无逸篇》)——

"其在高宗时,旧劳于外,爰暨小人(庶民)。作其即位,乃或亮阴,三年不言。"……

"其在祖甲,不义惟王,旧为小人,作其即位。爰知小人之依,能保惠于庶民,不敢侮鳏寡。"……

祖甲是殷代最后六世前之王,而祖甲以后所立之诸王,是"生则逸,生则逸不知稼穑之艰难,不闻小人之劳,惟耽乐之从"。

周代之诸先王,尝工作于田野之间。"文王卑服,即康功田功,徽柔懿恭,怀保小民。……自朝至于日中昃,不遑暇食,用咸和万民。文王不敢盘于游田(游猎),以庶邦惟正之供(各村落所

纳之一定的贡物）。"

而周代之田制税法，前面已曾考察过，"可以想像为是胚胎于太古各部落共有土地之时代中的。其后在政治统一时就变成为——王者掌握土地所有权的形态了"。（加藤博士）换言之，在始生代的终末，土地已由种族共有或氏族共有，而转移为村落共有了。其后，至国家成立而施行所谓井田助法时，就为王者留保着公田，但其余的土地，还依然是村落共有。到彻法施行时，一切土地，在本质上可以说都已移于王有了。在耕作者——即"小人""庶民"——之地位以言其过程时，那末，可以说最初是为血缘关系所束缚的，其后，在农业共同体下，由血缘关系而解放，不久，在井田助法之下，成为农奴化，而此地位，就在彻法之下，本质的亦未尝稍变。古代中国之封建制度，就对照着这个过程而形成。

这样，周之封建制度，正可以与半野蛮状态的日尔曼人，征服罗马各州后，在那里树立了"混入多量种族组织之未成熟的封建制度"的事实相对比。这是很多保存着原始共同体及氏族制度的。关于农业共同体，前面已经考察过。关于氏族制度，以后当阐明之；但下列的事实，在此也可以证明一部分"未成熟的程度"。据传说，武王克服商代以建周室时，共有二千八百国——不外是村落共同体——其中，武王兄弟之国有十五国，支配者氏族为姬姓的同姓国，有四十国，其他皆为异姓之国。这些中有"爵五品"与"位三等"的。公，侯领有百里，伯领有七十里，子，男各领有五十里，五十里未满之领有者，为附庸。其后，二千八百国相互吞灭，到春秋之世，更为激减，经传中所见之邦国，全部为一百六十五国。而这是包含一切蛮夷戎狄之国的。但在春秋时代,这些一切邦国——姬姓之国,异姓之国,附庸,及蛮夷诸国——中,约有四分之一,仍然是姬姓的同姓国。

甲、 阶级

周之封建社会,在阶级上是如次的组织。最上有"帝"——《易经》《诗经》中用为上帝(即天帝)之意——其次为"王";其下有万邦之君的"公""侯""伯""子""男";王之下为"公""卿""大夫""士";诸侯之下有"卿""大夫""士";其下皆有庶民,而为官吏,贾人及牧畜者等。诸侯中,在上而支配一方者,称为"方伯"。支配者阶级称为"大人""君子""大家""巨室"。被支配者阶级,则以"小人""邑人""群黎""黎民""庶民""众人""农夫"等农奴为主要的构成部分。此外,还有臣仆,臣妾,童仆,刑人(受劓,刖,剕等刑而奴隶化者)等的奴隶。奴隶在本质上是家内奴隶。其一部分使役于牧畜。但是,周代因为不能认为是由奴隶支配着社会之生产过程的,所以不能说是奴隶制社会(郭沫若《中国社会研究》)。

乙、 封建的土地分配

周代以帝都为中心之方千里的地域中——即王畿——是如次的组织着,以分给田,宅,园圃于公卿,大夫,士,工商等。《周礼·地官》"载师"条中说:

"以廛里任国中之地;以场圃任园地;以宅田,士田,贾田任近郊之地,以官田,牛田,赏田,牧田任远郊之地;以公邑之田任甸地;以家邑之田任稍地;以小都之田任县地;以大都之田任畺地。"

对于公卿,大夫,士,工商等的田宅分配,乃如次:即以帝都为中心,然后向四方发展;先置官民之居宅于城郭中(国中);置蔬菜等栽培圃——秋日即为收获场,故亦为"场"——于城外郭内(园地);置"宅田"[注一]、"士田"[注二]、"贾田"[注三],于城郭外五十里以内之地(近郊);置"官田"[注四]、"牛田"[注五]、"赏田"[注六]、"牧田"[注七],于城郭外百里以内之地(远郊);置王室直属地(公邑)于城郭外二百里以内之地(甸);置大夫之"采地"(家邑之田)于城郭外三百里以内之地(稍);置卿之"采地"(小都之田)于城郭外四百里以内之地(县);又置公之"采地"(大都之田)于城郭外五百里以内之地(畺)。

由以上所述,可以知道对于公卿,大夫,士,工商,在官之庶人,及隶属公家之牧畜者的田土分配概要了。这是畿内的组织。在其外方,则有诸侯之国。但天子、诸侯、百官,究竟领有几何的土地呢?这不消说是不很清楚。

孟子对卫人北宫锜之问:"周室班爵禄也,如之何?"他答说:"其详不可得闻也。……然而轲也尝闻其略也。"[注八]其说明,即如次:

(1)爵及位 "天子一位,公一位,侯一位,伯一位,子、男同一位,凡五等也。君一位,大夫一位,上士一位,中士一位,下士一位,凡六等。"

(2)天子及诸侯之领地 "天子之制,地,方千里;公侯皆方百里;伯七十里;子男五十里,凡四等。不能五十里,不达于天子,附于诸侯,曰:'附庸。'"

（3）畿内之土地分配　　"天子之卿,受地视侯;大夫受地视伯;元士(上士)受地视子男。"关于公之采地,已曾说过,兹不再重复。关于中士,下士,则不明。

（4）领有方百里,七十里,五十里的诸侯之邦国,对于卿,大夫,士(士分上、中、下)等,分设等级以予俸禄。下士与庶人在官者同禄,而后者大体是以百亩之收获为标准而给以俸禄。因而,假若行十分之一的税率,那末,下士及庶人之在官者,可以依千亩之地租而生活了。中士得下士之二倍;上士得中士之二倍;大夫一倍于上士;卿在公侯之国中,得大夫俸禄之四倍;在伯之国中,得三倍;在子男之国中,得二倍。诸侯之禄,为各该卿之俸禄之十倍。[注九]

本来,禄之数字是没有信凭力的,不过依此可以推考其大体之关系。

丙、 耕作者之地位

（1）徭役　　（甲）行井田及助法时,服公田之作业。但行彻法后,则劳动地租(力租)已转化为物纳(物租); （乙）临时或非常时,征发大土木工事,使役为宫殿之营造或筑城(参照《诗经·大雅·文王篇》及《小雅·出车篇》);(丙)每年十月,一切收获终了时,从事于宫殿之修理(参照《诗经·豳风·七月篇》);（丁）每年十二月时,征发大规模之狩猎,兼为战争之练习(参照

《诗经·豳风·七月篇》);又在同月中,取冰藏于冰室(同上);(戊)不消说,还征发为实战。这些对于农民究为如何呢? 可以从《诗经·邶风·击鼓篇》,《唐风·鸨羽篇》,《豳风·破斧篇》,同《东山篇》及《书经·周书·大诰篇》等中窥察出来。

(2)贡租　(甲)彻法施行时,缴纳指定的实物地租;(乙)每年七月,由农女织造麻布染色之衣裳,献之于公子(《豳风·七月篇》);(丙)每年十一月时,各自出外打猎,获得狐狸,制为公子之裘,以献上之(《豳风·七月篇》);(丁)在每年二月,天子祭祀司寒之神,由农民献上羔及韭(同上);(戊)每年十月一切收获终了后,从速清扫收获场而制酒,献上公子以两坛酒及羔羊(同上)。

以上,是诗歌化而传下来的周代农民地位的另一面。

丁、封建国家之设施及各种限制

(1)国家的设施　分受得田土的百官之存在,此已如前述。而国家设施中之值得注目的,是已设"狱"的那回事。最残酷的劓,刖,剠,宫刑(男子去势,女子幽闭),黥,杀戮等刑罚,也已具备了。罪人是供祭祀之牺牲,或化为官之奴隶。这些都是在氏族的社会统制之下所不晓得的,而因此正说明了要想以旧有的方法来维持社会秩序,已是不可能了。但据《吕刑》——相传为西历纪元前第十世纪时,穆王命吕侯所作者——当时已有赎刑的制度。即墨辟(刺墨之罪)可以百锾(黄铜六百两);劓辟可以二百锾;剕辟(割足之罪)可以五百锾;宫辟可以六百锾;大辟(死罪)可以千锾来赎刑。但纵令这制度当时已经施行,然现实上当与农民无甚关系的。根据《吕刑》，有"五刑之属三千"，这可以使我们知道当时已有如何多数的刑罚了。

（2）村落组织　　村落之如何组织，前已述之。村落有比，邻，闾，里之组织，各团体有一首长，相互扶助，同时在有罪过时，共同负其责任。在公家设农官，使其实地监督耕作及收获。称之谓"田畯"。

（3）封建的诸限制　　第一，在《礼记·王制篇》中有"田里不粥"之规定。里就是居屋。换言之，即分配所得之百亩耕地及圃宅地五亩，是禁止买卖的。因为农民是不许离开土地。但事实上，其时因生产力低微及土地丰富之故，耕地之买卖，也不能发生罢。

公家及诸侯的牧畜之盛，已如前述，但此时牧畜最适宜之地，是保留为王室及诸侯所专用的，绝不许庶民之踏入。

农民对山林川泽之利用，一般也是受着限制的。"虞"及"衡"的官，掌管山泽，由公家独占山泽之利用（即木材，禽兽，鱼鳖等天与之惠泽），或限制农民之利用。在《周官·地官》中，有"山虞""林衡""川衡""泽虞"等的官，规定其担当山林川泽取缔之责任，及诛罚犯禁者。农民在一定限制之下，不过只能为采樵，狩猎，渔捞等而已。特别值得注目的，是公家对田猎适地的独占。"虞官"，虽也掌管田猎，但特别又设一"迹人"之官，掌管田猎地之事，以取缔农民之田猎。禽兽多而适于田猎之地，绝对禁止庶民之利用，而独占为公家之游猎地。此种独占田猎地之显著的实例，是"囿"。特设"囿人"之官，使之掌管"囿游之兽禁"。诸侯也有"囿"。据说天子之囿是方百里,诸侯之囿是方四十里。其后,在战国时代,凡杀囿中之麋鹿者,应与杀人治同样之罪。囿到秦汉时代,改称为"苑"。

戊、 观念形态——卜易及天文历法

中国太古的时代,支配者用作为支配农民之重要的观念形态[注一〇]的工具,有两个——即卜易及天文历法。

(1)卜易   草昧之民,知识未开,有大事而不能决疑时,就以占卜,上问神意。占卜的方法中,有所谓"龟卜"者,以龟甲烤火,观其烤裂的班纹,以卜吉凶;又有所谓"占筮"者,是用蓍策(蓍草之茎)——后世用筮竹——以观其象。周人之卜易方法,是为后者,即占筮。

根据《系辞传》所说,易之八卦,是包牺氏王天下以后,仰则观察天文,俯则观察地理,然后又近取诸身,远取诸物,这样斟酌一切而发明的。而《易经》六十四卦及卦爻之辞(即经文)据说是文王周公所作,十翼(即《易传》)据说是孔子所作。

"易"字是"蝾螈"、"壁虎"[注一一]、"蜥蜴"之象形,而周代卜筮稿本之所以称为"易"者,据《说文》之说,以为蜥蜴是每日十二时辰皆变色,即一日十二变之故。因而,易之原意是"变易"及"易简"之意。这样,以后又加上了"不易"之意义。据说易是"通神明之德"的,所以是启示灾异及吉凶的。王者关于卜筮的须知,详述于记载治国要缔的《洪范》(《周书》)篇中。支配者依这个卜易之支配,可以制未开人民之死命。周代卜筮之长官,称为"太卜"——这据说在殷代时已有其存在了。据《周礼》之说，太卜属于春官，"掌三易之法：一曰'连山'；二曰'归藏'；三曰'周易'"。连山，归藏及周易，是易之种类，但除周易之外，至今已都不传，所以不明其真相。卜筮长官，以后一直到秦汉隋唐代，都还存在——但秦汉后改称为"太卜令"——到宋代以后，才归废止。

（2）天文及历法　　在指示王者治道之纲要的《洪範》——最初，禹因治洪水之功，由天帝所赐；[注一二] 武王则由殷之末裔箕子而得——之九畴（九个范畴）中，第四纲目中有所谓"五纪"者。这纲目中"一曰，岁；二曰，月；三曰，日；四曰，星辰；五曰，历数"——即五纪——这是天时运行之条理。关于王者的治道，如在《尧典》中已说"钦若昊天，历象日月星辰，敬授人时"。这意思就是说正四时之序，定月之晦朔，合昼夜长短于定时，查察星辰之运行，以计算历与天体运行。要之，王者是掌握天文及历法的。一般农业社会，发达于河川沿岸而为灌溉农业时，天文及历法之意义，自然重要了。因而掌握这天文历法的，不问僧侣或王，都可以制农民之死命的。实际上，古代埃及及巴比仑之东洋治水文化中的僧侣阶级的任务，这是大家都知道的。譬如马克思已经说过"因计算确定尼罗河运动时期的必要，于是创造了埃及的天文学，同时，发生了农业指导者的僧侣阶级之支配权"。在埃及及巴比仑，假若不能正确预知大泛滥的始期与终期，那末，农业生产是完全不能达到"正则的"完成的。[注一三]

然则，天文历法对中国农业社会的意义，本来就更为重大。中国农业最初就似乎是发达于溪间的灌溉农业。而这农业渐次发达于中原大平野时，河水对于中国社会，在防水及灌溉两方面，不仅量的已加重其意义，就是质的也已成为是死活的条件了。禹之治水传说，就表示了水在古代中国的特殊意义。因此，河水增减时期之测定，对于中国农业，当然也与尼罗河或底格拉斯及幼发拉底河同样有重大意义的。而且，在中国还更有一个重要的因素，就是必须要测定一般东亚特色之季节风运动，以豫知雨季的始期。这样，观察星辰运行，计时授历的人，就可以支配中国农民了。

三代以来，设"太史"的长官，掌管历书的作成与颁布。这历及史的长官，到后代就分为掌管国史的与掌管历法的二种官，后者或变为"司天监"，或变为"钦天监"，一直存续到清代止。又掌管天文——即岁，日，月，星辰之位者，是"冯相氏"。但在古代中国掌管天文历法的官职之重要性，由下列之传说中可以窥察出。即据《尧典》所说，最初，天文及历法是由羲、和二氏所掌管的，但二氏的子孙，似乎生来凡愚，"废厥职，酒荒于厥邑"，"俶扰天纪"，连日蚀都不晓得的原故，遂被夏之仲康所讨伐。因为当时先王之政典中规定，在此种情形时，是应该杀戮的。"《政典》曰：'先时者，杀无赦；不及时者，杀无赦。'"（《夏书·胤征篇》）

第二节　宗法与父家长制家族

周代之中国社会，是"未成熟的"封建社会。所以称之为"未成熟"者，其一是由于在宗法之下，还很多的保存着氏族制度之故。

甲、宗法

宗法在本质上，是支配者阶级之血属的社会统制组织。有人以为，不仅是公子、诸侯、卿、大夫、士，就是庶人间也是行这种组织的。然而，《礼记·曲礼》中有"礼不下庶人"之明文，而且这是通说。因此，宗法在本质上，可以说"是封建贵族的亲属组织"。但有人说，假若宗法之诸习惯不及于一切农民，那末，这也是谬误的。因为在一国一时代中，支配阶级的制度，习惯及观念，虽然有多少之差；但不能说绝不施行于社会一般之间的。

在这里，我们先把宗法之历史的前提弄清楚一下。第一，如服部博士谓，在"太古子女皆属于母而不知有父的时代"中，称"同母之子为兄弟"，但到周代，已"专称同父之子为兄弟"。而这还是狭义之兄弟，在广义时，凡自己父亲的兄弟之子，对自己的从父昆弟（从兄弟）；或祖父之兄弟之孙对自己之从祖昆弟（再从兄弟）；又曾祖父之兄弟之曾孙对自己之族昆弟（三从兄弟），皆称为兄弟。更推而广之，与自己同祖先之同世代者，皆可以称为兄弟。又，一方面由己父之父上推，百世皆我之祖，但另一方面，不仅由己母之母上推至三代以外，就不可知，假若母亲离婚以后，自己与外祖父母舅姑的关系，也就完全断绝了。要之，已专行父系制度了。第二，承继上假若是母权制，那末，子就绝对不得承继父，但周代从王位继承上看，就要知道除二三例外，几乎全是子继父的。换言之，在继承上已行父权制，而所谓"母权"已完全颠覆了。

　　其次，在这里对于中国原始的血族团体，不得不先有若干说明。这就是姓、氏、族之相互的关系。在古典的形态中，出于一祖为姓，姓分而为氏，氏分而成族。服部博士也认为"以氏由姓分，族由氏分为原则"。但到春秋时代，三者之区别，已不如此明确了。而不乏许多"族"即为"氏"的例子。总之，重要的是"姓分为氏，氏分为族"之比较原始的古典的形态。而且在原始的血属的社会统制中，姓恐怕就是基本的血属团体。这譬如从"同姓不婚"的习惯上，可以推知。氏及族，可以认为是派生的形态。譬如周人以后稷（弃）为祖，为姬"姓"，但古公亶父移于岐山南周原，称周后而为周"姓"，又周公旦封于鲁后，为鲁"氏"，康叔封于卫后而为卫"氏"，通常都是这样以国名为氏的。族更是由氏所派生的。例如诸侯中，其子有称为"公子"者，有不称为"公子"者。前者是有爵的，且其国是可以后继的，即爵禄可及于子孙者，自己称为公子，身死以后，其子立嗣，称"公孙"，公孙死，其子立嗣，"遂以祖父之字为族，由此，开始从诸侯之'氏称'，分而为一'族称'，其族乃以公子之谥称之"。后者，则其禄不及于子孙，仅限于一世而已，但其孙仍以祖父之字，立为族称。要之，由诸侯方面而观，可知到自己儿子的孙子时，是由君之氏，分别而称族了。以上那种氏、族与姓的关系，可以认为是古典的形态。

　　然而，所谓宗法者，就是"始原的姓之社会统制"，在封建制度下中止而变形化的形态而已。换言之，始原的姓之社会的职能，一部分是移于封建国家，一部分就在宗法之下，变形化而保存着。然则，究竟如何的职能是保存着呢？这到后面再考察。要之，宗法可以说是原始的姓之组织,在封建制度下,变形化后的血属的社会统制组织。总之,这是"同出一祖之子孙,在各自成族以后,而再求统一之的制度。而我们无须乎强要问:'其众族是一姓中的众氏呢? 还是一氏中之众族呢?'"宗法不是中国之原始的氏族制度。换言之,既不是母权的氏族制度,也不是由其直接转化的父权的氏族制度。因而,以"宗"对比于"Phratrie",^(注一四)或认为是与"前国家时代中社会组织"之"父系父权父治之氏族制度相同,那都是不对的。第一,假若要求类比时,那末,"宗"是依然有相当"Gens"^(注一五)之职能的。但后者自身,在中国本来是姓。不过,在中国,原始的姓之社会的诸职能,在宗法下是很多保存着的。在这里,就出现了中国社会进化之一特性。第二,宗法纵令可以如陶希圣氏所说是"父系,父权,父治之氏族制度",但完全不是"前国家时代之社会组织",而已再组织成为了周代封建制度之血族组织的基础,而与那封建国家统制——这是代替"原始的姓之社会组织"者——同时所发生者。要之,假若母权的氏族是第一次的构成,那末,宗法正是第三次的形成。

中国的氏族社会,为什么要保存于宗法之下呢? 服部博士说:"宗法本来虽然不是专为祖先之祭祀而发生,不过宗法之所以维持,其重要点实在于祖先之祭祀。宗法之规定,大多根据祖先崇拜而发生。这是关于宗法性质的根本意义。"宗之文字构成,是由庙之意义的"宀"与祭祀之意义的"示"所合成。但祖先之祭祀,不过是宗法之一职能。这虽然是宗法之重要的职能,但非充足的理由。关于这一点,陶希圣氏以"世禄"为宗法之经济的基础,而以"收族"——宗子以禄田上之农民剩余劳动,扶养族员之谓;即"异居而同财,有余则归之于宗,不足则资之于宗"的习惯——为其充足的理由。根据这见解,那末,宗法完全是因建封贵族结成一族,依"世禄田"上的农民剩余劳动来扶养的事实所发生的了。然而,实际上,毋宁说那正是因反对倾向而发生的,即封建制度的形成与人口增加之结果,姓的社会统制已狭隘化,服部博士所谓之"同父兄弟之同居同产",已移为"异居异产",姓已不得不分为氏,氏已不得不分为族了。这是使宗法产生的所以然。因为"假若同父兄弟及其子孙常相倚而同居通产时,姓中不应生氏,氏中不应生族,因而即无宗法之必要"。因封建制度形成所生的姓之狭隘化,与"异居异产"及姓之分化于氏族之必然性的离心的倾向,相合而使氏族制度之再编成成为必要。事实上,封建国家形成的同时,兄弟析产分居,实是成为一姓数族的原因,而这个可以认为是已依宗法而修正了从来同姓不婚之习惯,并且发生了必须统一一祖所生子孙各成一族的必要。维持这"宗之统制"的最有力的力量,正是祖先之祭祀。"既因同出一祖而统一之,当然,那种同奉一祖之祭祀,以及那因一祖而所生之丧纪等,就成为了统一的力量,这已无待繁言。"

宗究竟有如何的组成呢?(1)宗有大宗小宗之别,大致如次:《礼记·大传》中说:"别子为祖,继别为宗。继祢者为小宗。"别子即庶子。庶子对嫡而言,是妾所生男子之意,又对于嫡长子而言,则嫡次子以下,无正嫡及妾子之别,一律是庶子。前面所说的别子,正是这个意义的庶子。"因为周定嫡长子继承之原则以来……嫡长子在兄弟中占特别之地位，因而嫡次子以下及妾之子，皆称为庶子了。"这样，别子的意义，实在是指诸侯之嫡次子以下及妾之子，而与君分别另成一家者而言。但可以称为"祖"者，非一切之庶子；像前面说明族的时候已经讲过，只限于受赐"公子"称号，有爵禄，可以世袭的人而已。换言之，"别子为祖"的祖，其意义是诸侯之"公子"，而自己可以为子孙之始祖者。可以为此始祖的别子，即庶公子之嫡长子孙，世袭爵禄，而形成大宗。假若诸侯中有公子二人以上时，是否其各嫡长子孙，都形成大宗呢？我们根据服部博士之说，以为是豫先决定其中之一人，而由其嫡长子孙形成大宗的。即庶公子中之只有一个嫡长子孙之家，可以为大宗，而统制其余庶子之子孙。至于其余之庶子，则其子孙称之为"祢"——父之庙之意，同时为小宗高祖之庙之意——而各嫡长子孙之家，成为小宗，以统制"祢"之子孙。这样，大宗是统制其祖之子孙及众祢之子孙，众祢之嫡长子孙，则各形成小宗，以统制祢之子孙。但这种组成，自然是因世代之增进而愈益分歧。因为大宗经几世代后，自己就分歧成若干小宗了，而且，小宗当然也更分歧为小宗。在那里，这干与枝，必须要加以一定的限制。

(2)《礼记·大传》中说："有百世不迁之宗，有五世则迁之宗。百世不迁者，别子之后也。宗其继别子之所自出者，百世不迁者也。宗继高祖者，五世则迁者也。"所谓"迁"者，"就是灭宗之实，失宗之名之谓。即宗失统制族人之力，失其从来统制族与统属之关系，各自独立，而宗族分散之谓"。即大宗到百世止，代代分歧为小宗而统制族人，反之，小宗到祢以后之五世止，血属关系，统属关系,收族关系都消失了,而其名也消失了。这一原则,假若在小宗也认为是世世分歧为小宗时,那末,可以说也是通用的。

宗法之社会的职能是什么呢?(1)必须举出宗庙,祖庙,祢庙之祭祀,这是宗法之最重要处。(2)一年若干次会合族人,以礼共饮食。(3)丧服——死者之亲族,对死者表示哀悼之意起见,一定期间中,视关系之亲疏,穿着规定之制服。这习惯是很重视的。(4)同宗不婚,原始的同姓不婚,已转形为同宗不婚。(5)经济的职能——在士以上,兄弟是"异居而同财,有余则归之宗,不足则资之宗"。

要之,周代封建制度,是多量的混入上面那种血属的社会统制组织的。这是我们把周代中国社会认为"未成熟的"封建制之所以然。

乙、 父家长制家族

在周代时,父家长制家族已形成了。同父兄弟共同形成为一家,站在家长之父权之下。"父"字是表现父权的。因为"'父'字是手中持杖之象形。由这文字,虽然可以生恐怖畏惧之感,但不生'敬'之意。在父子关系及夫妇关系相联络为主从关系而居的家族生活状态中,是至当之事。换言之,父权家族生活中,子对父之赤裸裸的感情,在那里表现着"。(加藤常贤教授)实际上,所谓父家长制家族者,就是多数自由人及奴隶之组织于家长之父权下的。在古典的形态中,父家长对于家族全员,有生杀与夺之权利,而家族在事实上,不过是家内奴隶。这表现于野蛮到文明的过渡期中,表现为到一夫一妇单一家族之中间形态。在此种社会中,贵族或家长及若干男子,是可以生活于一夫多妇之下的。在中国,礼法对于贵族还命其一夫多妇。士以上,就必须以妻妾并置为原则。庶民之一夫一妇,侮称之为"匹夫匹妇"。根据《礼记》,天子有三夫人,九嫔,二十七世妇,八十一御妻之多。诸侯合计有六人之妻妾。大夫,士之妻妾数虽不明,但士以上娶妻时,有几个女人由女家跟着妻同来做妾的。贵族可以买女奴隶以补充不足。此时所买之人数,随自己俸禄而决定。不消说,这种一夫多妇,一般人是不能实行的,对于一般农民是毫无关系,因而,不外是一种历史的赘物而已。但是,总之,这是中国父家长制家族之一特色。在这家族形态下的继承制度,是嫡长子继承。而以嫡嫡相承为原则,即"立嫡以长不以贤"。嫡长子以外之男子,正妻之子与妾之子无别,概称为庶子。就在丧服之中,父为嫡长子要服斩衰三年之丧。继承因归嫡长子,嫡长子亡,由嫡长孙继承,嫡长孙也亡,然后才可以轮得到嫡次子等之庶子继承。但嫡长子继承是周室所定之制度,在周代诸侯国中,并不也是如此。

要之,在周代,父家长制家族已形成了,而这在贵族之间,又相伴有赘物的一夫多妇,在继承上,大体上可以说已规定嫡长子继承之制度了。

最后,男女之地位,在周代也是不平等的,不消说,妇人是被贱视的。这在父家长制家族下是当然的。当时男女不平等的观念,鲜明的表现于下列之歌谣中:

"乃生男子,载寝之床,载衣之裳,载弄之璋,其泣喤喤。……

乃生女子,载寝之地,载衣之裼,载弄之瓦。……"(《小雅·斯干篇》)

注一 宅田为分与致仕者之家的田。

注二 士田为授于在官之士的田。

注三 贾田为授于贾人即工商之家的田。贾人隶属于公家。

注四 官田可以解为授于在官之庶人的田。

注五 牛田为授于隶属《周礼·地官》下的"牛人"而为公家牧牛之牧畜者的田。

注六 赏田为赏赐于卿大夫之有功者的田。

注七 牧田为授于隶属"牧人"而为公家从事于牧畜者的田。

注八 见《孟子·万章》上——译者

注九 《孟子·万章》上中谓:"大国地方百里,君十卿禄,卿禄四大夫,大夫倍上士,上士倍中士,中士倍下士,下士与庶人,在官者同禄,禄足以代其耕也;次国地方七十里,君十卿禄,卿禄三大夫,大夫倍上士,上士倍中士,中士倍下士,下士与庶人,在官者同禄,禄足以代其耕也;小国地方五十里,君十卿禄,卿禄二大夫,大夫倍上士,上士倍中士,中士倍下士,下士与庶人,在官者同禄,禄足以代其耕也。耕者之所获,一夫百亩,百亩之粪上,农夫食九人,上次食八人,中食七人,中次食六人,下食五人,庶人在官者,其禄以是为差。"——译者。

注一〇 "观念形态"为哲学上之名词,或音译为"意得奥陆基"(Ideologie),意即社会意识之体系于一定的形式者。——译者。

注一一 蝾螈为有尾类之两栖动物,栖于水清之池沼中,色黑腹赤,长二三寸,形似壁虎。壁虎或称守宫,为蜥蜴类之爬虫,夏日常附壁而行,捕食昆虫。——译者。

注一二 《尚书·洪範篇》中谓:"……箕子乃言曰:我闻在昔,鲧陻洪水,汩陈其五行,帝乃震怒,不畀洪範九畴,彝伦攸斁,鲧则殛死。禹乃嗣兴,天乃锡禹洪範九畴,彝伦攸叙。……"——译者。

注一三 所谓"正则的"完成,即"非偶然的"完成。——译者。

注一四 Phratrie 可译为"宗",这是氏族社会中较上层的组织。在氏族社会中,系共产制度,族内之共同事务,由一种民主组织所管理。大抵一姓(Gens)有一姓人之评议会,由评议会中选出酋长,以管理一姓之事。战争时另选军长,合数姓而为一宗(Phratrie),宗又有评议会,由各姓酋长或军长所组织,共裁同宗中各姓相关之事务。合数宗而为一族(Stamm),有族评议会。合数族而为一大同盟,有同盟大评议会,无单独元首,而有二人平列之军长。(详细参照摩根氏《古代社会》)——译者。

注一五 Gens 可译为"姓",参看上注。——译者。

第四章　过渡期春秋战国时代

第一节　农业生产之发达

甲、铁器时代之开始

以铜器与青铜器,是不能完全驱逐石器的。而真正大规模的田野耕作,必须依铁器而后可能。换言之,在此以前,农业是只止于原始的园耕。中国可以认为在春秋战国时代,已出现铁器时代之黎明。

齐之桓公(西历纪元前六八五—六四三年)因齐国兵器不多,问管仲以如何调度的方法,当时管仲的回答是,规定赎罪之制度,以出兵器为赎金,最后,他说:"以美金铸剑戟,试诸狗马;以恶金铸钼夷斤欘,试诸壤土。"这恶金,恐怕就是铁。但这恶金也许尚不及青铜之硬度。在晋国,据说纪元前五三一年时,曾以铁铸刑书于鼎。(《左传》"昭公二十九年"条)关于铁剑之起源,有下列之诸传说。在吴国有剑匠名干将者采取"五山之铁精,六合之金英",当铸剑时,最初无论如何也不能熔融。那时,干将之妻莫邪,"断发剪爪,投于炉中",命童男童女三百人,鼓鞲装炭。这样,金铁终于变柔,制成名剑二柄,于是一柄名为"干将",一柄称做"莫邪"(《吴越春秋》卷四)。这正是说明了铁之镕融锻炼的困难。又还有下面的传说:在越国,欧阳子与干将二人,掘凿茨山,漉其溪,采取铁英,以之铸成铁剑三柄。这个还传之于吴王及楚王(《越绝书·外传宝剑记》第十三)。但是一般武器,还可以认为是铜制。不过在南方,似乎已经用铁为兵器之制作了。因为《荀子·议兵篇》中说:"楚人……宛钜铁钝,惨如蜂虿。"这意思就是劳动手段制作之非常进步。

根据《管子·海王篇》,可以知道耒,耜,铫等农具是铁器。又据同书《轻重乙篇》中齐桓公的话,可以知道耜、铫、镰、耨、椎、铚等农具,也是铁制。而其时不单铁器已使用,而且可以看出已经普及。更据《孟子·滕文公章》上,据称当时农民已经以铁而耕了。

不仅农具,一般劳动用具——除兵器——已是铁器,且渐已普及。春秋战国时代,正可以说是铁器时代之始期。

乙、 施肥及耕耘之进步

前面已经说过,我们从《周礼》而观,似乎周代以后,已知道施肥的方法——粪尿骨汁等之使用法了。但实际上也许是始于春秋时代以后。总之,在战国时代已知"粪于田",又据《论语·

雍也章》，在孔子（西历纪元前五五一——四七九年）的时代，也已采用"犁牛"了。在这以前《诗经》的时代中，是依"不用畜力的耦耕"，即两个人并排拉着耒耜而耕的方法。然则，到春秋以后，已经知道对农耕利用畜力了，而这毕竟是受铁器之赐之故。不过，铁器一旦发明以后，使广大面积的耕作为可能了。同时，可以为"深耕易耨"（《孟子·梁惠王章》上）了。在已有这种进步的时代中，魏国李悝相文侯（西历纪元前四二五—三八七年）时，于是得以实行了"尽地力之教"（藉农耕而极度利用土地之方策）。据说他曾建立了后日"常平法"滥觞的平籴之法，又编了刑律六篇（《法经》）。所谓"尽地力之教"者，其意义是如次。"地方百里，提封九万顷，除山泽邑居，参分去一，为田六百万畴。治田勤谨，则畴益三升。不勤，则损亦如之。地方百里之增减，辄为粟百八十万石矣。"这"三升"，实为"三斗"之误记。据《汉书·食货志》，当时李悝计算魏国——陕西、山西地方——百亩田之平年收获为粟百五十石。这样，若"亩益三斗（非三升）"，那末，百亩应该可以增收三十石，这意思就是可增收平年收获的五分之一。换言之，李悝是想依"尽地力之教"之施行，增收百分之二十的收获。他与战国时代大谈井田助法的孟子，成为了一种很有兴味的对照。

最后，农具改良与施肥及役畜施行的结果，可以说从来之"莱"（休耕地），也已大部分化为常耕田了。李悝之方策，恐怕就是表示此一进步的。

丙、灌溉

水稻耕作愈益普及,而一国之经济的力量,愈益集注于水稻时,灌溉之意义,就更重大了。前面已经讲过,中国的稻作,很早已有了。我们由《诗经》中"滮池北流,浸彼稻田"(《小雅·白华篇》)的歌中,可以知道,无疑的最迟在周代以后,已行灌溉了。

但据《史记·河渠书》,禹治水以后,以河南为中心的宋、郑、陈、蔡、曹、卫诸国,皆已行治水工作。又在楚国,曾为汉水、长江、淮河之治水;在吴国曾为南江、北江、中江、太湖等之治水;在齐国曾为淄水、济水之治水;在蜀的地方,郡太守李冰,曾为长江一支流之治水,于成都附近,穿二江,一方面以图舟楫之利,另一方面以求溉灌之便。(但李冰之治水,据《文献通考》之说,以为在秦统一天下以后。无论如何,"蜀之沃野千里,号为陆海"了。)在魏国文侯之时,西门豹为邺之令,引漳水灌溉于邺之田;其后,至襄王(西历纪元前三三四—三一九年),史起为邺令,又"湮漳以溉邺田"。就在天下统一以前之秦国,水工郑国也已凿渭水之支流泾水,作三百余里之渠,灌溉四万余顷之田。

丁、农业劳动生产力之水准

春秋战国时代,农业劳动之生产力水准,究竟是怎样的呢?合成日本制而言,田每一段（注一）产粟一石,这是当时农业劳动之生产力。其计算如次。据《汉书·食货志》及《管子·治国篇》说,当时田百亩之收获额,大体粟百石至二百石,普通是百五十石。即李悝所谓的每亩一石半,百亩粟百五十石,是普通的。但当时之斗斛,据伊藤东涯氏之说,约为日本制的十分之一,这样,一石五斗是日本的一斗五升,百五十石是日本的十五石。而百亩大约为日本之一町七段余。^(注二)因而合日本一段的收获额,应为粟一石左右。

据《汉书·食货志》,一夫五口之家,一年间食粟九十石,即日本之九石——每人每日约食五合。地租在大体上是收获之百分之十,即日本之一石五斗。这样,多下来的日本制之四石五斗,^(注三)就是种子及其他农业经营费,衣服费,及社间,尝新,春秋等祠所要之费用了。据李悝之计算,收获额对于农民之生活维持,不消说是不足的。

第二节　工 业 及 商 业

甲、　工 业

到春秋时代时,制造业的制盐及冶铁,已有重要性了。因为据说西历纪元前第七世纪之前半,管仲在山东齐国相桓公时,已实行盐铁之专卖了。但此时之史料本身,也还可怀疑。总之,他说明专卖之利益,是如次:他关于盐,是说:"十口之家,十人食盐,百口之家,百人食盐。终月(一个月),大男食盐五升少半(日本之五合余),大女食盐三升少半,吾子食盐二升少半,此其大历(数)也。"^(注四)而推算一升(约日本之一合)之原价上,假若加上二分钱,那末,在万乘之国,一个月就可以举很多的利益——人口一千万,可举钱三千万。中国盐中,有海盐、井盐、池盐、山盐之别,而齐盐为海盐。《管子》自身,虽然其史料价值还可怀疑,但山东地方,古来却是一个有名的制盐地。譬如陶朱及猗顿之富,据说就是由鬻盐而来。其次,关于铁器,说明专卖之利益时,他说:"一女必有一针一刀,若其事立,耕者必有一耒、一耜、一铫(大锄),若其事立。行服连(辇)、辂(小车)、辇(大车)者,(拉这种车巡行的工匠),必有一斤、一锯、一锥、一凿,若其事立。不尔而成事者,天下无有。……"[注五]战国时代,铁之利用于农具工具,这在其他文献中也可证明。

这样,春秋战国时代时,制造业也可以说是渐次发达了。但这个依然可以认为是从属于官府的。因为譬如齐国管仲对桓公说过:"处工使就官府",而制国为二十乡,以工之乡为三,而使其成为三个团体。

乙、 商业

据春秋时代之传说,市之起源,在于包牺氏之时代,那末,商品交换之起源已很旧了。实际上这可以回溯至牧人种族之时代。

因此,在春秋战国时代,商人已渐分离,而商业资本已蓄积了。譬如陶朱、猗顿之富,就是商人资本。这样,商人阶级已存在了。围绕于自然生长的诸共同团体四周之自然环境的不同,在中国,"陇蜀之丹漆、旄羽(或为丹沙毛羽),荆扬之皮、革、骨、象,江南之楠、梓、竹、箭,燕齐之鱼、盐、枣、栗,兖豫之漆、丝、缔、纻",早已成为"养生送终之具"，而为"待商通，待工成"的东西了。使诸共同体间，发生了生产方法，生活方式及生产物的相异，结果，商品交换就有其可能了，于是，就出现了超越自然经济各共同体间"偶发的交换"以上之"以交换为目的而生产之诸生产物的正则的交换"。这种商品中，当时就以山东之盐为最重要的商品。但正则的交换之成立，是以"原生的相异之生产部面"或"诸共同体间之社会的联络"，"社会的分业"之三者的成立为条件的。

不过，春秋战国时代时，重要的商品——盐、铁——大体上似乎是由国家所独占的。而一般商贾群集于指定地域，为国家所统制着。譬如在齐国，商贾是与工匠一样的指定三乡，在那里形成"市"，构成三个"协作"。又，商业一方面既已形成市，同时，在另一方面，以"观其乡之资，以知其市之贾（价），负任担荷，服牛轺马（使牛马牵车），以周四方，以其所有，易其所无"的行商为主要形态。

关于商人资本之势力，不消说是不甚明了，但由若干之事例，可以使我们想像到一点。譬如，孔子的弟子子贡，曾经做过鲁卫之宰相，又为列国之君主待为上客，但他是富商。相越王勾践成霸业之范蠡，功成以后，辞官，率家族奴隶，乘船，浮海，来到山东之齐国，变名耕于海边（从事于制盐罢），不久，就致了数千万的财产。他再为齐相，但不久又辞官以去，来至齐之要地陶，他认为这地方正是"天下之中央"，"交易有无之通道"，于是在那里就从事于"耕畜"，即农业及牧畜，又旁及于买卖事业，"候时转物"，未几，又蓄积了巨万之富，世人便称之为"陶朱公"。战国之末期，河南阳翟的吕不韦,在赵都邯郸为商贾,最后竟至于可以左右秦之政治。又有乌氏赢者,以牧畜获钜万之富,在秦始皇那里受了"封君"之待遇。

其时,官僚及商贾中心地的都市,也已经成立了。就中,最著名的是陕西之咸阳,河南之大梁,直隶之邯郸,山东之临淄等。临淄一城,相传就有七万户之多。

丙、 货币

商品交换成为常则的,大量的以后,价值尺度及流通手段的货币,也就不能不发达了。这点,已如前述。在太古牧畜盛行之时代,以家畜尽货币之职能,其后,用"贝"(泉)、"布帛"、"刀"、(西历纪元前第七世纪—同第三世纪左右所用)"钱"(西历纪元前第七世纪—第四世纪),模仿"钱"形之"布"(西历纪元前第五世纪—第三世纪),最后,用"圜钱"(外部圆形而中有圆孔之钱,用于西历纪元前第七世纪—第四世纪左右,但到西历纪元前第三世纪时,今日通常所见之外部圆形而中有方孔的钱,已铸造了)。刀以下,为铜币。这些交换用具,大体上表现着经济之发达阶段。在金币(钱)以前,货币称为"泉",这是表示其"流通如泉"的意义。又在春秋战国时代,金币虽似乎是富之绝对的形态,但毋宁是作"退藏手段"用的,至于在民间,依然行用布帛。历史中说到货币之铸造的,最初是周景王二十一年"患钱之轻,更铸大钱。径一寸二分,重十二铢"的记录。这正相当于西历纪元前第六世纪之末叶。

第三节　直接的生产者之地位

甲、"税亩"

耕作者大体是耕作百亩之田的农奴。通常,承认井田及助法,即役徭田制,已在西历纪元前五九四年废止了。因为,在《春秋》中说:"鲁宣公十五年,初税亩。"但是,这个可以作三种解释。第一,说徭役田依然存在,同时对私田还课以十分之一的税。第二,说公田在此时始废,而徭役制已转变为物纳地租。通说,以为宣公对民无恩信,民皆不愿尽力于公田,因此,"履亩而税"。最后一解释,以为公田在先已早废止,改行着《周礼·地官》"司稼"条中规定的"巡野观稼,以年之上下出敛法"的制度,但到宣公时,就改成"履亩"以定税率而定税额。譬如,服部博士之解释,即如此。这见解是妥当的。在先,公田已早不保留而分配了。服部博士以为在周代已完全不行用井田法,这点与作者之意不同,且如《周礼》中之规定者,对田百亩之收获,视年岁丰凶,以定税额。然农具及农业方法改良之结果,生产力渐次增加,莱田(休耕田)——莱田更多量的分配了——也减少而渐次多变成了"常耕田"。这使国家急迫的感觉到有增征地租的必要,于是踏着实际上已在耕作的田亩以征税了。此时,既已无公田(即徭役田)的存在,所以"税亩"的理由,决不是因"民不尽力于公田",而无宁说是因为一面生产力渐进,一面贵族奢侈需要增大,而使地租收入有增高的必要所致。

周代曾经有公田（即徭役田）之存在，此已如前述。这是以生产力之未发达为前提的。但为公田所强制的机械的夺取之劳动，对领主已渐渐为不利益了。因为此时直接生产者因自己而为之劳动，不问在空间上，时间上，都已与"为领主而为之劳动"相分离，而后者显然的已成为了一种为第三者之强制劳动的凶暴形态。因此，人民已渐渐不肯为公田而尽力。吏员（田畯）虽然督励着农民，但仍然不能得到满足之结果。所以，公田都被分配，而改行彻法了。这样，到春秋时代，大体上只遗存着井田之土地区划，而于其基础上，施行彻法。井田之土地区划的依然遗存，譬如从《国语・齐语》中管仲的话内，也可看出："陆阜陵墐，井田畴均，则民无憾。"但这井田，已是不存在所谓公田（即徭役田）了。因为管仲在那前面说："相地衰（差）征（税），则民不移。……"但假若徭役田还存在，那末，那就是不必要的了。

如上面解释"税亩"时，那末，一方面的意义是地租之增征，同时，另一方面的意义是税率税额之恒定。或者，孟子所谓的贡法，也许即由此开始。如前所述，所谓贡法者，是一种"校数岁之中以为常"的制度。在春秋战国时代，贡法之也似乎行用，那已如加藤博士之所指摘。

孟子在西历纪元前第四世纪至第三世纪之初，提创了井田及助法之复兴。因为当时只有从来一区百亩之土地区划法的存在，而税法也正在移转为贡法之故。不过，徭役田虽是孟子所赞赏的，但事实上已再难复兴了。

要之,古代中国农业生产中之徭役劳动,已与彻法——或从通说而言,则已与春秋宣公十五年之"税亩"——同时后退了。这样,耕作者虽已缓和了对领主之从属关系,但徭役一般却不曾减轻。不,譬如军赋那样,却反而加重了。换言之,根据周礼之说,在先,九夫为一井,四井为一邑,四邑为一邱,每邱十六井,须出戎马一匹,牛三头,又四邱为一甸,一甸六十四井,出长毂一乘,戎马四匹,牛十头,甲士三人,步卒七十二人。但到春秋时代,鲁成公元年制"邱甲之制",原有的甸赋,改成使邱负担,这样,农民之负担,实已增加四倍了。

乙、　农业共同体

农民在春秋战国时代,大体上依然也是站在与比、邻、闾、里等同样的村落组织之下的。管仲所谓什五之制,即可以证明之。此时,不但其目的在于邻保相助与自主的治安维持,同时,对于军伍编成之目的,也是很重视的了。"于是乎管子乃制五家以为轨,轨为之长,十轨为里,里有司,四里为连,连为之长,十连为乡,乡有良人,以为军令,是故五家为轨,五人为伍,轨长率之,十轨为里,故五十人为小戎,里有司率之,四里为连,故二百人为卒,连长率之,十连为乡,故二千人为旅,乡良人率之,五乡一师,故万人一军,五乡之师率之三军。……"(注六)农民在此种组织下,一面为自治组织而自主的以图邻保相助与治安维持,他方面为军国的组织,而每年春秋二季,举行田猎,以服军事的训练。

丙、 农民之生活

孟子说："百亩之田,勿夺其时,八口之家,可以无饥矣。"(《梁惠王》上),又在解说周代制度时说:"百亩之粪,上农夫食九人,上次食八人,中食七人,中次食六人,下食五人。"(《万章》下)这样,根据李悝之推算,在魏国,百亩之平年收获,对农民之生活是不足的。换言之,平年收获粟百五十石(日本十五石)先除掉什一(百分之十)之税十五石,其余为百三十五石再除去一家五口之食粮,假若每人每月吃一石五斗,那末,一年间须食粟十八石,五口须消费九十石,这个除去了后,只余下来四十五石(日本四石五斗)。以之拆合为钱,若一石为钱三十,那末,合计为钱一千三百五十,其中,除去社闾、尝新、春秋祠等所需钱三百,则余下来仅千五十了。衣类每人每年大率用钱三百,所以五人每年即需钱千五百。这样,已"不足四百五十。不幸,疾病,死葬之费及上赋敛,又未与此。"(《汉书·食货志》上)且实际上,军赋日重,盐铁之价,又益见增高。在李悝之推算中,如种子等费用,犹未完全计算入内。要之,一般农民,生活是不可能的。所以,如前所述,李悝相魏之文侯时,实行"尽地力之教",以图增收百分之二十。

丁、 奴隶

由春秋末以至于战国时代,奴隶已显著的存在了。譬如范蠡由越迁于齐时,就领着了许多奴隶。据《前汉书·货殖传》,在豪商财产之项目中,就有奴隶一项。例如,蜀之卓氏,有僮八百人。

齐国之刁间,独爱奴隶,使之逐鱼盐商贾之利,终得奴隶之力,而获得了莫大之财产。要之,奴隶的数目,似乎是很多。他们或者是家内奴隶,或者是使役于商工业——鱼盐,采矿,陶器制造,锻工,牧畜等的。

注一 日本之面积度制,系十"勺"为一"合",十"合"为一"步"(或称"坪""方间"),三十"步"为一"亩",十"亩"为一"段",十"段"为一"町"。日本一"段"合万国制九·九二公亩,合中国市用制一·四九亩。——译者。

注二 参照前注,一町七段余,合中国市用制为二五·三三亩,合万国制为一六八·六四公亩。——译者。

注三 据李悝之计算,每百亩之收获,约当日本之十五石,故除农民每年食粟九石及地租一石五斗外,所余为四石五斗——译者。

注四(注五)见《管子·海王篇》——译者。

注六 见《管子·小匡篇》——译者。

第二篇参考文献

小岛祐马著:《由诗经中所观之周代经济状态》(《支那学》第七号);《春秋时代与货币经济》(同上第一卷七·八号);《易经中所表现之阶级思想》(同上第二卷八号);《尚书中所见之五刑》(同上一卷十号);《由经济上而观之尚书中之赎刑》(同上一卷六号)

服部宇之吉著 《井田私考》(《支那研究》及《宗法考》中所收刊)

黑正严著 《农业共产制史论》

下田礼佐著 《中国古代之土地制度》(《历史与地理》二十二卷五号)

内田银藏著:《关于盐铁论》(《日本经济史之研究下卷》);《中国古代姓氏之研究》(同上)

松本信广著:《中国古姓与图腾主义》(《史学》一卷一·二号;《中国古代姓氏之研究》(《三田评论》二八四—七)

加藤繁著:《中国古田制之研究》;《周景王铸钱说话批判》(《史学》二卷三号)

饭岛忠夫著:《中国古代史论》;《中国历法起源考》

牧健二著:《周代之封建制度》(《法学论丛》二十二卷四号);《日本初期封建关系之研究》(同上三十卷一·二·三号)

桥本增吉著:《中国古代之封建制度》(白岛博士还历纪念《东洋史论丛》中所载)

田崎仁义著:《中国古代经济思想及制度》;《古代中国经济史》

新城新藏著:《东洋天文学史大纲》

仁井田升著:《古代中国日本之土地私有制》(《国家学会杂志》四十三卷十二号)

桥本增吉著:《中国古代田制考》(《东洋学报》十二卷一·四号,十五卷一号)

池田静夫著:《中国井田制度崩坏过程之研究》(《支那研究》二十九号)

松浦嘉三郎著:《中国古代之长子承继制度》(《东方学报》第一册)

加藤常贤著:《舅姑甥称谓考》

中山久四郎著:《古代中国之金属文化》(《读史广记》中)

郭沫若著:《中国古代社会研究》

《易经》;《诗经》;《书经》;《周礼》;《孟子》;《春秋》;《国语》;《史记》及《管子》

Franke, Die Rechtsverhältnisse am Yrundeigentum in China, Leipzig.

Legge, The Chinese Classics 5 Vol. S. V. Hongkong & London, 1861

第三篇

官僚主义的封建制之成立时代

第一章　古代中央集权国家之成立

序　　说

　　周孝王（西历纪元前九〇九年—八九五年）之世，有非子者，据传说为帝颛顼之苗裔，但实则恐不外为一牧人种族之酋长，在华北西部渭水上流汧的地方，为周孝王从事于牧马之工作，分封而为"附庸"——方五十里未满之国。在那里，非子于秦的地方，成立一邑，奉嬴氏之祀，号称"嬴秦"。

　　秦在初不过为渭水上流之小国，渐次扩张领土，到春秋时代，成为五霸之一，到战国时代，成为七雄中之一强国，再到非子后第三十四代的秦王政（始皇帝）时，竟并有了天下。

　　这样，在西历纪元前第三世纪时——周之灭亡为西历纪元前二五六年，东周之灭亡为西历纪元前二四九年，最后之封建国家齐的灭亡与秦之置"三十六郡"，为西历纪元前二二一年。黄河长江之两流域，才在一大国家之下而统一了。在先，春秋时代时，据经传所载,邦国之数有百六十余,其中包含姬姓之国,异姓之国,附庸及其他诸蛮夷。但这些邦国,经过五百数十年间政治的纷乱,都相互吞灭,到最后,遂为秦所并吞。

此时,文化中国为防止北方牧人种族之侵入,与完成国内大治水事业起见,新的国家之统制组织,就有其必要了。因此,始皇帝扩张帝权,终于树立了专制的官僚主义。但这个并未完全成功。换言之,新的国家的统制组织之企图,其成就是不能不俟诸于下一时代。

第一节　西历纪元前第四—三世纪之中国经济及社会之变革

秦在西历纪元前第四世纪孝公之世,实行卫鞅(其后之商君)之各种改革,一世纪以后,终于成功了天下统一之霸业。

(1)田制之改革　　这是因为秦之地广人稀,荒芜地多。所以盛创开垦,增进农业生产,以图富国强兵的。在秦国,本来是还行着井田之法,但到孝公之世,这井田法实已成为了对生产力发达的桎梏。于是废井田,破阡陌之旧制——田间之道,《周礼》中"径""畛""涂""道"等之总称——使耕地区划法归于自由。且在税法上废止"助法",而以"訾粟而税,则上一而民平"的理由,采用了物纳地租,以替代徭役地租。又,关于农民土地私有之多寡,也解除了限制。据《通典》:

"废井田,开阡陌,任其所耕,不限多寡。"

要之,秦在西历纪元前第四世纪时,因欲图农业生产之增进起见,可以认为已经废除了从来之耕地区划及分配上之各限制,而改劳动地租为物纳制了。这样,秦终于成为了"数年之间,国富兵强,天下无敌"。^(注一)

（2）治水设施　　（甲）郑国渠　秦用邻邦韩国之水工郑国,使其筑泾水向洛水,由中山之西达于瓠口之三百余里的水道。"渠也。用注填阏之水,溉泽卤之地(含盐分之地),四万余顷,收皆每亩一钟(六斛四斗)。于是,关中为沃野,无凶年,秦以富强,卒并诸侯。因命曰郑国渠。"(《史记·河渠书》)　　（乙）蜀渠　秦以李冰为"蜀守"——蜀郡即今日之成都。李冰在长江上流四川盆地之蜀,"壅扬子江之水,作堋"穿运河,以通舟船,同时,以便灌溉。在这里,"蜀之沃野千里",宛然化为"陆海"了。(《文献通考·田赋考》六)

灌水是农业中无代价的生产力因素。而藉灌水利用所生之农业劳动生产力的增进与其结果之剩余生产的增加,其意义就是地租之增加。

（3）盐铁利益之国家独占　　春秋战国时代,一方面已将"山海"视为"财用之宝",^(注二)他方面,已认"十口之家,十人食盐,百口之家,百人食盐",及"铁器为农夫之死生也"^(注三)了,因此,盐铁之国家的独占,就特别成为了问题,此已如前述。秦已由国家独占了盐铁之利,因为《盐铁论》中说:"昔商君之相秦也……外设百倍之利,收山泽之税,国富民强,器械完饰。……"^(注四)又说:"外禁山泽之原,内设百倍之利。……"^(注五)总之,如内田博士之所指摘,这记事不就是盐铁"专卖"之意,不过单是说明国家收入增加与人民负担之苛重而已。换一句话说,由这记事可以推想出的,是盐铁非常重要的事实,而秦由此以收百倍之利。但是,秦在实际上,似乎是曾经设置了独占盐铁等及掌管山泽之利的官,使奴隶从事于制盐与冶铁的。这因为,第一,在卫鞅的变法令中,一般的有:"事末利(农桑为本,耕织为本业,末利指工商而言)者与懒怠而贫者,纠举而收录其妻子,没为官奴婢"的一条。(据说较古制为重)第二,秦在陈胜吴广之乱时,曾使少府章邯,"免郦山之徒、人奴产子",悉发以击叛军。这徒人就是役徒,奴产子是奴隶之子。由这些记事,不但可以想像到秦对渐起之制盐冶铁,已征多额之税,而且本质上已进为国家自己经营,使奴隶以从事之了。

(4)乡党组织　　秦之制度,即所谓"商鞅什伍之制"。到这时候,乡党已再组织而使之使合于为专制国家之一基础了。即《史记·商君列传》中说:

"以卫鞅为左庶长,卒定变法之令,令民为什伍,而相收司连坐。不告奸者腰斩,告奸者与斩敌首者同赏,匿奸者与降敌者同罚。"

秦制以五家为"保",而为十家相连之制,这点形式上与周制相同。但村落组织之职能已变化了。"收司"是使同伍及同什者相互摘发奸情的意义。假若不告发奸者,团体员一律处以腰斩之刑。换言之,即周代之什伍之法,若以"出入相友,守望相助,疾病相扶持"(《孟子》)为目的的,那末,秦之制度,正如马端临之所说，是以"一人有奸，邻里告之，一人犯罪，邻里坐之"为特色的。这所以说自然生长的村落组织，已再组织为专制国家之基础了。但这新的所附加之"连坐之制"，在齐国所行管仲的什伍之制中已有了。

（5）商工业及战争　　因长期间之战争，自然发生的各都市间之连络，已可能了。因为在未开时代时，"战争是正常的交通形态"。而且，商人阶级已早形成了。商业连络之确保与发达，是维系于治安状态的，秦之中国统一，即充作了这一条件。都市渐次脱离孤立，而相互交易与连络了。广大领土中自然产物之地方的多样性，愈使商业连络为发达，因而，更兴起了工业生产。

但是，在他方面，长期间之战争也破坏了生产力，而使可以兴起的需要，归于破灭，于是常有重新整作的必要。秦也依然"以农桑为本"，而以耕织为本业，采取了"重农抑商政策"。商工业毋宁说是为国家所独占而隶属于国家的。从而，制造业与工业，都还不能如一般之过大评价，而说已达于可以注目之发达。

总之，秦统一天下以后，已奠定了商业连络之各种基础。譬如，道路之开修，便有所寄与于漕运之发达。而使度量衡统一了，更使货币归于统一了。即造成了金币与铜钱之二种货币。前者为上币，以黄金一镒（二十两）所制造（但非为铸币）。后者称为下币，其形外圜孔方，其重为十二铢（半两），方孔之左右，刻有"半两"二字。前者用于大量之交易，一般则皆使用后者。铜钱之铸造权在官，以图统一。又从来用作为交换工具的珠玉、龟贝、银、锡等，都已为装饰品之用，而不再作货币用了。

（6）大土地所有　　商鞅之土地改革，是废止井田法，破坏阡陌之旧制，而解除了"一夫百亩"之耕地分配上的限制。又更除去了"田里不鬻"之限制。因此，一方面是开了耕地兼并之道，同时，另一方面是除去了解放耕地的限制。且对于战争之殊勋者，允许其土地兼并与隶役人民。所以，董仲舒对商鞅之改革，批评之如次：

"至秦，则……用商鞅之法，改帝王之制，除井田，民得卖买。富者连阡陌，贫者亡立锥之地。"

因为铁器之发明与利用，假若农业劳动之生产力，已渐增进，而剩余生产也已增加了，那末，豪富之家，当然可以介在于社会间了。据《史记》之说，秦始皇统一天下后，徙天下富豪十二万户于咸阳。他方面，贫人失田而耕于富豪家之田者，即以其收获之十分之五为地租，纳于"田主"。当时，奴隶恐怕也已增加了。因为战争的捕虏，无疑的多数已奴隶化了。又据商鞅之变法规定，"匿奸者与降敌同罚"，而当时之降敌者，自身即被诛戮，其家没收充公，妻子即沦为奴隶的。如前所述，从事商工与懒怠而贫者，也是使其为奴隶的。我们由陈胜吴广作战时之解放奴隶以击叛军的事实，可以推想出当时是存在着多量的官奴婢。而实际上，阿房宫及骊山之建筑，明明是记载着使役了犯罪之奴隶七十余万人。

（7）赋税　　秦始皇帝因为旧来赋税是以"因地而税"为原则的，且兼并之结果，耕作者之田减少，税收大减，于是就新的设立了"舍地而税人"之人头税。这样，田租，口赋及盐铁之利（山泽之税），据说已二十倍于从前。这个与以后所述之过重的徭役相结合,而愈益发生了人民之流亡,陷入到了"恶矛盾"(Circulus viti-osus)之中,最后,终于为流民等之叛乱所报复了。

中国最初中央集权国家中徭役之意义,不消说是很大的。(甲)治水事业——记录中可见者,如前述郑国渠与蜀渠之二水道。但是,实际上无疑的还有过其他大小若干次之治水事业。(乙)对外敌之防备——秦始皇帝为防备北方之胡人计,征发四十余万人,建筑长城,又征发五十余万人,筑城于南越之地。(丙)宫廷之建筑——譬如阿房宫及骊山之建筑,曾使役了七十余万人——但为奴隶。(丁)战争——蒙恬击胡人时,征发了三十万人。

第二节　旧日封建制度之改变

秦制爵二十等,对有勋功者,赏赐之。据通说,周代自公,侯以下,以至于卿,大夫,有世袭之禄邑,而爵位即相伴于禄邑者,反之,秦代则不伴有禄邑。不过,例外中如卫鞅,曾封于商之地——十二邑;又如魏冉封于陶;泾阳君封于宛;高陵君封于邓;范雎封为应侯;吕不韦封十万户,嫪毐封长信侯。而这些都是秦朝统一天下以前之事。

秦王政于二十六年(西历纪元前二二一年)终于完全并有了天下,称为始皇帝。丞相王绾等奏议在燕、齐、荆这些远隔地,立诸子为王,以统治之。廷尉李斯表示反对。"诸子功臣,以公赋税重赏赐之,甚足易制,天下无异意,则安宁之术也。置诸侯不便。"^(注六)始皇赞同李斯之议,分天下为三十六郡,郡中置"守"
"尉""监"。更称民为"黔首"。他没收天下之兵器——铜器——
聚于咸阳,镕解而为十二个钟鐻及金人。各重千石(每石一百二
十斤)。他又规定划一法度,衡石及丈尺。统一车之大小,划一文
字。又徙天下豪富十二万户于咸阳。

换言之,秦始皇统一了从来割据的封建领土与领民,废旧日
之封建,置郡县,以中央所派遣之"守"、"令"(万户以上之县置
"令",万户以下之县置"长")统治之。其他,又统一了各种制度。
这一改变,就开了后世"中国封建郡县是非论"之端绪。这是非论
之论点,就说这两制度中,孰以天下为公。有许多人说,封建制是
"公天下"的,郡县制是"私天下"的。因此,前者为善法,后者为
恶法。反对说以为郡县制正是"公天下"的。此外,又有一个折衷
说说:封建制与郡县制都不外是"皆所以分土治人"者。这两者制
度之自身,皆无所谓善恶,善恶是依当时人心之不同而决定。在
唐虞三代之世,封建为良法,但至后世,则不如郡县。但制度之是
非,不是我们所要问的。关于封建与郡县两制度之特质,譬如说
封建是分土分民的,是世世守其国家之制度,而说郡县是更易守
令,以天下之权归一人私有的制度,这样的说法,到底不过是形式
的说明而已。封建制不外是社会之一定经济的构造(即一定"生
产及交易等关系")之"政治的形态"。因此,由封建而推移至郡
县,不得不由这经济的构造而阐明之。

秦始皇统一全国领土领民,打算在皇帝之独裁下支配之。封
建制生产的特征,是在可能范围内,分割土地于许多封臣。卿、大

夫、士皆有采地,他自身更支配了许多农奴。根据此种土地分配,成立了封建制的"位阶制"。这样,秦始皇不过把官僚的"位阶制"代替了这种封建的位阶制而已。换言之,其不同点,不外是把领土领民脱离了诸侯与其封臣——假若漠视秦代也允许战争殊勋者之兼并土地与隶役人民时——而集中于皇帝,以官僚的官阶制,代替了政治上封建的位阶制。生产者因此种改变,转化为了皇帝与其官僚所装置之农奴与隶农了。他新附加了人头税,而村落已再组织为了专制主义之基础。因此,我们可以把秦代社会,认为其特色是专制的封建的官僚主义。

第三节　豪族农民之叛乱与秦之灭亡

周室灭亡后约半世纪,秦之支配已并有了全中国,但仅仅十余年以后,即归于崩坏了。因为,第一,秦始皇并有天下之同时,虽然即布郡县之制,徙天下豪富十二万户于咸阳,但封建领主在事实上,却并未完全消灭。这一事实,我们可以从战争殊勋者得以兼并土地,与得以隶役人民的事实中,也可以想像出。总之,在秦之末年已至"诸侯并起叛秦"(《史记·秦本纪》)了。第二,贫民及流民之增加,发生了早期之农民叛变。这譬如陈涉吴广之乱。他们是"不用弓戟之兵,而以钼櫌白梃(所有之农具)"而起的。

陈涉吴广是生于河南之一介农夫。他们是贫民而居于闾左(闾里之门的左侧)。就中之陈涉,曾为佣耕,恐怕是一个对农业状态感觉不满的人罢。据说"辍耕之垄上,怅恨久之"。"苟富贵而毋相忘"。其时,秦之二世皇帝,于元年七月,征发闾左之贫民九百人,使他们到河北渔阳以防备边疆。其中,陈涉吴广也参加了。他们到大泽乡而叛。降近邻之诸县,陈涉自称为王。"当此时,诸郡县苦秦吏者,皆刑其长吏(郡守,县令)杀之以应陈涉。"^(注七)叛徒终迫于函谷关,此时,他们有"车千乘,卒数十万"。秦使少府(掌山泽之利之长官)章邯,解放骊山之役徒及奴隶之子,悉征发之以击破叛军。陈涉为王凡六月而败,为御者所杀,而贫民及流民之叛乱,终归于早产。陈涉为"甿隶之人","迁徙之徒",而其叛徒之武器,是"鉏櫌棘矜""斩木为兵,揭竿为旗"之类。

不久,诸侯并起,豪杰相立,秦朝终于仅仅过了一个豪华之短生涯而完了。但是,秦朝依焚书坑儒之名,及莫大无偿之人类劳动力所成之长城,阿房宫等大建筑,而体现了中国专制主义之古典的形态。

注一 商鞅(西历纪元前三六〇—三三八年)与孟子(西历纪元前三七二年—二八九年)略为同一时代。这两者正成为着一极有趣味之对照。孟子是井田助法之复旧论者,而放浪于各国之间。他生于邹国,一时曾仕于齐君。但终于成为了放浪之哲学者,而走赴梁国。其后再归齐为官,但不久又去,往宋,最后,归乡国鲁,隐栖了二十年而终。反之,卫侯一族之商鞅,是井田助法之废止论者,相秦之孝公,实现其主张,而成功了改革,为秦之天下统一,奠定了一基石。不过,这两者,与其如《中国经济史》著者李女士所谓"一部中国史中经济思想之二派——即古典派与实践派——之最适切的代表者"（一四七页）为特征,无宁说是变革期中,新兴生产力之代表者与旧来生产关系之企图复兴者之对立,而能惹起兴味。

注二、注三　见《盐铁论·禁耕篇》——译者

注四、注五　见同上《非鞅篇》——译者

注六　见《史记·秦始皇本纪》——译者

注七　见《史记·陈涉世家》——译者

第二章　古代封建的官僚主义之时代

序　说

秦朝废侯置令,但豪族在事实上,并未全灭。因为始皇帝死后不久,群雄蜂起,六国之裔与其强宗,大概皆逐秦之守宰,于故地自称为王。项羽起于长江下流,一时并有天下,称西楚,分封诸侯王于各地。其数及十四国之多。此时,刘邦被封于长江上流汉中、巴、蜀之地。他称为"汉王",先定都于汉水上流之南郑,形成了与项羽相对立之势力。不久,代项羽而并有了天下。于是,他于西历纪元前二〇二年即帝位,初都于河南洛阳,不久移至关中,都于长安。

汉室分封多数同族及功臣于各地为王侯。但汉之封建制度,并非发达为离心的封建制,毋宁可以说反是渐次统合,而发达成为中央集权的官僚主义的封建制。马端临对这统合过程之特征说:"西汉之封建,其初也,则剿灭异代所建,而以畀其功臣;继而剿灭异姓诸侯,而以畀其同宗;又继而剿灭疏属刘氏王,而以畀其子孙。盖检制益密,而猜防益深矣。"又说:"景武而后,令诸侯王不得治民补吏。于是诸侯虽有君国子民之名,不过食其邑入而已,土地甲兵不可得而擅矣。……盖罢侯置守,虽始于秦,然诸侯王不得治民补吏,则始于西都景武之时。盖自是封建之名存,而封建之实尽废矣。"(注一)

因此,古代中国封建制,可以认为在景帝武帝,即西历纪元前第二世纪之后半以后,已为中央集权的官僚的封建制所中止了。

第一节　农业社会生产力之向上

(1)铁器及牛耕　　汉代时,铁器已渐渐用作为劳动用具,而负着重要的任务。换言之,已称"铁器,农夫之死生也"。但是,木器及人类之手,还常为铁器之代用。"今县官作铁器,多苦恶,用费不省。……盐铁贾贵,百姓不便。贫民或木耕手耨,土耰啖食,铁官卖器不售。"(《盐铁论》)(注二)这是西历纪元前八十一年的事。即汉初后已经百数十年了。当时,铁器价昂——特别是专卖之结果——贫农皆不能备。又牛耕已发明,但当时既尚为木耕手耨,那末,役畜之普及程度,也不能视为已很普及。

(2)氾胜之的区种法,土壤改良术及赵过之代田法　　根据《齐民要术》(后魏贾思勰撰)中所引汉代氾胜之所说,第一,耕耘应如次:"凡耕之本,在于趣时和土。……凡爱田者,常以五月耕,六月再耕,七月勿耕。……五月耕一当三,六月耕一当再。若七月耕,五不当一。……田虽薄恶,收可亩十石。"又氾胜之关于这种法说,先作"区田",这区田是"以亩为率。令一亩之地,长十八丈,广四丈八赤,当横分十八丈,作十五町(町为区域)。町间分十四道,以通人行。道广一赤五寸,町皆广一赤五寸,长四丈八赤。赤直横凿町作沟。沟一赤,深亦一赤。积穰于沟间,相去亦一赤。……种禾黍于沟间,夹沟为两行。去沟两边各二寸半,中央相去五寸,旁行相去亦五寸。一沟容四十四株,一亩合万五千七百五十株。种禾黍令上有一寸土,不可令过一寸,亦不可令减一寸。凡区种麦,令相去二寸一行,一沟容五十二株,一亩凡四万五千五百五十株。麦上土令厚二寸。凡区种大豆,令相去一赤二寸,一沟容九株,一亩凡六千四百八十株。区种荏,令相去三赤。胡麻相去一赤。区种天旱当溉之。一亩常收百斛"。[注三] 据《汉书·食货志》,种谷时,必杂以五种,以备灾害。即黍,稷,麻,麦,豆之五种。田中种植树木,不得妨碍五谷。宅地之周围,种植桑树或野菜及果树。

当时之作物,已有如下之若干种:黍、粱、大豆、小豆、麻、苴、麻(苎麻,结实之麻)、大小麦、水稻、旱稻、胡麻、瓜、瓠、芋等。

土壤及施肥之知识,如次:先从土性,区别为九种土壤质态。大家就根据这土壤质态,制作牛,羊,麋,鹿,貆,狐,豕黄,犬之骨汁,以浸种子而适期播种。《周礼》地官草人条中规定的"土化之法"——化土使美之术——可以认为与氾胜之之土壤改良术相同的。要之,已利用骨汁与粪汁为肥料,而采用浸种之方法了。又骨汁之作法,乃"剉马、牛、羊、猪、麋、鹿骨一斗,以雪汁三斗煮之三沸,取汁以渍附子。率汁一斗,附子五枚,渍之五日,去附子。捣麋鹿羊矢,分等置汁中熟挠和之。"这样,骨汁就可使用了。

　　武帝晚年,搜粟都尉赵过,教民"代田"之法。这是一种"一晦三甽(畎为甽,即以二耜而耦耕,作广一尺深一尺之陇沟三条)岁代处"的组织。详细的说,即每亩以耜作三甽(三小沟),一夫百亩,作三百甽,播种于其小沟中,苗生出叶以上时,除陇台之杂草,同时,碎其土,附于甽中作物之根,而每年掉换甽之位置。此时,"用耦犁,二牛三人"。官使"工巧奴",制作田器,授田器于村落父老中之善田者,使之学耕种养苗之术。赵过以十二夫为田一井一屋,分配以田五百亩。汉代一亩为二百四十步,所以一夫之田,相当于周制的百亩。总之,在代田法中可以注目之一进步,是每年垄之位置的变换,与耕牛之利用。但这役畜之利用,不能过大评价。因为"民或苦牛少,亡以趋泽(雨之润泽地)"。在那里,赵过更教民以"以人挽犁"的方法,代替役畜。这样,可以"率多人者,田日三十晦,少者十三晦"。而代田法之结果,比从来可以每亩增收一斛以上。"自后,边城、河东、弘农、三辅、太常民,皆便代田。"

　　要之,氾胜之之区种法,土壤改良术,及赵过之代田法,与铁制农具——特别是犁之渐次普及,役畜之利用,作物种类之多样化及后述灌溉之发达等,相合而表示了汉代农业劳动生产力之渐次的向上,这是值得注目的。

　　(3)治水　　文帝之世(西历纪元前一七九年——一五七年),蜀郡太守文翁,开煎溲口,灌溉了繁田千七百顷。

武帝(西历纪元前一四〇年—八七年)开凿渭渠,龙首渠,白渠等。换言之,即第一,从大农(农务长官)郑当时之上言,开凿由长安到黄河(之华阴)之三百余里的直渠,引渭水以便漕运,同时,灌溉了万余顷之田。这次发卒数万人,三年而开通。第二,以河边荒芜地五千顷之开垦及便于漕运之目的,引汾水与黄河而穿渠。发卒数万人作渠与田。但此时,数年来黄河河道屡变,水道之目的不达,其后,渠与田都废止了。第三,开凿由征县引洛水至商颜山麓的龙首渠,以图灌溉万余顷之卤地,发卒万余人,经十余年而开通。第四,引泾水穿二百里之渠,灌溉四千五百余顷之田,称之谓白渠。从前,秦穿郑国渠。而泾水每石水中,含数斗之淤泥,因而有"且溉且粪(施肥)"之效果。于是,增"禾黍",供给了"京师亿万(十万)口"以衣食。其他,由瓠子引黄河而开三渠。这样"自是之后,用事者争言水利"。"朔方、西河、河西、酒泉、皆引河(黄)及川谷,以溉田。而关中辅渠(六辅渠或称六渠,灌溉郑国渠所溉之田)灵轵、引堵水、汝南、九江引淮(淮水),东海引钜定(泽名),太山(泰山)下引汶水。皆穿渠为溉田,各万余顷。佗小渠披山通道者,不可胜言。"(《史记·河渠书》)

他方面,同时施行防水设施。文帝"大兴卒",完成了黄河之治水。武帝也常行黄河之治水。譬如"天子乃使汲仁、郭昌,发卒数万人,塞瓠子决"。又兼行了对陕西省褒水、斜水之治水目的,发数万人,于两水之间,作五百余里之道。

此外,元帝之世(西历纪元前四八年—三三年),南阳太守石信臣,筑钳卢陂(池)。累石为堤,旁开六个石门,以调节水势。蒙利之田年年增加,达二万顷。后汉章帝之世(西历七六年—八八年),卢江太守王景,重修了已荒废之芍陂灌溉池。这是很大规模的,陂径百里,灌田及万顷。顺帝时(西历一二六年——一四四年)会稽太守马臻,立镜湖,筑塘,周围三百十里,灌田为九千顷。

治水之对于一般灌溉农业及对于东洋国家所有的意义,则如前面所述,兹不赘。

(4)人口　　在前汉时代,社会生产力之主体的因子之人口,无疑的大体上已增加了。前汉之末年,据平帝元始二年(西历二年)之统计——中国现存之最旧的统计——户数为一二,二三三,〇六二户,人口为五九,五九四,九七八人。然其后至王莽时代,因饥馑疫疠,且起战乱,实际上人口已减少,另外,又因户籍紊乱,所以到后汉之初,户口已破灭的减少了。换言之,光武帝之中元二年(西历五六年)户数已减少为四,二七九,六三四户,人口已减少至二一,〇〇七,八二〇人了。即户口在半世纪中,殆已减少了三分之二。但其后户口又再渐次增加,桓帝永寿二年(西历一五六年)时,户数为一六,〇七〇,九〇六户,人口为五〇,〇六六,八五六人,即殆已恢复至前汉时代了。这是后汉末六十余年前的事。

第二节　农民之地位

(1)耕作者之经营面积　　据通说,例如对于武帝主张限田的董仲舒所说,秦用商鞅之变法,改帝王之制,除井田,许民买卖以来,富者之田连阡陌,而贫者已无立锥之地了。实际上,秦始皇移天下富豪十二万户于咸阳,他方面是有过了多数的豪族。他们由耕作者征收收获十分之五以为田租。汉朝在初,相传并未把此种关系,加以改变。

这样,汉代之土地所有,是更进为了豪族之兼并了。但是,经营似乎还以百亩前后为标准。这事实,大体在晁错对文帝的上言中可以看出。"今农夫五口之家,其服役者不下二人。其能耕者,不过百亩。百亩之收,不过百石。……"又如前所述,武帝于其末年使赵过行代田之法——一亩三畎,年年易处之法——其时,一夫耕三百畎——当百亩之垄数。而记载着说:"率十二夫为田一井一屋,故亩五顷也。"周制以百步为一亩,汉代以二百四十步为一亩,因此,古制之千二百亩,为汉代之五顷。因而,由此可以说当时耕作者之经营面积,大体上以古制一夫百亩为标准的大小。

(2)租赋　如上所述,耕作者大体上是经营着百亩前后。中央政府初征十五分之一的田租,景帝以后,减田租为三十分之一。后汉亦仿此制度。但田租之减轻,不过是有利于"豪强",而使其发达为可能而已。换言之,存在着类似于古代意大利的大私领地。但由耕作者而言,因豪强已介在于社会,而必须纳收获之五〇%予豪强。

汉室新设人头税。即普通所谓之"算赋"及"口赋"。算赋始于高祖之时,凡十五岁以上五十六岁以下者,每岁概须缴纳百二十钱。口赋始于武帝之时,凡七岁以上十四岁以下,每岁须征二十三钱。马端临说:"户口之赋始于此(高祖之算赋)。古之治民者,有田则税之,有身则役之,未有税其身者也。"但人头税据说在秦代也已有了。

加之,又重征徭役。即二十岁以上五十六岁以下,每年须给付一个月无代价之徭役劳动,三日间卫戍边境。如马端临所说汉对人丁是"且税之,且役之。"譬如常常兴起之外征,北边之防备,及大治水事业等,就都是靠这个徭役的。而实际上徭役是无限制。在《盐铁论》中,文学曰"今中国为一统,而方内不安。徭役远而外内烦也。古者无过年之繇,无逾时之役。今近者数千里,远者过万里,历二期长子不还,父母忧愁,妻子咏叹,愤懑之恨,发动于心,慕思之积,痛于骨髓"。(注四)而不给付徭役劳动者,则对一月之服役,须纳钱二千,对三日之服役,须纳钱三百,称为"更赋"。

最后,最坏的是专制主义。因而,赋税无所谓一定之限制;换言之,"急政暴虐,赋敛不时,朝令而暮改"(晁错之言)的那样肆意支配着一切。

(3)汉代之限田说　　与中央集权贯彻之同时,发现了限田之议。最初,在武帝之世,董仲舒对武帝建议限制民之名田(占田)。他说,秦用商鞅之法,废井田,许民买卖以来,富者之田连阡陌,贫者无立锥之地了。汉兴,并未改革这个关系。董仲舒说:"古井田法,虽难卒行,宜少近古。限民名田,以赡不足。……"(注五)武帝于元狩四年,遂下令"贾人之有市籍者及其家属,无得名田"。但一般还未行限田法。前汉末,哀帝之世,师丹建言限田策。而孔光及何武,更提出了具体案。诸侯王、列侯、公主、关内侯、吏民,皆以名田三十顷为限度,同时,如前所述,更限制了奴隶之数。但此亦未实行。这样,终于不能不俟诸于王莽之改革了。关于王莽之改革,容后再述。

第三节 工 业

关于汉代工业之特别可以注目者,是盐、铁、酒及世界上最早发明之制纸。

(1) 盐及铁 如前所述,秦代已"外禁山泽之原,内设百倍之利",盐铁之利,已二十倍于旧日,而当时,冶铁煮盐,皆隶属于国家,或为国家所独占。汉室在初,也是"乘弊不改易",但到文帝时,许民冶铁煮盐,私营遂日见发达。"浮食之豪民,好欲擅山海之货,以致富业,役利细民。……铁器兵刃,天下之大用也。非众庶所宜事也。往者,豪强大家,得管山海之利,采铁石鼓铸、煮盐。一家聚众,或至千余人。大抵尽收放流人民也。远去乡里,弃坟墓,依倚大家,聚深山穷泽之中,成奸伪之业,遂朋党之权。……"[注六](《盐铁论》)这样,遂至于"冶铸煮盐,财或累万金,而不佐国家之急,黎民重困"。(《史记·平准书》)譬如武帝之世,盐铁丞(盐铁事务官)的咸阳及孔仅,皆为齐之大煮盐业者及南阳之大冶(铁器制造业者)。由此可以看出煮盐冶铁之盛。

汉至武帝之时,大体上因为两种理由,而断行盐铁之专卖了。第一是因欲防备匈奴,但"边用度不足,故兴盐铁,设酒榷,置均输,蓄货长财,以佐助边费"的必要;第二之理由,是欲抑压商人资本之发达之故。"今意总一盐铁(铁字之误?)非独为利入也。将

以建本抑末,离朋党,禁淫侈,绝并兼之路也。"(注七)(《盐铁论》)

武帝先起用大盐业者及大制铁业者而"累千金"的东郭咸阳及孔仅为大农丞(亦称盐铁丞),掌管盐铁事务。但他们的献策如次:"山海天地之藏也,皆宜属少府(掌帝室事务之官府)。陛下不私,以属于大农(中央财务官)佐赋。愿募民自给费,因官器作煮盐,官与牢、盆。……敢私铸铁器煮盐者,釱左趾,没入其器物。郡不出铁者,置小铁官(掌管收卖旧铁器而铸新铁器之官),便属于所县。"换言之,即国家给予生产者以生产手段(官器、盆等)及生活资料(牢),使制铁制盐,完全隶属于国家,一方面以其利益作为国家收入,同时,另一方面阻止浮食之奇民,擅自利用天然资源致富及隶役细民。而私营制铁制盐者,加铁制之脚镣,且没收其道具。在这里,"使孔仅东郭咸阳乘传(驿传之车),举行天下盐铁(举煮盐冶铁为国营),作官府。除故盐铁家富者为吏。吏道益杂不选,而多贾人矣"。(《史记·平准书》)这样,盐铁为国营了,盐铁业者完全隶属于国家,而配置盐官于二十八郡,配置铁官于四十郡。到武帝以后昭帝之世,盐铁专卖之是非,成为问题了,其论议即由桓宽撰述,成《盐铁论》一书。但盐铁之国营,元帝之世,一时曾罢盐铁官,但不久又恢复了。大体上终于无所变更,一直行至后汉末。

这样,盐铁之专卖,一方面对国家成为了重要之财源,另一方面,对农民而言,则因"铁器苦恶贾贵,或强令民买卖之"(《史记·平准书》),而深深感到是苦痛了。

要之,煮盐及冶铁,已与中央集权国家形成之同时,从属于国家之下,而由国家之生产手段所经营了。在从前,高祖对私人是"禁商贾不得仕官"的,反之,到此时以后,盐铁官已经设置,而商人资本已混入到国家机构之中枢中了。换言之,如前所述,孔仅及咸阳已以制铁制盐业者而为大农丞了。特别如孔仅那样,更为大农(财务长官),而列于九卿(各部大臣)中了。此外,例如由大农丞而大农,由大农而为御史大夫的桑弘羊,正是一个贾人之子。

(2)酒　　武帝天汉三年(西历纪元前九十八年),因桑弘羊之发议而榷酒酤。即禁止私人酿酒而贩卖,而由榷酤官掌管,制酒也成为了国营。这个称为榷酤或称酒榷。这与盐铁的情形一样,发生了是非之论议,一时在昭帝时,曾归废止,不久,定为卖酒一升征税四钱了(酒税称为租)。王莽虽强行了制酒贩酒的官营,但他的改革,终于结果是失败了。大体上,从前汉而至后汉,卖酒都被征税的。

(3)制纸　　世界制纸起源之为中国,那是一般所承认的。中国制纸之滥觞,据历史所载,是后汉和帝时(西历八九——一〇五年)蔡伦用树肤(树皮)麻头(麻屑),破布及鱼网来造纸。这称之为"蔡侯纸"。但据许慎之《说文》,纸在蔡伦以前,已用絮(旧棉)为原料而制造了。蔡伦实不过为制纸原料之改良者而已。总之,在中国,于距今千八百数十年以前,已经晓得以楮、麻屑、棉为原料的制纸术了。"按当时之制造,是加水分于原料而使酸酵,入臼捣碎之而成。这不能不说是已很进步的方法了。"(佐伯胜太郎《制纸术》)撒拉逊人从中国人那里,得制纸术之传授,其时,棉已为原料了。

其后,中国之制纸业,几乎停滞了二千年左右。这诚然也是一件可以注目的事实。在现世纪洋式制纸厂渐次设立以前,"中国制纸业,殆无足观。安徽、江西、福建、浙江各省,只不过墨守着数千年之遗法,制造宣纸、夹贡纸、连史纸、毛边纸、表芯纸等古来惯用的特种纸而已"。譬如大家多知道的,马克斯在前世纪,已认中国制纸业为工业中古代亚细亚的形态之标本了。"德国从前的制纸业,是手工业生产的标本;第十世纪中荷兰及第十八世纪之法国,是本来的'工场制的手工业'(Manufacture)的标本;而近代的英国,则提供了自动的制纸业之标本;而中国及印度,还存在着该工业中两种不同的古代亚细亚的形态。"(《资本论》)

第四节　商业·钱币及市场统制设施

(1)商业　　汉代于孝惠高后(西历纪元前第二世纪初)初定天下之时,缓弛了商贾之律。即,开关梁,弛山泽之禁。于是,"以是富商大贾,周流天下,交易之物,莫不得通其所欲"。但市井之子孙,亦不得仕宦为吏。自此数十年以后,至武帝之世,商业已很发达,富商大贾,贮财使役贫民,备百辆之车,买价贱之物,贮之邑中,待利而卖。这样,"封君皆低首仰给,冶铸煮盐,财或累万金,而不佐国家之急,黎民重困"。

武帝元光六年,初算(课税)商贾车船。而盐铁归国营以后,元狩四年,对缗钱——以线所贯之钱,钱千文为一缗——也课税。其时,营商贾者,虽不记载于市籍——市场中开设店铺之商人的名籍——中者,亦被课税。武帝对于贾人——对"商"(行商)而言,即开设店铺而营业者——之有市籍者,及其家族,皆不许名田——田土之私有——以便于农。而且规定:"敢犯令,没入田、僮(田与奴仆)。"

在那里,因潜逃"缗钱令"而财产之隐匿,常被告发。中产以上者,大抵皆被告发。违反者则被纠察。结果,由缗钱令违反者所没收之财物,是"以亿计,奴婢以千万数。田,大县数百顷,小县百余顷。宅亦如之","于是商贾中家以上,大率破"。

这样,商贾是被课重税,被禁土地私有,且中产以上者,大部分因缗钱令之违反,而财物、田土及奴隶,皆被没收,他们在东洋的专制国家之下,就不得不败退了。因而,在东洋的专制国家下之商人资本的势力,不能过于重视。"在古代亚细亚的,古代希腊罗马的生产方式下,因生产物对商品之转化,于是商品生产者的人类之存在,尽了一个'从属的任务'。但共同体愈益入于没落阶段时,就愈益有重要的任务了。本来的各商业民族,恰如爱比格尔之神,或如波兰社会间隙中所栖息的犹太人,只不过得以存在于旧世界(东半球)的隙间中而已。"

但是,中国本来是国土广大,有种种自然产物之惠,很早已知道自然产物之加工与利用了。"夫山西饶材、竹、谷(木名,其皮可造纸)、纑(苎类可造布)、旄,玉石,山东多鱼、盐、漆、丝、声色,江南出柟、梓、姜、桂、金、锡、连(铅)、丹砂、犀、瑇瑁、珠玑、齿、革,龙门碣石北,多马、牛、羊旃、(毡)裘、筋角。铜铁则千里往往山出棋置。此其大较也。……故待农而食之,虞(采取山泽之产物)而出之,工而成之,商而通之。"(《史记·货殖列传》)因而,古代商业,虽为专制国家所抑压,但无疑的可以渐次生长的。

因商业之发达,出现了都市由农村之分离与发达。但都市究竟是指什么而言的呢?这未必很明了。据桑巴特(Sombart)之说:"经济的意义之都市,是专赖他人之农业劳动生产物,以维持生活之一群人的一大土著地。"但都市也可区别为种种之形态。即英国之商业都市,中世德国之都市的城砦,古代意大利之军事的都市国家,古代希腊之自主的沿海都市。中国之都市,对于这些都市而言,其特色是一种无政治军事的自立性之商贾官僚都市。据《史记·货殖列传》,可以看出长安以外,还有几多都邑之名。又据《盐铁论》大夫说:"燕之涿蓟,赵之邯郸,魏之温轵,韩之荥阳,齐之临淄,楚之苑丘,郑之阳翟,三川之二周(或二周之三川),富冠海内,皆天下之名都。"

古代中国的商业,以"市"为中心的。所谓市,其意是围以墙垣的买卖交易场所。最原始的,在市中无所谓店铺,不过于一定日,集合买卖双方于其地而已。但到汉代,却已设有常置的店铺。定期市也已并存了。市场中的店铺,不杂居,而是同种同业相集而成一街。这同业商店之街,称为"肆"或"列"。其后,在唐宋时代,称为"行"。

(2)货币 汉高祖因秦钱重而难用,于是命人民铸造小钱,称为"荚钱"——如榆荚那样轻的小钱。

其后,货币或禁自由铸造,或许自由铸造,但至景帝时以后,终于完全禁止了。货币之种类也有许多种,但到武帝元狩五年

（西历纪元前——八年）铸造"五铢钱"时，大体上可以说是已一定了。换言之，中国之货币在西历纪元前第二世纪后半，即景武帝时代以后，其铸造已由国家独占而重量及形式已确定了。

但在武帝之确定五铢钱以前，是经过种种之经纬的。最初，武帝于建元元年，销毁文帝时之四铢钱而铸三铢钱。不久，又罢三铢钱而行半两钱。然频年外征之结果，"大农陈藏钱经耗，赋税既竭，犹不足以奉战士"。于是，"令民得买爵，及赎禁锢，免减罪"。借此以补不足。但以鬻爵及赎刑之收入，尚不足敷衍每次对战争时许多勋功者的赏赐金。而且，当时有非常大的水旱灾，有时候，救济费"以亿计，不可胜数"。于是，先使县官销毁从前的半两钱，以铸三铢钱。又以白鹿之皮，作成皮币。更以银锡之合金，铸造白金三品——法定价格为三千、五百及三百之三种，表面上分刻龙马及龟。黄金亦通行，一个重一斤，即十六两。各金钱之盗铸者，处以死罪。但就中之白金，因法定价格在于实质价值以上，因此，"民吏之盗铸白金者，不可胜数。"此时，武帝另使郡国铸五铢钱，这钱的表里，皆施轮廓，以防止人民之"奸诈"。但事实上，虽有极刑，无如吏民之盗铸，依然极盛。"天下大抵无虑皆铸金钱矣。犯者众，吏不能尽诛取。"此外，以后更铸赤铜钱。但结局以上各货币中，除五铢钱外，皮币、白金、赤铜钱等，皆归废止了。

五铢钱初使郡国铸造，但郡国不正，多造重量之轻者。于是，禁止郡国之铸钱，集中货币制造于中央，"专令上林三官（上林苑中铸钱事务官的钟官、辨铜及均输之三官）铸"。"钱既多，而令天下，'非三官钱，不得行'。诸郡国前所铸钱，皆废销之。输其铜三官。而民之铸钱益少。计其费，不能相当。"这样，货币铸造在景、武帝时，也已行国家的独占了，就中，在武帝之世，中央集权化已贯彻了。五铢钱不问在重量、形式、名称上，都成为了历代铸币之标准。

在当时，钱币究竟铸造了多少呢？从武帝使三官铸五铢钱时起，一直到前汉末之平帝时止的七八十年间（元狩五年—元始年间），造钱达"二百八十亿万余"。

王莽造了金一品，银二品，龟宝四品，贝货五品，布货十品，钱六品等二十八种。称这些为"宝货"。但在民间依然行五铢钱，不久，"宝货"也废止了。

后汉光武帝立，于建武十六年（西历四〇年）再复兴五铢钱，以迄于后汉末。

（3）均输、平准及常平仓　　均输及平准之全貌，不甚明了。但总之，这些可以说是以财政为目的，同时，有着统制流通过程之职能的。所谓均输，本来是因郡国诸侯贡纳各地土产，转运于京师时，往来烦杂而多劳费，所以为使简便与均衡计，改由均输官总收这些贡纳，转运于京师的制度。但不久，因这制度而省去僦费（即运费），同时，还有了调节物价的职能。因为，均输官在远方之郡县，遇物价腾贵时，那末，以商贾所贩卖的为赋，且相互灌输渝之。这制度大体上是行于远方之州郡者。在京师中别立一物价统制官——平准，"都受天下委输"，以其现物贡赋，依价格之贵贱而处分之，一方面以计官之收益，他方面为物价之调节。"置平准于京师,都受天下委输。召工官,治车诸器,皆仰给大农。大农之诸官,尽笼天下之货物,贵即卖之,贱则买之。如此,富商大贾,无所牟大利。则反本而万物不得腾贵。故抑天下之物。名曰平准。"

其次,常平仓是所谓三仓——常平仓、义仓、社仓——之一。其起源,大体可以说是前汉末年(宣帝五凤四年,西历纪元前五四年)。宣帝之世,尝因数岁丰穰,谷一石之值,下落至于五钱,农人之利甚小。在这里,大司农中丞耿寿昌,就奏请宣帝,"令边疆皆筑仓,以谷贱时,增其价而籴,以利农;谷贵时,减价而粜"。(注八)称此为"常平仓"。所以称这名称的缘故,因为该仓是恒常的平衡谷价者。而人皆以此为便。这可以说是常平仓之滥觞。但同样的企图,在战国时代的魏国也已经试过了。据说在魏文侯(西历纪元前四二五年—三八七年)那里为相的李悝,以为谷物之"籴甚贵,伤民(工商);甚贱,伤农。民伤则离散,农伤则国贫。故甚贵与甚贱,其伤一也"。(注九)于是行"平籴"之法。因此,李悝之平籴法,可以视为常平仓之先驱。其后,常平仓时废时兴,一直传至近代。不过它的主要目的已渐次变化了。即其主要目的,最初在于农人之保护,以后,其主要目的已变为对各都市——尤其为首都——之供给食粮了,又在冬季时,给贫民以粟米,目的在防止他们的骚扰了,而已非为农人的社会设施。但这在汉代时,常平仓还可以说是有保护农人——非保护耕作者——之目的的谷价统制设施。

第五节　古代中国之奴隶制

武帝之世,因缗钱令违反而没收之奴婢,如前所述已是"以千万数"。这些是商贾所使役之奴隶。其时没收之奴婢,分于诸苑,牧养狗马禽兽,或分与诸官。"诸官益新置多,徒奴婢众。"

以言奴婢之所有者,则第一为官奴婢。其数甚大。如前所述,官多量的没收了奴隶,其数以千万计。元帝之世,据贡禹之言,"官之奴隶十余万"。官奴婢或养狗马禽兽,或从事于杂役。但据贡禹之言,当时十余万之官奴婢是"游戏无事"的,这可以说是最不生产的。

其次,诸侯王以下,吏民也私有多数之奴婢。这个我们可以从奴隶所有限制之屡成问题的事实中窥看出。譬如前汉末年,哀帝之世,丞相孔光及大司空何武,说过限田法之具体案,其中,奴隶限制如次数。——诸王侯之奴婢二百人,列侯,公主百人,关内侯(有爵而无禄邑者)及吏民,以三十人为限度。此时,奴隶之主要部分,是家内奴隶及奢侈奴隶。

奴隶不消说可以买卖的。因此,王莽于西历第一世纪之初,令天下,名奴隶曰"私属",不得买卖。

关于古代中国之奴隶的地位,特别可以注目的,是与庶人之无严峻的差别。这在专制国家之下是当然的,而是中国奴隶之特色。汉自高祖以来,常解放奴婢而为庶人。

奴隶除养狗马禽兽,或为商贾使役以外,也从事于农业劳动吗？当时可以说农业上也使役的。因为，据说"富民之家，地大业广，阡陌连接，募召浮客，分耕其中，鞭笞驱役，视以奴仆"（但系宋代苏洵之言）。我们在欧洲的同时代，即共和政末期之意大利，也可以看出有大私领地之形成与奴隶经营。此时，大私领地"以二种方法而利用。一种是由住民牧养牛羊，而为防止盗窃起见，需要少数奴隶看守的牧场，一种是以许多奴隶，大规模经营园圃耕作——一部分为所有者之奢侈，一部分为趸卖于都市之市场——的庄园"。这个，特别于西历纪元前第三世纪玻阿尼战争以来，一直发达至于纪元开始前后。（罗马之转为帝政，是西历纪元前二十七年。）奴隶经营，第一，"只在运用严格规律以使役之，同时无慈悲的酷使之的时候，才可以赚钱的"。（马克斯·威白氏语）但这事实，一方面是制成奴隶监督费用之增高——要奴隶头兼农场管理人及其他职员——他方面造成了劳动用具为奴隶等所破灭化之结果。第二，奴隶经营只适于疏散的农业经营，而不适于集约的农业。第三，奴隶经营必须以奴隶之得能廉价供给为前提。因为奴隶没有家庭，没有财产，皆使其合宿于一处之营舍，服军队的规律，因此，自己不能出后继者，而常须新的补给，所以，古代意大利在农业渐次集约化，而奴隶成为比较的高价时，奴隶经营，由所有者之立场而言，已不能收支相偿了。最后，到必须除去奴隶之结婚禁止时，于是根据奴隶劳动的大私领地经营，就解体了。换言之，自此以后，经营上之小规模耕作，再成为优势了。此时，大私领地遂细分，而交付于每年须纳定额之地租，同时紧缚于土地而与土地可以同时买卖的土著农夫了。总之，欧洲是有过这种成为社会经济构成之一种别的奴隶制——即奴隶劳动在一社会之生产过程中,已立于支配的地位。但中国可以说未尝有过这种意义之奴隶时代。

无论如何,中国奴隶在汉代时,已像前面所说那样,有多数的存在了。大私领地已形成了。而"诸苑"是相当于古代意大利之"Valley"。但这个是毋宁说曾经尽过它重要的任务的,即为牧地狩猎地之消费生活中心地。这样,多数的奴隶,就或为牧养狗马禽兽,或为家内奴隶。在社会生产过程中,所能容纳奴隶的余地,可以发见于制造业——煮盐冶铁已发达为工场制手工业了——及商业中。但在中国重要生产部门之农业中,所能容纳疏散的奴隶劳动之余地,就不得不愈益缩小了。因为,如我们以前之所考察,农业已渐次成为集约化的了。尤其是因稻作普及所生之集约的园耕栽培之发达,与真正意义之奴隶劳动,已是不相容了。因此,中国农业发达为愈益集约的园耕栽培的灌溉农业之"历史的事情",使中国之奴隶制,不得不变形化了。汉室之所以常常解放奴隶,毕竟可以说是因为生产过程中可容奴隶劳动之余地,已狭小化,而奴隶经营已收支不相偿了之故。要之,农业在经营上就愈不得不以"小规模耕作"为主要的了。

所以,我们虽然在前汉时代,认为有与古代意大利大私领地相仿佛之奴隶制的发达,但这在本质上,不能不说是宫廷,各侯王,官僚及富者之家内奴隶及奢侈奴隶。而这样的家内奴隶及奢侈奴隶,在中国社会中,其后依然有多量存在之余地,而实际上也曾多数的存在着。

第六节　王莽（西历九年—二三年）之变革

（1）井田制之复兴　　　王莽篡夺帝位,下令曰,古设井田,故国给人富,颂声四起。这是唐虞三代之道。然秦无道,破坏圣制,废除了井田。是以兼并起,强者规田以千数,弱者无立锥之居了。汉氏虽减轻田租,以三十分之一为税,但豪民侵凌,田租减轻之利益,归于豪民,而不过促豪民之发达而已。贫者之无田者,耕种富者之田,共分收获。这样名目上田租虽为三十分之一,实为十五分之一。于是,他这里先改称天下之田为"王田",禁止买卖。凡一家男人不满八口,而有田一井(九百亩)以上者,令其分余田与其九族乡党。又对于无田者,则每男子一口,与以田百亩。

（2）奴婢之买卖禁止　　　奴婢改称为之"私属",规定不得买卖。

（3）所谓"六筦"及"五均"之设定　　　这大体上是一种国家独占主要制造业部门,而统制市场的企图。所谓"六筦",意义就是说"盐","酒","铁","名山大泽","五均赊贷","钱布铜冶"等六者之国家的经营。换言之,除五均赊贷以外,即为矿业、制造业及货币铸造之官营。例如酒,作为"百药之长",而由官酿官卖。所谓五均,本来是企图《周礼·地官司徒》"均人"条中所掌"地政"(赋),"地守"(虞衡,即由山川泽地出贡物),"地职"(由农圃出贡物),"人民"及牛马车辇之"力政"(人民因治城郭涂巷沟渠而被征之徭役,及牛马等为交通运输而行之征发)等五者之均衡,五均恐即由来于此。但王莽之所谓"五均",意义是企图统制流通过程,同时企图官能参与商业利润之分配。即指定市价,一方面抑制商贾,且使其贡纳十分之一之收益,同时,在他方面,农民所生产的五谷、布帛、丝绵、衣服等生活必需品,凡不能脱售者,皆由均官考检而收买之,而市价较平价腾贵一钱时,即以平价卖出之,以图保市价之均衡。王莽在长安及五都,立五均官(以市长为"五均司市",其下置"交易丞"五人,"钱府丞"一人),完成以上之职能。特别如钱府(泉府)那样,即以所入之工商之贡,对百姓无利息的取质以营赊贷。五均及钱府,可以说是仿《周礼》之均人与泉府的。但与后者不能不说是一种极相异的制度。因为王莽之制度的主要目的,是在于抑制商业资本,同时企图官能参与商业利润的分配。

其他,如前所述,王莽也企图过货币制度之改革。他又想变改汉之封建制,而仿《周礼》以重新组织之。

一般人称王莽之改革,特别是所谓"六筦"及"五均"之改革,为"古代中国之国家社会主义的企图"。(譬如德国之"中国学"者法兰克〔Franke〕。)但他的改革终于失败了。规定犯令法者处死刑,因而自诸侯卿大夫以至于庶人,因买卖田宅奴隶而问罪者,据说不可胜数。于是,王莽终于遇着了豪民之反对,二年余后,即抛弃了井田复兴之企图,解除了田宅奴婢买卖之禁律。又"六筦"与"五均"的制度,一方面招来了"奸吏滑人并侵,众庶各不安生"的结果,他方面遭遇了从来之"豪人富贾"的猛烈反对。而货币改革之企图,事实上也不能驱逐了汉武帝以来之五铢钱。此时,王莽所树立之新，只有十余年的时日，就在地方豪族之叛乱中瓦解了。

第七节　中央集权的官僚主义的封建制之成立

马端临说汉代诸侯地位变化之特色如次。最初，即列侯也不仅能食其邑之收入，还可以以自己之臣治民，颁布政令。不过只有关内侯，是以虚名而受廪禄的。

西汉景武帝以后，使诸侯王不得治民，而汉置"内史"治之。此后，即令为诸侯王，也无"君国子民"之实，而不过只能食其封邑之人而已了。至于列侯，当然更不用说了。

但在西汉时代，所谓侯，还是裂土以封之的。到东汉时，才有不给与以国邑者。至此，遂有只佩"侯印"而受廪俸者了；就在列侯中，也已有与关内侯一样的了。

总之，汉之封建制度，从文景帝时代起，已愈益"求心的"发达了。而"中国古典的封建制"之所以变形化为"中央集权的官僚主义的封建制"的各种契机，如次：

（1）推恩之令　　文帝使齐赵分封其子弟，景帝削吴楚，武帝更下"推恩之令"，"使诸侯王得分户邑。以封子弟，不行黜陟，而藩国自析"。（元朔二年，西历纪元前一二七年）这样，如齐国就分割为了齐、城阳、济北、济南、淄川、胶西、胶东七国，赵就分割为了赵、平原、真定、中山、广川、河间六国，梁就分割成为梁、济川、济东、山阳、济阴五国，淮南就分割成了淮南、衡山、庐江三国。

（2）酎金律　　文帝设"酎金律"。所谓酎金，是诸侯王献纳于汉廷的黄金，据说是用以造每岁十月追荐宗庙之烧酎的。酎金律中规定，如不依法纳此酎金者，须削其国、县、邑。然而实际上不仅是"不依法"者，假令皇帝对于所贡纳之黄金，以为"受金少，不如斤两，色恶"，也立刻可以除爵削国的。因为专制就是肆意的支配。而"坐宗庙之酎金，失侯者尤众"。

（3）黜陟之酷烈　　诸侯王之被削国者，大部分虽是因酎金律，但一般"黜陟"也是很酷烈。因为这是专制主义之当然结果。譬如武帝一代，根据高祖"非功不侯之制"，以功封侯者之总数有七十五人，但帝终世时，失侯者已六十八人，其能保者，不过七人。又武帝之世，依"推恩之令"，诸侯王之子弟而被新封为王子侯的，有一百七十五人，帝终，失侯者达一百十三人，其能保者不过五十七人。武帝一代，分封外戚九人，但至帝终，失侯者六人，能保者不过三人。

又譬如宣帝之世，命有司，稽查高祖功臣——有百四十七人被封——子孙中之失侯者，据说达百三十六人。换言之，高祖时之功臣侯，百数十年间，大部分已失侯，而只有十一人得保其侯了。

（4）治事权之剥夺　　在初，高祖于十二年诏谕列侯，皆得自置吏，以为赋敛。而由本来之组织而言，诸侯王之国，有辅导王的"大傅"（以后单称为"傅"），有主统众官的"丞相"（景帝之改革后，单称为"相"，"御史大夫"），有掌管武事的"中尉"，有掌管舆马牧畜的"太仆"（以后单称为"仆"），有掌管租赋米粮的"大司农"(汉初为"大司农")等等。其中除傅、相而外,御史大夫以下,皆由诸侯王自置。

到景帝时,改称丞相为"相",且不使诸侯王参与政事,由汉廷自置"内史"以治民。而省去从来诸侯王自置的御史大夫,廷尉,少府,宗正,博士等诸官。其后,武帝时规定王国之诸官职,诸侯王皆不得自置。此外,成帝省"内史",以"相"治民,自此以后,由相治理人民,而与"郡守"无异了。这样的改革后,治事之权,就被集中于皇帝及其官吏了。

列侯国大体上也有过以上同样的组织,可以说也是经以上同样的过程而被统合了。

(5)就国之除去　　据文帝(西历纪元前一七九年——一五七年)之诏,汉初"今列侯多居长安,邑远,吏卒给输费苦,而列侯亦无繇教训其民"(注十)。于是,文帝命诸侯王必须就国。但到景帝时,因有吴楚七国之乱,于是由诸侯王剥夺治事之权,而命列侯省去"就国",使其留于京师。自此以后,诸侯大体上是"不在领主"了。

要之,如上所述,古代中国之封建诸侯王,在汉代景、武帝以后,不过是一个"得衣食租税"者而已了。中央集权的专制主义的官僚装置,已代替而兴了。这也正是后汉末王莽所谓"汉之中外殚微,本末俱弱"的所以然。

最后,后汉是仿前汉之制度的。有王侯及列侯。但他们多居于京师。王国中有傅、相、内史等,如傅及相,为秩禄二千石。列侯国中有相,但相在治民时,殆不从属于列侯。相之对于列侯,只要以户数为标准,收取租赋而缴纳之就好了。

注一　见《文献通考·封建考》九——译者

注二　见《盐铁论·水旱篇》——译者

注三　原文中之"赤",通"尺"。——译者

注四　见《盐铁论·繇役篇》——译者

注五　见《汉书·食货志》——译者

注六　见《盐铁论·复古篇》——译者

注七　同上

注八　见《汉书·食货志》,原文中"价"作"贾"。——译者

注九　见《汉书·食货志》——译者

注十　见《汉书·文帝本纪》——译者

本篇之参考文献

藤田丰八著:《关于钟镶金人》(在狩野教授还历纪念《支那学论丛》中)

同人著:《关于棉花棉布之古代中国人的智识》(《东洋学报》十五卷二号)

内田银藏著:《汉代之抑商主义》(《日本经济史之研究》下卷)

同人著:《关于盐铁论》(同上)

仁井田升著:《古代中国日本之土地私有制》(《国家学会杂志》四十三卷十二号)

志田不动磨著:《关于汉代奴隶制度"苍头"》(《历史学研究》二卷一号)

牧野巽著:《西汉之封建继承法》(《东方学报》第三册)

佐野利一著:《中国之封建语义的变迁》(《历史学研究》一卷一号)

西田保著:《汉代初期抑商之实际及其变迁》(《历史教育》六卷四号)

加藤繁著:《汉代国家财政与帝室财政之区别并帝室财政一般》(《东洋学报》第八,九卷)

田中忠夫著:《秦代经济史论》(《支那经济研究》)

桥本增吉著:《东洋古代史》(《世界历史大系》3)

陶希圣著:《西汉经济之发达》

《盐铁论》

《史记》之《平准书》及《货殖列传》

《汉书》及《后汉书》之《食货志》

《西汉会要》(宋徐天麟撰)及《东汉会要》(同上撰)

Franke, Staatssozialistische Versuche im alten und Mittelalterlichen China. Berlin, 1931(《古代及中世中国之国家统制经济的企图》)

第四篇

均田制之成立时代

序　说

中国之专制的官僚主义,正如黑格尔氏所谓"是以皇帝这一人格及其官吏,与他们自上而下之监为根基的"。然则,此种官吏之位阶制,要使其充分发挥机能起见,就必须自上而下的"将缰绳紧紧的抓着。这正是成为"最尖端能有无限权力之一个体"的所以然。那意义就是说"一切皆归于皇帝之道的状态如何"。因而,在那里所发见的,不外是"'个人的权力'与'肆意的支配'之偶然性"。

此种专制的官僚主义,只在一定的历史条件下能巩固。换言之,那种专制的官僚主义,是以国民全体力为前提时,才能强化。由来,在专制主义之中国,极端的说,正如黑格尔氏所谓"只不过意识到一个人自由"。本来,在那里,"只有皇帝是有道德的尊严而已。一切其他之个人,为'无我',而没有道德的自由"。实际上,专制主义就是只在一人的自由前,使万人平等的无力,同时,也只有这样,才使专制主义可以立。不过,东洋的专制主义,其特色就是它们是立于父家长制的关系下的。"个个都被视作为未成年者。家长制的关系，结束了国家政府圈内之全体。此时，我们不能说有什么国家之宪法。不存在有必须保护自身利益之独立的个人，各种身分及各种阶级，一切皆被上面所命令，被上面所指挥，被上面所监督，所以，他们是站在未成年之小儿的关系中的。"黑格尔氏的确很鲜明的说出了专制主义中国社会一面之特色。但他同时，却不当的把中国社会的另一面，形而上学的固定化了，这是不能免于非难的。

我们不能漠视，专制的官僚主义，因历史条件的不同，可以转化为他种东西的。第一，上面所说的缰绳是容易弛缓的，因为这不过是系于一人之"道德的状态"如何的。其次，"绝对的平等之帝国"可以转化为"不平等之帝国"，"无力"可以转化为"有力"的。因为社会生产力之发达，成为了富之集积与"豪民"发达之条件，于是在无力之中，发生了有力。未成年者可以达于成年的。如我们以前之所考察，从来中国之宗法，是再组织始原的氏族制度，而为古典的封建制之一基础的，因此，可以说中国之宗法，在中央集权的封建制下，也依然存在。一方面，宗法在血族可以统制的世代范围内，也有限度，他方面，宗法反而使发生了疏属于支配者的"强宗"。要之，中国之专制的官僚主义，可以说也含有不能固定化之各种契机的。

全过程之最后决定者，毕竟是社会之劳动生产力。古代中国社会劳动生产力之渐次向上，其结果产生了"豪民"之发达，而为中国最初中央集权的，官僚主义的封建国家解体化之条件。这样，中国到中古时再入于了分散的封建时代。

中国中古之分散的封建时代,大体上包括自西历第三世纪初至第六世纪末叶的约三百七十年间。中国在这时期中,为要返老还童而造成到中世的"新出发"起见,在中国北部,发见了诸蛮族乘中央集权之解体而侵入,与他们之树立了多数国家。但这个就产生了北朝时均田制与半徭役制之成立,而形成了中世的发达之基点。这一时代,文化中国人恐怕与侵入进来之诸蛮族间是行交婚的,同时,优秀的头脑也发达了。

第一章　均田制之历史的经济的环境

第一节　向谷帛经济的复归

　　三国、晋、南北朝时代,在经济上的特色,是"货币经济萌芽之蹂躏"与"向谷帛经济的复归"。魏之文帝在黄初二年(西历二二一年)罢五铢钱,使百姓以谷帛为市。明帝(西历二二七年—二三九年)之世,已久废钱用谷,其时人类巧伪渐多,已有"竞湿谷以取利,作薄绢以为市"的事实了。当时,虽规定处以严刑,无如终不能禁止此种巧伪。

　　在中古终顷,不消说各国已渐次铸造货币了。但中国自汉末至隋的特色,却是几乎经过了四世纪的长期间,一般皆以布帛尽交换手段之职能,而复归于自然经济。

第二节　生产力之破坏

后汉末年,因苛敛铢求之结果而发生的几次农民叛乱,因豪族发达而发生之国内战争,因中央集权分解而发生之蛮族侵入及水旱灾与饥馑等,尽量的破坏了生产力。就中,生产力主体因素之劳动人口的破灭,最为显著。

从前,后汉桓帝永寿二年(西历一五六年)时,户数有一六,○七○,九○六户,人口有五○,○六六,八五六人,但到三国、晋、南北朝时代,已如次的激减了。

时　　代	户　　数	人　　口
三国时代	大略一,四七三,四三三户	七,六七二,八八一人
晋武帝时代(太康元年/西历二八○年)	二,四五九,八四○户	一六,一六三,八六三人
南北朝时代 {宋武帝(大明八年/西历四六四年)/北魏(后魏)末年	九○六,八七○户/三,三七五,三六八户	四,六八五,五○一人

换言之,户口之激减,在三国时代,是极大的。不消说一部分原因是由于户籍紊乱之故。但因战乱、水旱灾、饥馑等而发生的人口之现实的破坏,无疑的也有了庞大之数字。

总之,一度破灭化之户口,其后是缓漫的增加了。但要恢复到后汉桓帝时代之户口,还有很遥远的距离。北朝后魏末年户口数之增加,不外是由于长期间中,国家安定,以及讲究各种增进农业生产为目的的方策——均田制及农业技术之改良等——之故。

第三节　农业劳动生产力之向上

铁制之犁及役畜法——即使牛牵犁而耕耘之法——在汉代以后已用了，到汉末年，可以说已很普及。这个到三国，六朝时代，已愈益普及了。

其次，灌溉设施在三国六朝时代，也已在各国建筑了。但一方面也已有被破坏的。譬如，晋武帝咸宁元年（西历二七五年）杜预在东南部，因当时户口日增，陂堰滥设的结果，"陂堨岁决，良田变生蒲苇，人居沮泽之际。……皆陂之害也"。[注一] 于是奏请"其汉氏所筑旧堨及山谷私家小陂，皆当修缮以积水，其诸魏氏以来所造立及诸因雨决溢，蒲苇马肠陂之类，皆决沥之"。[注二] 朝廷从其请。但同时，也修筑及增设了灌溉设备。如南朝在宋文帝时，刘义欣为荆河刺史，当时芍陂之良田一万顷，堤堰久坏，夏秋常苦旱灾，所以他就修筑之，藉旧沟而引淠水入陂，且伐森林，开滍水，使通泾水。北魏时，也曾建筑过大的灌溉设备。

由农作物而言，后世清朝输出大宗之茶叶，汉魏时则栽培于华南西部东蜀，到六朝时代，据说已普及于长江沿岸以南了。甘蔗在战国末期，早已栽培于湖南，南北朝时代，江苏，江西，浙江等地也栽培了。木棉据说自汉魏以后，已栽培于岭南及福建了。

尤其是关于农业生产方法之发达水准，已经有了《齐民要术》（十卷）这本通称为中国最良之农书，这本书是鞑靼所建国家北朝后魏(西历三八六年—五三四年)之高阳太守贾思勰所撰,由这本书的内容中,可以看出农业生产方法之发达水准。

　　总之,中古时代,中国社会生产力,一方面虽已显著的被破坏,但同时另一方面,却也已具备了愈益增进之各种条件了。

　　注一　见《晋书·食货志》——译者

　　注二　同上

第二章 均 田 制

第一节 井田复兴论

魏国在曹操之时,司马朗主井田制之复兴。他的大意,以为从前民各有累世之业,要夺取之是很困难的。这是井田至今不复兴之所以然。今日承大乱之后,人民分散,土业已无主。这样,就都已成为了公田,所以应利用这机会以复兴井田制(见《三国志·魏书》第十五卷)。但这主张终未实行。

魏国在曹操之时,田租每亩为粟四升,户赋为每户出帛二匹,絮二斤。

第二节 晋之占田制

晋武帝(西历二六五年—二九〇年)统一天下,实行"占田制"。一般以为被秦国商鞅所废止的公田分配制度,到六世纪后的今日,已开复兴之端绪了。占田制的确可以认为是一种关于耕地分配之国家的规制,因而,它是以土地国有为前提的。这占田制,纵然是采用为富国强兵之方策,但也并不变更上述的那种关系。

但古代井田制与此时开始之中国中古,中世之公田分配制,我们不能忽视它二者之历史的经济的基础是两样的。换言之,前者以社会生产力之极度未发达——以人口,农具,耕作方法,作物,农学的知识等为各种因素——为前提的;而后者的前提,是社会之诸生产力已完成非常的发达了。此时,不过人口等各生产力因素,已为战乱水旱灾等而破坏,社会经济也已被搅乱了,这些事实,是使"重新振作"有必要与可能而已。

如前所述,譬如全国户口在西历二八〇年,晋武帝统一中国时,不过二百五十万,比较约一世纪前的汉桓帝(西历一五六年)时,已减少了八五%左右。这在现实上纵令无若是之减少,但多年战乱,水旱灾,饥馑等之破坏了大部分人口,那是无可争的。这样,在现实上,归于政府的无主之田,就发生得很多。于是,武帝就把这样的土地分配于劳动人口,强制使其耕作。其时,并无所谓夺富者之田以与贫者的变革。

其分配,列如次:

(1)公田之分配　　男子(十三岁以上至六十五岁)每人得占有七十亩,女子(十三岁至六十五岁)每人得占有三十亩。此外,男子之正丁(十五岁以上至六十岁),须分配课田(应给付徭役之田)五十亩,丁女(十六岁以上至六十岁)须分配课田二十亩。

次丁男（十五岁以下至十三岁及六十一岁以上至六十五岁）之课田，为丁男之一半，即二十五亩。次丁女则不分配课田。在占田制之下，十二岁以下及六十六岁以上，视为"老小"，而完全不支给以田土。又"还受"之法，亦无规定。

（2）税法　　武帝曾制定了户调式；即丁男之户的"调"，是每年绢三匹，棉三斤，丁女及次丁男之户，纳其半额。马端临认为这是汉代田赋及户口赋之统一。但此解释，不能无疑。我们毋宁认此不过是单纯的户调，来得适宜，因为丁男女及次丁男以外，还给付以对"课田"之徭役劳动，以作为对于所分配得之全田土的地租的。

但占田及徭役制，未尝举有实效。东晋的成帝（三二六—三四二年）测度百姓之田，确定税率，以十分之一的比率，实行课税。其时，大概每亩为税米三升。其后，水旱频临，哀帝（三六二—三六五年）减每亩税米为二升。孝武帝（三七三—三九六年）遂废度田收租之制度，每一口税三斛，其后更增其额，成为每一口五石。

在占田制时代，除对徭役田（课田）的无偿劳动外，还有种种的徭役。本来，占田制自身，是一个以徭役制为目的的，此已如前述。换言之，对丁男所分配之课田五十亩，丁女二十亩，次丁男二十五亩，都可以认为是徭役田。这也是晋武帝税法中只制定户调之式，而缺田租规定之所以然。而丁男于此以外，往往常因军役，或为灌溉防水等治水及土木事业，而大规模的给付以徭役。这事实，我们可以由官僚等常上疏请息徭役的事实中看出。东晋时代，丁男之徭役，规定每岁不得过二十日，但这在专制主义之下，终不过是一片空文而已。

第三节　北朝均田制之成立

晋之占田制,因中央集权分解、战争及强豪之兼并等原因,不久便崩坏了。其后,南北朝时代约二百年间,南朝之田制税法上,无足特记者,但诸蛮族国家之北朝,在西历第四世纪末叶至第六世纪初,支配北部中国的后魏,却实施了"均田制"。一般人认为井田制崩坏以来,至此,公田制度又才现实的再兴了。

甲、　北魏之均田制

北魏是鲜卑部族所树立之国家。他们在建国前,营着牧人生活而生活于氏族制度之下。因此,他们征服文化中国而又使中国返老还童了。拓跋珪起于代之北,即代王之位,先建设了代国(西历三八六年)。他于西历三九六年称皇帝,三九八年,改国号为魏。即魏之太祖道武帝。

太祖于建国之同时,开始向他所率领之牧人种族"课农"。北魏之所以得能实行均田制,其一即由于此种野蛮性之故。又,当时之中国——特别是北部中国——因多年之战乱、水旱灾、饥馑等,土地皆已荒废,人口亦已稀薄,无主之田甚多,农业劳动生产力已大破坏,此种事情,都是为均田制之条件。

(1)公田之分配　　均田制,是一个企图重新恢复那因耕地及劳动人口荒废而生的农业生产之减退的。因而均田制的主要目的,是要使"人有余力,地无遗利",还要使"雄擅之家,亦不独占膏腴之美;单陋之夫,亦有顷田之分配"。一言以蔽之,这均田制实不外是一个企图复兴农业生产与增加政府收入者。这样,孝文帝(西历四七一——四九九年)容纳了李安世之上疏,于太和九年(西历四八五年)实行了均田制。

A. 露田(耕种谷物之田。因不栽树,故称露田) 男子十五岁以上,可分得露田四十亩,女子十五岁以上,可分得露田二十亩。这里可以注目的,奴婢也可以与自由民(良丁男及丁女)一样,分得同额之田,而且,得以分受露田的奴婢,并没有限制。这些田,在现实上不消说是归属于"奴隶所有者"的。又,牛一头,分给以露田三十亩——但牛以四头为限,在此以上,不再分给了。这以上所说,为"正田"。这些的分配额,大概可以依土地之肥硗、位置、休闲之有无而得以倍给,此倍加之部分,称为"倍田"。而三易之田,更得再倍。

B. 桑田(植桑之田) 男子于露田之外,每人还得分受园圃二十亩,以植桑、枣、榆。在不适于桑树栽培之乡,分给以园圃一亩,以植桑、枣、榆以外之果树。奴婢在此时亦得与自由民一样,可以分受园圃。

C. 麻田(栽麻之田) 须缴纳麻布以为"调"的地方,男夫达课税年龄(十五岁以上)时,分给以麻田十亩,妇人分给五亩,奴婢亦与自由民同样办理。

D. 宅地 良民之营新居者,每口分给以一亩之土地,以筑居室。奴婢则每五口分给以一亩。

E. 还受法　　耕作者达征税适龄之十五岁时,分给以上述之田,其中之露田及麻田,到七十岁或至死亡时,必须交还。还受在每年正月举行。但宅地及桑田——因种植需要长年月之树木——身终亦不交还。又,桑田,允许在不足时可以买足,有余时可以出卖。

根据马端临之见解,以为均田制并不是一种尽夺富者之田,以与贫人的变革。换言之,用于分配之田土,主要的是无主荒闲之田。而且,又承认过不足时,可以依买卖而调整之。向导理论,明示于太和元年的诏谕中,实不外是欲使"人有余力,地无遗利"而已。换一句话说,这是想在可能范围内,完全利用人类劳动力与地力,以增进剩余生产而已。

这时,耕作者不消说是被土地所紧缚着的,即规定着"不许避劳就逸,其地足处,不得无故转移"。

(2) 税法　　均田制在本质上是可以视为半徭役制的。

A. 田租　　北魏于太和以前,一夫一妇之租,本来是粟二石。家中有十五岁以上之未婚者时,四人合出一夫一妇之租;奴婢八人,合出未婚者四人之租;耕牛十头之租,相当于奴婢八人。但孝文帝太和八年以后,一夫一妇之租,增额至二石九斗了。

B. 调　　本来一夫一妇是出帛一匹。家内有十五岁以上之未婚者时,四人合出帛一匹;奴婢八人出帛一匹;耕牛十头出帛一匹。不适桑树栽培的麻布之乡,一夫一妇纳麻布一匹。至孝文帝太和八年,每户出帛二匹,絮二斤,丝一斤,又另出帛一匹二丈,委之于州库,以供为调外之费。其后太和八年(西历四八四年)百官俸禄制定以后,每户出帛三匹,以供百官之俸禄。上述调外之帛,也已由一匹二丈增为二匹了。

C. 此外,耕作者当然还服其他军役、治水、土木事业等之徭役劳动。

乙、 北魏之后

北朝于第六世纪之初,分为东魏、西魏,又至北齐、后周,这几朝都是行均田制的。

（1）北齐　　均田制之主要着眼点,依然是地无遗利,人无游手,在可能范围内,多使其给付租、调及力役。北齐之均田制中可以注意的,与其说是规定对奴婢之田土分配的事实,无宁说是限制分受田土之奴婢数的事实。

A. 耕地之分配　　一般男子一夫,分给露田八十亩,妇人一人四十亩。奴婢与良人相同的得受分配。但可以受田土之奴婢数,有限定的,亲王以三百人为限度,嗣王为二百人,第二品嗣王以下及庶姓王为百五十人,正三品以上及皇宗为百人,七品以上为八十人,八品以上以至庶人为六十人。限外之私有奴隶,不支给以田,不过可以免租赋之义务。牛每一头受六十亩,但以四头为限。

另外,每丁受桑田二十亩,以为"永业"。在不适桑蚕之处,给以麻田二十亩,以代桑田。

B. 还受法　　男子达租调义务年龄之十八岁时——女子结婚时——受田,到可以免除租调之六十六岁时,还田。但永业田不在此限。还受在每年十月举行。田土之卖易不许。

C. 税法　　男子于十八岁起负租调义务，二十岁起，须被征力役。六十岁后，可免力役。六十六岁后，可免租调。

一夫一妇之租调额，须纳"垦租"——纳于中央政府者——二石，"义租"——纳于郡，以备水旱灾之用者——五斗，合计为二石五斗。一夫一妇之调，为帛一匹，絮八两。奴婢各输良人之半额。有牛时，每头须纳"垦租"一斗，"义租"五升及"调"二丈。

（2）后周　　此时全无关于奴婢之规定，且其分配面积，已比北齐为大。

A. 田主之分配　　有室者分给以田百四十亩，单丁分给以百亩。宅地之支给，十人以上时为五亩，七人以上为四亩，五人以上为三亩。但这数字，各书记载有异，对于我们实无甚重要。

B. 还受法　　以十八岁受田，六十五岁还田。

C. 税法　　凡人自十八岁以上至六十四岁止，皆负租调之义务。有室者纳粟五斛为田租，帛一匹，絮八两为调。但不支给桑田而给予以麻田时，纳麻布一匹，麻十斤。不构成户之单丁，各纳有室者之半额。丰年全征，中年半征，下年征三分之一。

凡人自十八岁至五十九岁，须任徭役。徭役之日数，规定丰年为三旬，中年为二旬，下年为一旬。

在北齐与后周的均田制中，值得注目的相异点，即前者有对于奴隶分配田土之规定，而后者中全然没有，而后者之授田亩数较前者为大。这事实，一部分可以依自然环境之不同与历史的事情来说明。即，北齐是据于肥沃的北部中国的中原大平野，而后周是占于西部台地。因而,前者的人口,比较的为稠密,而豪族也较易发达,反之,后者的人口比较稀薄,耕地也比较的大。且后周又曾解放了官奴婢为百姓。这些事情,就使北齐,后周均田制中,发生了上述的相异点。

第三章　北朝之村落组织

第一节　北　　魏

北魏是由牧人种族所树立的国家。因此,如后魏支配阶级的拓跋部落,最初为氏族的组织。这正是"仅立宗主督护"的原因。这个氏族统制社会,是由多数有奴隶的家族户口之共同体所成立。即"五十三十家方为一户"。"谓之'荫附',荫附者皆无官役,豪强之征敛,倍于公赋。"荫附者不载于国家之版籍,因而,国家不能由它们那里征收徭役,租及调。此种氏族的统制组织,是适于为漂浪之牧人种族的社会组织,但与国家的统制组织是不相容的。

在拓跋部族征服的华北之汉人间,正如"三长制"发议者李冲所谓:"三正之治民者,由来远矣。"在那里,李冲就上奏,请把拓跋族原来的血属社会统制组织解体,根据古法,依村落组织而立"三长"。

于是在太和十年（西历四八六年），"三长制"实施了。据《魏书·本纪》及《食货志》所说，均田制之实行，为太和九年，三长制之实施为太和十年。但关于此，又有一异说，即在均田制发议者李安世之上疏中，曾谓"三长既立"，因此，均田制似乎应后于三长制。总之，自此以后，已经是以五家为邻，五邻为里，五里为党，而确立邻、里、党长了。这样，村落组织也很整备了。

第二节　北　魏　之　后

北齐改北魏之制，以十家为邻比，五十家为闾，百家为族党。而一党之内，由党族一人，副党一人，闾正二人，邻长十人，合计十四人，共领百家。后周虽无疑的也有同样的组织，但不甚明白。

第四章　中古之分散的封建制

第一节　魏

三国时代,魏国占据了从来的中国文化中心地域。而以四川盆地为中心之长江上流,归蜀,长江中、下流,则为吴所领有。魏王曹丕,在西历二二〇年,受汉献帝之禅让,即帝位。于此,汉室遂亡,前后合计约四百年。

新支配者曹氏——但不久蜀吴兴起,故曹氏终不过为北部中国之支配者而已——封子弟及功臣为各侯王及列侯。

（1）各侯王　太祖(曹操)之二十五个儿子中,十七人各封数千户。文帝之子中,封八人,他们都被封为县王。

（2）列侯　功臣多封侯于乡亭。

在魏之封建制度下,第一,诸王之食邑,都不过一县,换言之,封建制的规模,到曹魏时已愈益狭小了,这因为天下之户口数,在西汉盛时有一千余万户之多,而魏氏承大乱之后,仅领有六十六万户而已。即魏之户口数,不及汉代之十分之一。这正是魏之分封户数不及汉制的所以然。第二,魏之封建制,是徒有王国之名,而无社稷之实的。这因为实权归于州牧及郡守,而他们是"皆跨有千里之土,兼军武之任",或兄弟并据的,第三,两汉之户赋轻微,魏晋以来的户赋,却加重了。这因为受封者当然都食其户赋的,而此时天下户口减耗,十中仅一而已。

第二节　晋(西晋及东晋)时代

承继三国时代的两晋时代,前后包括百五十余年(西历二六五年—四二〇年)。本来是魏国一列侯的晋王司马炎,于西历二六五年,受魏帝曹奂之让,即帝位,此即晋武帝。

晋朝有王、公、侯、伯、子、男六等之封。而曹氏之子弟及功臣,分封为王公于郡、县及乡亭,其数甚多,譬如武帝受禅之初,封子弟二十余人为王。他们是以郡为国。邑二万户者为大国,置三军,兵五千人;邑万户者为次国,置二军,兵三千人;邑五千人者为小国,置一军,兵一千五百人。晋代皇子就如此的分封于各地为王。多数之功臣,亦分封为五等之侯。在西晋末年,"天下守令,皆封侯,其为官,不铸侯印,以白板而封"。

而到晋代,王公悉归国。其初,只有封国,而王公皆在京都,咸宁三年(西历二七七年)下诏,使他们都归国。这与他们保有兵马之权的事实,是同样值得注目的。又,诸王在他自己的领国中,还可以选任长吏。

要之，司马氏自身为魏国地方豪族出身之晋代，虽然一时统一了天下，但实则是贯彻了分散的封建制之倾向。即诸王及豪族，愈益成为了离心的封建领主。这样，就起了八王之乱，而晋代在宗室诸王相争之中，仅仅维持了半世纪，而即归瓦解了。且自太古中国文化发祥以来即为文化中心地的北部中国，至此，就不能不沦于侵入之诸蛮族的支配下了。汉朝时，因生产力渐次向上所育成之分散的封建势力，到后汉末，遂破统制而现实化了，且此分散化之倾向，经过三国时代，至此就完全贯彻了。

晋室崩坏以后，在西历三一七年，东晋就为司马氏一族复活于江南。东晋之据长江流域，约达一世纪左右。但封建势力之分散的倾向，并未终止。换言之，在东晋之王室下，"北来之强族与江南之土豪"，发达而成为了对立的要素。

第三节　南北朝时代

（1）南朝　　南部中国，从西历第五世纪初东晋灭亡时，以至于第六世纪末叶隋朝统一南北止的百七十年中，宋、齐、梁、陈四朝，相继起灭。这几朝，都不过各存在了数十年而已。

宋之封建制，专用晋制。齐朝亦大同小异。梁朝亦类似晋宋之制。陈亦大体相同。前汉时代从景帝武帝以来，抑制各侯王，而侯王虽然是受封连城，但不得擅其土地甲兵。其后，到东汉时，各侯王不过只得食其邑之入而已。曹魏使封建之规模缩小,邑之收入也是鲜薄了。终于孤立而速灭。其后,晋以来之制度,各王皆出为"都督""刺史",擅恣土地甲兵,"星罗棋布,各据强藩"。

（2）北朝　　从西历第四世纪初晋朝灭亡以后,以至于第五世纪初后魏统一江北时止的一世纪中,北部中国,陷入于北方西方侵入之"五胡"——匈奴、羯、氐、羌、鲜卑——的支配之下。他们树立了多数国家——所谓"十六国"——这些国家,兴亡悠忽,都不过十余年乃至数十年的存立而已。江北的五胡时代,大体上与江南之东晋时代是一致的。这一世纪中,北部中国的特色,是统一之完全的解体,诸蛮族国家之战争与吞灭。

北部中国在第五世纪之初,由后魏而入于国家安定之时代。后魏以后之北朝,除掉最后统一南北之隋朝外,都是蛮族,尤其是通古斯族所树立的国家。最初,在第四世纪末叶,蒙古及通古斯的拓跋族,起于阴山南麓,占据内蒙古及山西北部,树立了魏国。到下一世纪后,更统一了黄河流域。这个北部中国的统一,从第六世纪初至东西两魏分裂时止,维持了一世纪余。

后魏（或称北魏）之征服国家,发展了而为封建国家。宗室封于郡而为王公,部落之大人及降附者,封于县而为列侯。前者先后有九十余人,后者达百八十余人。各王侯在领国中有"师""友""文学""侍郎""掾属""舍人"等之官吏。

马端临批评说,后魏时,封爵之所及者为最多。因为道武（太祖）兴于代北以来,凡部落之大人与邻境之降附者,皆以五等的爵封之,而使之世袭;又或赐以王封,逮乎中世以后,则不依功绩而分封者愈多。换言之,照汉朝"非功不侯"的原则来对照一下,那末,当时可以说是封爵滥授了。这正是北魏中期以后"百官无禄,第唯草屋,衣唯褞袍,食唯盐菜,恒使诸子采樵自给"那样困穷的原因。

北魏到第六世纪初,分裂为了东魏(西历五三四年—五五〇年)与西魏(西历五三五年—五五七年)。这两个国家,不久各为北齐(西历五五〇年—五七七年)及北周(西历五五七年—五八一年)所交替。这些都很短命,仅不过存立十余年乃至二十余年间而已。而这些都是通古斯族的国家,而模仿北魏之制度者。

最后,脱出北朝,统一南北中国,使中世中国入于中央集权的,官僚主义的封建时代之过渡期的隋朝文帝杨坚,是汉族,但是是北周宇文氏之外戚。杨氏是与通古斯族通过婚的。杨坚在西历五八〇年北周时,封为隋王。其翌年,受北周之禅,兴隋室,都于长安,在此不久以前,北齐已为北周所灭亡了。北朝之隋,在西历五八九年,灭亡了相对立之南朝的陈,统一中国南北。中国由东汉末年后,经过四世纪左右的解体、战争、蛮族侵入与混血之过程,至此又返老还童的再出发而为统一国家。

本篇之参考文献

冈崎文夫著:《魏晋南北朝时北部中国之田土问题》(《支那学》第六卷第三号);《南朝之钱货问题》(《支那学》第六卷第四号);《魏晋南北朝通史》

志田不动磨著:《东洋中世史》(《世界历史大系》四);《北魏国内市场之成立过程》(《历史教育》第六卷第七号);《晋代土地所有形态与农业问题》

（《史学杂志》第四十三编第一二号）

桑原骘藏著：《晋室之南渡与南方之开发》（载《东洋史说苑》）

《三国志》（晋陈寿撰）

《齐民要术》（后魏贾思勰著）

《晋书·魏书》之《食货志》

第五篇

官僚主义的封建制之发展时代

序说——隋朝与中央集权之企图

中国在西历五八九年,为北朝所出之隋(西历五八一年—六一七年),再归统一。以前所谓均田制,是只限于北部中国,但自此而后,可以认为已普及于全中国了。中世中国之中央集权的及官僚主义的封建制,就在这基础之上,开了发展之端绪。

第一节 户口及垦田总数之激增

户数在隋代开皇中,已激增为八百九十万余。垦田总数在开皇九年(西历五八九年)时,有一九,四〇四,二六七顷。由此而观,一户平均应为二顷余。到隋末炀帝大业时(西历六〇五年—六一六年),据说垦田总数已激增至五五,八五四,〇四〇顷了。由此而观,一户平均垦田应为五顷余。但《通典》著者杜佑,批评此数为过大而恐非事实。

第二节　均田制及赋税

（1）均田制　　隋遵北齐之制度,实施均田制。即一夫分配以露田八十亩,妇人为四十亩,奴婢亦与良民受同额之分配。每丁男更分配给他桑田——不适桑树之地为麻田——二十亩,以为"永业田"。这永业田二十亩,必须栽植桑——例外为麻——榆及枣。

圃宅地则每三口给以一亩,但奴婢则每五口给以一亩。

受田年龄为十八岁,而露田至六十六岁,必须返还。

（2）赋税　　赋税乃对成年男子所课。即正丁每年须被征徭役三十日,租粟三石;又分受得桑土者,更须纳绢绝一匹、棉三两以为"调",分受得麻土者,应纳麻布一端、麻三斤以为"调"。未婚之单丁及仆隶,各出半额。

隋代时,农民因军役及长城建筑与治水事业等,曾经支给过过重的徭役。就中,炀帝(西历六〇五年—六一六年)的大运河,就是著名的大土工。但这条大运河,连结了黄河与长江,其目的在于转运南部中国米粮至北部中国的漕运,同时,又有利于灌溉之目的。

第三节　村　落　组　织

　文帝(西历五八一年—六〇四年)颁新令,以五家为保,以五保为闾,以四闾为族,各置一"正"(长)。畿外置里正(相当于闾正)及党长(相当于族正),使相检察。

第四节 社 会 设 施

文帝于开皇五年(西历五八五年)初设"义仓"。这是工部尚书长孙平所创案者。义仓本来与"常平仓"不同,是一种防水旱灾的村落自身之备荒贮蓄之设施。这是一个使诸州百姓及军人劝课,在社中(村落)共同建造仓库,收获之日根据收获额,使出捐粟及麦——一石以下——而储藏之,如遇该社遭饥馑时,即出贮藏之谷以赈给之制度。这管理委托于社司(村长),即使其执帐,检校每年之收积,设法使储谷不至损败,以备在饥馑时赈给。因义仓设置于社中,所以一名"社仓"。但这与后述宋朝朱熹所创设的社仓是不同的。但义仓在官僚主义之下,不久,便由社自身之管理,夺去了以移于县,其后更移于州郡,由州郡之官吏所管理,而社及县中,已消失了义仓。于是,义仓失去了农村自身备荒贮蓄设施之实,而变成为州郡城下居民之利用物了,其时,更又供作为了州郡官吏不正行为之工具。但无论如何,义仓最初是社自身之备荒贮蓄的设施。

第五节 中央集权的封建制之企图

隋到统一南北中国而树立起广大的帝国时,急激的企图着贯彻中央集权与专制主义。

最初,有国王、郡王、国公、郡公、县公、侯、伯、子、男之九等制,而文帝封宗室为王,封功臣为列侯。但从诸王以下,至于都督止,永业田最多只支给以百顷,少则仅三十顷。然此外,却有因勋功之赐田,这不能忽视。职事官则支给以职分田。从第一品之五顷以下以至于第九品之一顷,依五十亩为一阶级而递减分配。各官衙支给以公廨田,以此供公用。

其后,炀帝改昔日九等之制度,仅剩王、公、侯之三等制,其余皆归废止。又废同姓多数之王,或捕杀之。这样,与其说是他要"求心的"组织化封建制,毋宁说是他想贯彻专制主义。而这个终于不得不归于失败了。

从来之离心的封建势力,终未在隋朝中止,这只要征之于隋末唐初各地"群雄"割据的事实,就可以明白的。隋室仅数十年,至第七世纪初灭亡。中世国家统一之完成与中央集权的官僚主义的封建制之确立,终于遗留为唐朝之事业了。

第一章　均田制之完成

　　在山西太原的唐公李渊,乘隋末的扰乱,举兵于山西,借外族突厥之援助,入关中,西历六一八年,遂受禅即帝位。此即唐高祖。他都于长安,平定了各地割据之群雄,统一天下。唐朝从高祖以至于哀帝,凡二十主,约经三世纪之久(西历六一八年—九○六年)。唐在这期间中,因成功的战争,而跃为世界最强国之一。同时,中国文化在唐代,也有了一个高度的发达。

插秧(采自《御制耕织图》[康熙三十五年 1696A. D. 撰]·耕·第十图)

唐室在最初，是树立了一个强力的中央集权国家。到太宗之世，一时曾有复活封建古制之议，但结果因朝廷议论不相一致，遂归中止。事实上不消说皇帝的子弟，仍就是封为国王，庶姓卿士之有功者，仍就是封为郡王的。但唐之封建，已不过仅为虚名而已。"盖受封者，于内府给缯布，不得以自食其所封之地，则只同俸赐。不可以言胙土矣。"[注一] 而封土非为世袭。因此可以说"无胙土世袭之事，则封建之规模尽失矣"。[注二] 这里当然有少数的例外，不过食实封而世袭，毕竟非为通则。

但此种中央集权之确立，是以均田制之确立为基础的。

唐之高祖李渊，于即位之翌年（西历六一九年），定租、庸、调之制，"每丁之租二石，帛二匹，絮三两"，课役则规定至五十岁为止。由此事实，可以看出当时耕作者经营田土之面积，事实上依然是一定的。

高祖于武德七年（西历六二四年）更发布新律令，以确立均田制。这在大体上是模仿隋制的。唐代的均田制，因时代的经过不同，而多少异其内容，但大体如次。

第一节　对于耕作者之公田的分配

（1）园圃（永业田）　　各户必有二十亩之园圃，这园圃系永业，且属私有。但耕作者于此园圃须植桑、榆、枣等植物。就中，尤须植桑养蚕，以制造缴纳"调"用的绢帛。因而在这私有中，可以说附带着土地耕作上之封建的限制的。

（2）园宅地　　此亦系永业。良民家族在三人以下者,得分配一亩之园宅地,三人以上时,每三人得再加给一亩。宅地之一部分,则充当为种植蔬菜之园地。

（3）谷田（口分田）　　根据收授之法的田土,在后魏时代称为"露田",在唐制中即称为"口分田"。这是一种栽培谷物,以缴纳"租"用的主要田土。这口分田——即谷田——凡男子十八岁以上至六十岁之有劳动能力者,得分配八十亩。六十岁以上时,减为四十亩,又有笃疾或残废者,仅能分得四十亩。妇人及幼少年者,在原则上不得分配。但例外如寡妻或妾,得分配三十亩,若为户主时,则得分配五十亩。幼少年者而为户主时,分配给二十亩。又僧徒、道士、尼及女冠,也得分配少额——二十亩乃至三十亩。要之,口分田之主要目的,是分配给有劳动能力之男子,以使其纳租者。因而,在丁男以外之人,不过仅分配给以获得生活资料的必要程度而已。

（4）工商　　以工商为业者,则永业田及口分田之分配,各减半,但在狭乡——乡之田不充分之处——者,不得受分配。

（5）贱民　　当时官贱民中,有杂户、官户及奴婢之三者,其中最近于良民地位的杂户,完全与一般农民可以受同额之分配。官户则分配给以百姓之口分田的半额。官贱民中地位最低的奴婢,则完全无所规定。又私奴婢亦系相同。唯圃宅地则官私贱民,每家族五人皆分配以一亩。

（6）土地之宽狭及肥硗与耕地之分配　　田土之分配,并非是很机械的。（甲）田土分配之原则,须受土地宽狭之修色。换

177

言之,即田多而够分配的乡,称为"宽乡",反之称为"狭乡";狭乡中之授田,为宽乡之半额。(乙)原则是考虑着土壤之肥硗而确定的。即如在后魏之制度中可以看出,易田——行休耕之田——则加倍授与。盖均田制无定期掉换分配之规定,而此恐怕正所以图分配之平衡者。所以分配之时,土地之肥瘠及位置,就不能不十分考虑了。

(7)收授之法　　(甲)收授举行于十月;(乙)授田时,先给贫者,有课役者及多丁之户;(丙)原则上,授田限于县界内,但在狭乡田土不足时,得在宽乡中授田;(丁)死者之田,收归以给无田者,但死于王事者之口分田,即其子孙未达丁年,也可以继续承继;(戊)因王事,没落于外藩而不归者,六年中,其口分田得由其亲族同居人管理。又战伤者,终身不减其口分田。

(8)买卖,贴赁及质之禁限　　买卖在原则上是禁止的,但以下之情形为例外。(甲)庶人死,家庭无葬送之费用者或流徙去乡者,永业田得出卖,但此时,口分田仍不得出卖;(乙)在所属县界内不能受充分之田土,而欲移徙于宽乡时,或充作住宅,邸店,碾硙(精谷制粉用之臼)时,则口分田可以出卖。但卖田土者,虽所定亩数不足时,亦复不得受田土之分配。另一方面,可以购买田土者,仅限于所定亩数不足时之不足部分。但居狭乡者,亦得准宽乡之制,多少扩张其限度。买卖必须申告于官,受一定之文牒,无文牒者无效。

最后,贴赁及质,在原则上是不准的。即"诸田不得贴赁及质,违者财没不追,地还本主"。但也有一例外,如从事于远役及外任,而无承受其后者,得听其贴赁及质。

第二节　租·调·庸

均田法之主要目的,是要尽人类劳动力与地力,发挥农业社会之全生产力,以图农业中剩余生产之增进者。这所以在原则上,田土是分配与十八岁以上六十岁以下,得耐劳动之男子的。

在以前述均田制为前提之下,赋税当然不是对亩而课的,而是对于分得桑田(永业)谷田(口分)合计百亩的丁男而课的。反面,在丁税赋课时,我们也可以假定现实上有前述之均田制之存立。

总之,唐代之赋税,以租、庸、调为基本而体系化的。租、调是生产物贡纳。庸是本来的徭役给付之转化于生产物者。

(1)租　　每丁纳粟二石为租,"凡授田者,丁岁输粟二石,谓之租"。但岭南诸州,以米缴纳。高祖之武德二年(西历六一七年),规定岭南诸州税米,上户为一石二斗,次户八斗,下户六斗——这里值得注意的,就是岭南之户的分化为上、中、下。百余年以后,到玄宗开元二十五年(西历七三七年),也是"定令,诸课户一丁租调,准武德二年之制"。

(2)调　　每丁每岁随乡纳绢、绫、絁各二丈,及棉二两,或布(麻、纻、葛等之织物)二丈五尺及麻三斤以为调。即"丁随乡所出,岁输绢、绫、絁各二丈,布加五之一,棉二两。输布者麻三斤,谓之调"。这是武德二年之制。为其后并无变化,不过开元二十五年令中,除棉变为三两外,附加了如次之规定:"其绢绝为匹,布为端,棉为屯,麻为緵。若当户不成匹端屯緵者,皆随近合成。"而"布帛皆阔尺八寸四丈为匹,布五丈为端,棉六两为屯,丝五两为緵"。

(3)庸　　本来,每丁每岁应给付无偿之徭役劳动二十日,闰年为二十二日。不就徭役者,可以纳生产物——特别是绢——代之。其额系以绢三尺作一日计。这称为庸。"用人之力,岁二十日,闰加二日。不役者日为绢三尺,谓之庸。"但开元二十五年令中,变从来之绢为绝或布了。再据《唐书·食货志》所载,也可以缴纳货币——每岁银十四两——以代缴纳现物。这意义是表示着货币流通之已有某程度的发达,因而,这是比较的发生于后代。

又,"庸"之原始形态的徭役日数,原则上为二十日,但得以增加至每年五十日。为此时得免除"调",或"租"与"调"。"有事而加役二十五日者免调;三十日租调皆免。通正役并不过五十日。"可是这些是关于正役之规定,因此,我们不能忽略在此以外还有杂徭。

我们由以上所述,可以知道唐代均田制下现实之耕作者,对于土地领有者,是在如何之形态下,给付以若干之剩余劳动。基本的赋税——租、调、庸——之年额,可以说大体上相当于每丁三十日乃至五十日之劳动。

第三节　王侯及官僚之田

在这里,我们必须考察王侯以下文武百官及官衙所分得之田土了。这些,在本质上,受分配者之自身是不耕作的,而不过是衣食租赋所入的田土而已。

（1）永业田　　亲王得分配百顷,郡王五十顷,国公、郡公、县公、侯、伯、子、男各四十顷乃至五顷（一顷为百亩。因而,如亲王那样,即得分配丁男百人之田土为永业）。又官吏中不问职事官或是散官,自正一品以下至从五品止,由六十顷乃至五顷,按级设差分配。又勋官中,上柱国得分配三十顷,柱国二十五顷,上护军二十顷,护军十五顷,上轻车都尉十顷,轻车都尉七顷,上骑都尉六顷,骑都尉四顷,骁骑尉及飞骑尉各八十亩。云骑尉及武骑尉各六十亩,但五品以上之永业田,不在狭乡中,而在宽乡中分配之。但自己买荫赐田以充足之时,即在狭乡中亦无碍。六品以下之永业田,在本乡中分配之,因为这是比较的小额。

（2）职分田　　对职事官分配职分田以为俸禄。（甲）京官一品为十二顷,以下递减至九品之二顷为止。距京城百里以内,与京官同样处理。又京兆河南府及京县官人之职分田,亦同京官职分田;（乙）诸州之官吏,二品为十二顷,其下递减至于九品之二顷五十亩止。都护府及亲王府之官吏,与诸州之官吏相同;（丙）镇戍、关津、岳渎及在外之监官,五品为五顷,以下递减至于九品之一顷五十亩为止;（丁）守护王宫之近卫队长以下,亲王府之典军以下及外军之武官,最多受六顷,少则八十亩。外军之武官的职分田,皆在领所之州县界内分给之。

（3）其他　　（甲）各驿中,每驿马一匹,分给以四十亩,传送马一匹,分给以二十亩;（乙）各官衙分给以公廨田,以充厅费。

譬如大都督府可分得四十顷。最少者得八十亩;(丙)在边地,设汉朝以来所制定的"屯田"。这屯田,本来是平时官兵自己之所耕食者。

(4)买卖及贴赁　　官僚之永业田及赐田,并无关于买卖及贴赁之禁限。换言之,王公及官僚,得自由处分之。

第四节　村落组织

唐代之地方行政区划,由道、州(或郡)、县、乡、里之五级所构成。上级之道、州、县是依地域而划分,其下级之乡、里仅从户数而规定。换言之,即百户为里,五里——即五百户——为乡。地域的区划之县,得包括若干之乡。最下级之行政区划,称为里,而由百户所构成。

但实际上自然生长的聚落,未必与前述机械的规定之里及乡相一致的。这自然生长的聚落,在两京及州县之廓内,称为"坊",在郊外田野者,称为"村",特别是在邑居者,称为"坊"。里是依户数所定的技术上之最下级行政区划,而村及坊可以说是自然生长的聚落。这样,村如为小村时,则集数小村而为里,如为大村时,则一村分为数里,而其中得含若干之坊。

最始原的,只有里是最下级行政区划,而尽其重要之任务。里中置里正一人。其后,不久,到自然生长的共同体"村"及"坊"也入政治的组织中时,都与户数无关系了,置村正或坊正一人。然而,此时,里的制度仍未废止,依然以百户为单位而组织。里正之职掌是按比户口,课植农桑,催驱赋役,检察非法。自然的聚落之头长的村正及坊正,也是掌司对于聚落构成员的督察。

最后,里之下有邻保之组织。即四家为邻,五家为保。保中置保长,以相禁约。譬如五保中有犯罪者时,保人须告发之。又假若有强盗杀人时,他们亦须告发之。保内及近邻中有强盗杀人,而受得告知或因声响而得知时,应即从速救助之。又假若有执人为质以吓取财物,或有避罪者时,他们更负着捕格之的义务。要之,五保制度的任务,是为警察。

注一 见《文献通考·封建考》十七——译者

注二 同上

第二章　均田制之弛废与税制之变革

第一节　均田制之弛废

均田制下一夫一妇所经营之耕地面积,如一顷(百亩)。耕作者经营此分得的耕地面积,对皇帝及封建的官僚,则须给付其全剩余劳动或生产物,以为租、庸、调。如前所述,耕作者之田土,是有禁限买卖及其他之处分的。特别是严禁卖绝。据《唐律》,卖口分田者,其罚则为每亩处以十笞。耕地还于本主,没收其财。但买者不适用此律。占田过多者,虽定每亩处以十笞,但"若宽闲之处,不坐",即不处分的。均田制之主要目的,已由此可以窥得。换言之,均田制之目的,是把耕作者紧缚于耕地,使其给付可能范围内的剩余劳动。这正是苛罚出卖分得之田土者及不禁宽乡——分配土地丰富之乡——中占规定以上之田而开垦的所以然。但在此不得不说已有了一个大土地所有之可能性。耕作者自身,在宽乡中,不消说也已有了渐次蓄积富的机会。而王侯及官吏,有了依实力而侵占开垦地——收夺其剩余生产物——横夺生产力增进之结果的机会。

　　王侯及官吏,本来是分给以很多额之永业田及职分田的,其外,又有所谓赐田。他们的永业田及赐田,是承认所有的田土。换言之,这些田土,并不禁限买卖、贴赁及质等一切之处分。这意义就是说他们在商业及高利贷资本侵入之同时,有放弃田土之自由。但他们同时可以补足不足。然这结果,遂兼并良民之口分田及永业田,横敛其剩余生产,这在一定之生产力水准下,使政府收入遂归于减少,所以也就不能不加以禁止了。于是,对于官吏有如次之严密禁止。"诸在官侵夺私田者,一亩以下杖六十;三亩加一等,过杖一百,五亩加一等,罪止徒二年半;园圃加一等。"(《唐律疏义》卷十三)但对于王侯,无此种禁限。又,官吏虽禁横夺私田,然实际支配耕作者的为官吏,因此,依然可以横夺劳动生产力

收刈(采自《御制耕织图》·耕·第十五图)

向上所生之剩余生产的增进。而渐次提高之奢侈需要,更不得已而造成了王侯官吏间侵夺耕作者田土所生剩余生产的动机。

要之,人口之增加,促进宽乡之开垦,而与农耕作方法改良及治水设施发达等诸因子,同为农业社会生产力渐次向上之条件。然这结果,其意义是社会一方面之富的渐次蓄积,即王侯、官僚、土豪、商业、高利贷资本之发达。

自此而后,王侯官吏及豪富,一方面自成为统制之紊乱者,同时,他方面,自己乘统制之弛废,兼并公田,横夺租赋。官吏之公田——文献中称为私田,本质上得视为公田——侵夺,虽被重罚,然实际上官吏仍旧侵渔耕作者之田,横敛租赋。这样,耕作者因不耐诛求,本来不得处分之口分田及永业田,也常处分了,或为豪富家之佃客,或变为流民。开元二十三年之诏,禁止此种口分及永业田之处分及豪富之兼并,规定"若有违犯,科违敕之罪"。但土地之兼并,仍就是发展着。因此,《通典》之著者力说:"虽有此制(均田制),开元(西历七一三年—七四一年)、天宝(西历七四二年—七五五年[此年起安禄山之乱])以来,法令弛坏,并兼之弊,有逾汉成哀(前汉末年成帝[西历纪元前三二年—七年]与哀帝[西历纪元前六年——一年])。王公,百官及豪富家,由天宝十一年之诏中可以窥看出:(甲)使农民开垦荒芜地,化为熟田而侵夺之(横夺地租),或(乙)违法买收口分及永业田;或(丙)改籍书;隐漏隐占户口;或(丁)使用以典贴而收夺等的方法,兼并田土。其时,所谓庄田或莊田,已发达了。关于庄田,当在另一章中考察之。在土地兼并过程中,尽了最大之任务的,不消说是王公,百官,尤其是刺史、节度使。节度使是离心的封建势力中之最重要的因子。唐初,于重要诸州,置总督,使其统制军事;其后改名为都督,太宗后约百年,改设节度使于边境地方。到唐代中叶,遂分天下为四百余道,置多数之节度使。他们大则管理十余州,小则数州。而他们大概都兼任该道之观察使及驻在州之刺史(长官),因而是兼掌文武两事,而为外任官中之最有权威者。节度使初非世袭,然不久,此制弛废,他们以实力侵占公田,而得以自由的支配土地及耕作者了。

天宝十四年(西历七五五年),节度使安禄山作乱,绵亘至数年之久。这政治的动乱,一般的对于唐朝之社会与经济,给与了一重大打击。这对于均田制,不消说是有了破局的作用。此时,凡战争及内乱,皆不外为旧来社会胎内所育成之诸矛盾的暴露,同时,这在旧来社会之坏壤之上,尽了很大的任务。安史大乱,对于唐代中国社会,产生了如次之结果:

(1)社会生产力,蒙受了很大的破坏。即社会因内乱而大量的消失了有劳动力之人口,且耕地又荒废了。

(2)地方官吏豪族,乘此机会,愈益可以侵占公田了。于是,大土地所有之成立过程,立刻被促进了。

(3)与此成为表里的,即耕作者多数已再不能紧系于土地了。于是化为籍外之流民者,其数愈多。安史乱后二十年,建中初年(西历七八〇年),分遣黜陟使于诸道,使其调查户口,结果,知道土户(本籍人)与客户(寄留人)各为百八十余万人与百三十余万人。即此时,离本籍者,几达总户数之半。

（4）户口数破灭的减少了。安史之乱不久以前，天宝十四年（西历七五五年）政府可得支配之户数，为八百九十一万四千七百〇九户，其人口为五千二百九十万九千三百〇九人。杜佑说："此国家之极盛也。"然乱后至肃宗乾元三年（西历七六〇年），百六十九州之管户县数，已激减为百九十三万三千一百七十四户，其人口总数已激减为一千六百九十九万三百八十八人了。这个激减了的殆近六百万户之户数与三千六百万之人口，并不是因极短之数年间战乱而消灭尽了的。这一方面固然是因现实上人口之大破坏所致，但同时，也是表示了地方官吏在户口登录时，故意隐漏，或改籍书，欺隐及隐占民户，自己横夺赋税的事实，愈加激增了。然此户口之激减，无疑的使唐代根据均田制及租、调、庸，而成立之中央集权的物质的基础，愈益狭隘化了。

要之，王侯、官僚、土豪之土地所有的兼并，与政府可得支配之户口的激减，使唐室所根据的基础，很脆弱了，而唐室已再不能根据从来之公田分配制与丁税本位之税制而存立了。换言之，中央集权的，官僚主义的封建国家，要使其能存续起见，今后，必然的要重新组织其物质的基础了。然而，唐朝已不能变革新发达之土地所有关系了。因此，留下来的方法，只能容认既存之土地所有关系，而变革旧来赋税制度而适合之而已。

第二节　税制之变革——两税法

在唐朝根据均田制而存立时，是依存于自营农民数的。中世欧洲之封建的生产,其特色是在可能范围内,分土地于多数之封臣,而封建领主之权力,与其说是根据其租额,无宁说是根基其家臣之数的,家臣自身,则依存于自营农民数。但是中央集权的唐朝皇帝的权力,却可以说是直接依存于自营农民数的。

然唐代安史之乱后,政府可得支配之户口数已激减了。其原因固然一部分也是诛求之结果,但户口激减之结果,更不能不愈益诛求。譬如天宝年间,王铗为户口使,一意聚敛,案旧籍追征三十年以内租庸之不足部分,结果,是"天下人,苦而无告"。户口数之减少,在安史乱后是破局的大减。这样,譬如代宗宝应元年(西历七六二年),租庸使元载,以江淮地方——长江淮水流域——虽经兵荒,但犹以为当地住民较他道为有资产,于是按户籍,以举过去八年间之租调违负者及逋逃者,计其大数,向其征税。其时,他择豪吏为县令以监督之,不问负债之有无与资产之高下,观察人民之若有粟帛者,即发兵围之,籍其所有,中分之,其甚者,则取其十之八九。此之谓"白著"(税外横取称为"白著"[见《唐书》])。有不服者,以严刑威胁之。于是民之有蓄谷十斛者,则恐惧以待命。或相聚于山林,化为群盗。而"县不能制"。遂起农民之大叛变。其时,浙江地方蜂起之叛徒,计二十万人,攻陷诸郡。政府经二年而始平定之。

要之,户口数激减之同时,一方面政府收入激减,他方面,耕作者因愈益加重之负担,而不能不更陷于穷迫,因此,赋税制度之改革,至此可以说其在必行了。

依贫富之不同,户设等级,以行赋税之企图,从北魏、北齐时代以后就有了。而唐代在高祖之世,也实行过此种企图之一部分。但这在施行均田制时,当然是不能一般化。其后,赋税制度到唐之中叶,因欲适应新的土地所有关系起见,必须实行改革了。这改革始于安史乱后数年,代宗广德元年(西历七六三年)。即初定"以亩定税",且规定在夏秋征敛。(《唐书·食货志》)。凡亩,税二升。这不能不说是一个划期的改革。因为一定之地租,是一定土地所有诸关系之物的表现,因而,从丁税到亩税的推移,是最适确的表现土地所有关系自身之变化的。至三年以后,因国用告不足,新创一种所谓"青苗钱",作为夏税,其征收为"天下之苗一亩,税钱十五"。又创"地头钱",每亩征收二十钱。亩税更分为二等,规定"上等之亩税一斗,下等六升,荒田之亩税二升",亩税也分夏秋二期而征收。不久以后,青苗钱加倍,而地头钱归于取消了。

大历四年(西历七六九年),规定"以钱输税,而不以谷帛,以资力定税,而不问身丁"。这改革是很重要的。因为输税已改为非生产物,而以钱币赋课了。而赋税又已根据资力了。于是,将天下之百姓,依资力而分为九等。譬如第一等为上上户,课四千文;第九等即为下下户,纳五百文,而王公百官皆被同样赋课。譬如一品官视为上上户,九品官准视为下下户。更废本籍主义,凡寄庄户、寄住户、浮客等,也都不遗漏的在所在地改课以第八等或第九等之税。又若有数处之庄田者,每处都须课税。

至德宗建中元年(西历七八〇年),杨炎确立所谓"两税法"。其时,宇文融墨守高祖太宗之法,创议收羡田,招浮户(浮人、浮客），使分业以图复兴从来之均田制，而杨炎却主张变高祖、太宗之法，不追土地之兼并者，贫弱者也不复田业，但视现存之贫富以制赋。这主张终于实现了。于是规定"夏输无过六月，秋输无过十一月"。这是"两税法"名称之所以起。置两税使总管两税，定"凡百役之费，先度其数而赋于人，量出制入"，不问本籍，但在所在地课税。不问丁男中男，以贫富设差等，规定"其租庸杂徭悉省，而丁额不废"。田亩之税，以大历十四年之垦田数为基础。

要之，从代宗广德元年到杨炎两税法确立后之税法改革的历史的意义，并不是在改革分夏秋二期而征税的方法，而是在视贫富设差等而课税，且对于王公、官僚及浮客也课税的事实。至此，均田制可以说已废止了。

第三章　庄园之成立

唐代大体在中叶以后,已发见大土地所有之发达了。此后,公田分配制度弛废,而为"强理隳坏,恣人相吞,无复畔限,富者兼地数万亩,贫者无容足之居"。(陆宣公奏议)

贵族富豪之大所有地的称为庄,庄田,庄园(亦使用略字庄),大体上即始于此时。所谓庄,本来其意为王公、百官、豪富之别庄,此种别庄之在城外者,多附有广大之田园,因此,不久就以庄园一语称他们的大所有地了。

第一节　庄园之成立

关于中国所谓庄园之起源与发达,法制史家中田薰博士认为这是"唐代均田法渐归破坏时,因土地兼并的结果,使大地主制到处发生后所渐次发达的土地制度"。但"支那学"者加藤繁博士,以为庄园之名称姑不问,然其实质是在汉代已发生了。同样,玉井是博教授,也支持后一说。在汉代,"大土地所有"之已在当时低微劳动生产力水准下,与"奴隶的经营"相结合而有相当发达的事实,我们也已考察过了。但在中国,从来,离心的诸势力,到有某程度的发达,而在某期间中使社会的统制分解以后,常再统一于帝权之下,而转变为封建的官僚主义的装置;大土地所有——不问是直接结合于奴隶的大经营呢,还是不结合于大经营呢——也常常周期的为专制主义所抑制,土地所有遂集积而为王有了。这事实,贯彻了领土领民之集中,其时,纵令是施行着公田分配制度(均田法),而其名称亦姑不置问,但耕作者之全剩余劳动,却都是为官僚主义的封建贵族所吸收的。但这个毕竟以低度的劳动生产力为前提的。古来中国中央集权成立之充足理由,是在于要对漂浪牧人种族斗争以及要完成大治水事业之故。而此中央集权,其基础乃在于中央政府之吸收全耕作者的剩余劳动。因此,在劳动生产力水准不生极大之变化时,不会使中央集权之物的基础发生危殆的,也就没有容纳大土地所有之余地。然而,假若劳动生产力向上,剩余生产因而增进时,那末,社会一部分人的"富之蓄积",就为必然的了,于是,横夺剩余生产之"大土地所有者"之存在,也是可能而必然的了。六朝时代以后,农业劳动之生产力,显著的增进了,这就使"不直接经营的土地所有"兼并,为可能而必然的了。这是第八世纪中叶后,根本掘翻了从来之均田制,而不再使之复兴的所以然。

唐代中叶后所谓庄园之成立与发达,可以认为有如次之诸契机:

（1）因功劳或宠遇之下赐　　譬如安禄山,兼诸道之节度使,天宝十三年,加赐为尚书左仆射,赐实封十户,奴婢十房,庄宅各一区。但下赐之庄园,只限于王公、公主,或有功劳,或受宠遇者而已,自全体而言,只不过一部分而已。

祭神(采自《御制耕织图》·耕·第二十三图)

(2)买卖及典贴　　如前所述,耕作者之田,在均田制之下,原则上是禁止买卖及典贴的,如有违犯者,罚以笞。但郡县之官吏自身,由天宝十一年(西历七五二年)之诏中,可以看出,大都是随处设定寄庄,实际上并无何等之障害。尤其是行两税法以后,诸道州府之长吏等中,常在各地购买百姓之庄园舍宅,而出现所谓"寄庄"。官吏自身,虽在均田制之下,亦得自由处分永业田及赐田。地方豪富,也乘旧来制度之弛废,愈益凭借买卖及典贴等的方法,而为所有之兼并了。

(3)开垦　　在王公、百官及豪富中,如前所述,有以开垦荒地之名义而领有熟田者;或改籍书,横夺公田者。这无疑的对于庄园之发达上有极大之关系的。

(4)庄园之集中　　庄园自身,也依买卖典贴而集中。衣食于父祖所设庄园之贵人的不肖子弟,常鬻庄卖婢而生活。

要之,社会生产力之发达,必然造成一部分人之富的蓄积,渐次推翻了旧日之制度,此旧制度之弛废,又促进所谓庄园之发达。所以,在天宝十一年之诏中,也已经说出王公、百官及富豪家之已有庄田,而且是"因循亦久"的事实。而富者已成为"兼地数万亩"的大土地所有了。此时,安史之政治的动乱,一方面对于从来之均田制,给予了一重大打击,同时,他方面,对于庄园之发达,更加了一重推动力,自此而后,庄园遂散在于全国的任何地方。所以,譬如"庄"之一字,也因常常使用而制造出了一个略字。"唐宋之文献中,常见'莊'字略作'疟',更略作'庄',或'庄'。……这个略字之成立,是因当时庄园盛设,写庄字之机会很多之故罢。"(加藤繁博士)

第二节　庄园之所有者

所谓庄园,究竟主要的为那些人所设定,为那些人所发展的呢?

(1)第一为王侯、百官、豪富　　就中,宦官及节度使之庄园是顶发达。据说宦官曾经所有了近畿良田之半数。如前所述,唐代中叶以后,有了多数的节度使,关于这些节度使的庄园,由下列之一例中,可以窥看出。宪宗元和元年(西历八〇六年)剑南西川节度使刘辟,企图谋叛时,当时由山南西道节度使严砺讨平之,因其功劳而为剑南东州节度使。他不把与刘辟有关之将士、官吏、百姓的户、庄、宅、奴婢等报告于朝廷,而由自己秘密的支配了。这事实在他死后才暴露出来。总之,他自己秘密所领有的,计八十八户,庄、宅一百二十二所,奴婢二十七人等。元和十四年之敕中,已指摘着说,诸道州府之长吏等,随处买百姓之庄园、舍宅,以为"寄庄",而不纳定额之两税及差科。

(2)寺观之庄园　　佛教已于后汉明帝(西历五八年—七五年)之顷,由印度(天竺)传入中国,在唐代最隆盛时期中,天下佛寺之数及五千,其所有之地,在第九世纪中叶,据说膏腴之上田达数千万顷。中田博士推定说:"如此,此等寺田亦必有甚多是设置庄者。"而玉井教授果然举证出第九世纪初头,确有佛寺之庄园。这个称为"寺庄"。

本来,僧徒及尼,在均田制之下,单不过受三十亩或二十亩之分配而已。因而,唐之末叶,佛寺既已有数千万顷之寺田,那末,这些当然是由施舍及兼并而来的。实际上,朝廷自身以下,王公、大官、富豪都喜施舍田园。而农民当也常被兼并。此时,我们不能忽略寺院中取质物以营金融的所谓"无尽藏"(或称"无尽财"或称"长生钱")之金融设施的任务。因为这个设施,一方面固然是"救贫民一时之困穷,而为大家之所尊重者",同时,在另一方面,因为愈被尊重,而也就愈兼并农民所经营之耕地,以吸收其剩余生产了。其他,道观、摩尼寺、景教寺院等,虽然与佛寺有多少之差别，但大体上也与佛寺有同样之事实的。

　　要之，唐代末叶，寺院道观之有多数庄园或庄宅，那是无疑的。这种所有广大田园之寺观，当时在实际上是"物心两方面都支配着社会人心的"。（玉井教授）

　　（3）帝室之庄园　　本来，帝室所有之庄园，在均田制下，性质上是没有设定的必要的。但是，所谓王土、王民实质之弛废与一般大土地所有之发达，就使帝室之庄园，有设定与确保之必要了。中期以后之税法改革后，假若地方之长吏等，依然设定庄园，而事实上仍不缴纳定额之两税及差科的，那末，确保"帝室有庄园"之必要，不能不说依然未变。譬如德宗（西历七八〇年—八〇四年）时，"由京城富商，强制借用金钱，或赋课间架税及除陌钱等"，都是表示着了政府之穷状。所以，大部分因大逆罪所籍没的田土，都化为了帝室所有之庄园。帝室所有庄园，由"内庄宅使"管理，其租额也极大。

第三节　庄园之组织与耕作者之地位

　　（1）庄园之组织　　庄园一般有庄园主人居住的房屋，称为"庄院"。田园即附属于此；又有佃户之住宅，称为"客坊"。但一方面，庄院未必一定是要存在的，同时，他方面，佃客以外之人，也有寄留者。庄园由"监庄""庄吏""别墅吏"等管理人所管理。至于帝室所有庄园，特别置"内庄宅使"或"庄宅使"的管理人。其组织一般为"每顷为一庄，客户五家相保共佃，一人为佃头。每庄客给牛五具,种子农器付之。每家别给菜田十亩,又贷本钱七十千,分二年偿,勿取息。若收成日,愿以斛斗折还者听"。但此为屯田招佃之法,然为仿民间之例而定者,因此,不妨视为一般庄园之组织。

(2)耕作者　　庄园之耕作者,一部分为奴婢。但奴隶的大经营已不得发达了。因为逐渐集约的而发达之中国农业,已与疏散的真正意义之奴隶的经营不相容了。

耕作者的大部分,是紧缚于土地之土著农民。他们是称为"客户""寄庄户""庄客""庄户","佃客""佃家""佃户""佃民"或单称为"客"的庄园农奴。所谓"客户"或"客",本来是指由他乡来寄留者而言的,"秦汉以来,通常收容之而为佃农,遂生庄客及佃客等之名词,称为客或客户者,其意为佃农"。(加藤博士)

称为庄客或佃户等之庄园的耕作者,本来是否是由他乡所来之流民呢?这个在此可以不必问。有些人说恐怕是流民,有些人说无疑的是为荒地开拓所应募之所在地的农民,又为被兼并的自营农民。此时重要的毋宁说是以下之事实。即庄园之耕作者(庄客),不仅多由领主给予以种子、农具、役畜等之生产手段,又,给予以食粮、住宅等之消费资料。因为如陆宣公奏议中已有"富者兼地数万亩,贫者无容足之居,依托强豪,以为私属,贷其种食,赁其田庐"云云,又据《建炎以来系年要录》,仿民间之例的屯田招佃法,规定着"每庄客给牛五具,种子农器付之,……又贷本钱七十千,分二年偿"。

生产手段之分配关系，当然就决定了生产物之分配关系。因而在陆宣公奏议中之发见"有田之家，坐食租税，贫富悬绝，乃至于斯。厚敛捉征，皆甚公赋。今京畿之内，每日一亩，官税五升。而私家收租，殆有亩至一石者，是二十倍于官税也。降及中等，租犹半之，是十倍于官税也"的事实，这是无足怪的。这是在德宗（西历七八〇年—八〇四年）时代，即两税施行后的不久。在京畿地方，自营农民对官纳五升——徭役及杂役在外——为一亩之田税，而庄客对于领主，则中等地也须五斗，多者须纳一石。地方庄园之租，可以视为与此无甚大差。不，无宁说是土地愈丰饶，则无疑的愈须增征。但当时百亩之收获，据加藤博士之说，以为平年时是玄米五十石，粟百二十石。换言之，每亩之收获，前者为五斗，后者为一石二斗。果然如此，那末，庄园之租，即令解释为租粟，也是要征敛收获半额以上了。而庄园之耕作者，对领主所纳之剩余生产物，称为"庄租""庄课""租课"。本来，庄客在剩余生产物以外，对于领土，须给付徭役劳动。这已如加藤博士之所举证。但此种徭役劳动之数量，尚未阐明。

如上所述，庄客的大多数，本来是毫无生产手段的，所以对于领主须纳高率多量之剩余生产物，又须给付徭役，且人身当然也须隶属于领主。但他的地位，却并非奴隶。奴隶是一个视为"了解言语的道具"，而与生产手段同样的算为客体的生产条件。但庄客却是一个缴纳地租而个别独立的经营土地之土著农民。他多少也有蓄积之机会。譬如更后一代之实例中，如宋代氾县李诚庄园之佃客，"今皆建大第高廪，更为良民"。这里虽然不无夸张，然领主李诚之孙,在买田土之时,佃客们据说也还都醵钱以丛恿援助之。实际上,佃客已可渐次蓄积富了。当时依然存在之多数奴婢,在本质上都是无关于生产的家内奴隶。至于贵人之生活,其中有数十处别墅(或别业)及"婢仆曳罗绮,一百余人,恣为不法,侈僭无度"者,由此已可窥其一般了。

要之,中国农民从来在大体上是分得公田一顷的自营农民。不过他在封建的诸限制之下,是紧缚于土地的,而对于官僚主义的封建国家,出粟稻以为田租,给付徭役或绢、布、绫、绵诸物,以为身与户之庸、调。因封建的官僚政府在较低生产力水准之下,有吸收耕作者全部剩余生产之理由。而劳动生产力,剩余生产,纵令增进,其结果,因"官吏侵渔""赋敛不一""征发过多"等原因,也不能残留于耕作者手头的。实际上,劳动生产力虽然渐次向上,其结果只为社会一部分所横夺与集积,而旧来之农民,反而愈益多数的转化为庄客——即庄园农奴了。他们不是因为做庄园农奴可以较公田耕作者减轻负担,安定地位,而选做庄户的。而实在是因社会生产力发达结果,使庄园之成立与发达为可能与必然了,而此庄园之发达,成为了旧日均田制之分解,与自营农民之庄园农奴化的条件。

第四节　中世中国庄园之特质

关于庄园特质而特别须考察之问题,是所谓"不输不入特权"之有无。我们在中国庄园成立的差不多同时,在日本也发生庄园,在中世欧洲,也有称为"Grundherrschaft""Manor""Seigneurie"
之庄园,发生于德国、英国及法国等地。中世欧洲及日本之庄园,
其特色是获得了所谓"不输不入之特权"(Immunité,Immunität,
Immunity),即这些庄园是"不输租地"而免课税,又得免国衙官吏
之参与干涉者。

然中世中国所谓的庄园,在专制主义之下,并未获得此种特
权。在事实上常常不纳租赋者之增加,虽然由各种证据可以证
明,但在政治上法制上是不认此种特权的。如前所述,大历四年,
实行税法之改革,天下之户,从贫富分为九等,以课税钱,但在诏
敕中,法制的规定"如数处有庄田,亦每处税。诸道将士庄田,既缘
防御勤劳,不可同百姓例,并一切从九等输税"。而实际,例如宣宗
(西历八四七年—八五九年)之世,帝舅右卫大将军郑光,曾请免
"赐田"之税,然结果未许。又郑光之别墅吏(庄吏)因颇专横,计私
利,不入积载征租,韦澳为京兆尹时,曾擒而械系之。这样,中世中
国之庄园,未曾获得不输不入之特权。两税法以后,明定庄园领主
也须负担两税以次之一般公课。唐代庄客对朝廷之关系,是负担
户税。宋代稍异,"宋代庄客之负担虽不详,但可以想像仅为丁税,
即丁身钱丁绢之额。丁税专行于江、浙、荆湖、广南之诸路,所以其
余地方之庄客,恐怕不负何种之公课的罢"。(加藤博士)

第五节　庄园之发达为聚落

在数量上,庄园究竟占有耕地总面积之若干分之几呢?这当

然不甚明白。但庄园可以说已成为聚落,而已有显著的发达与普及了。唐之地方行政区划,有道、州(或称郡)、县、乡、里之五级,道、州、县从地域而分,下级之乡、里,则专依户数而分。即以百户为里,五里——即五百户——为乡。这些是中央政府所定的技术的区划,而自然生长的聚落,在两京及州县之城廓内,分为坊,又在郊外田野者,称为村,在邑居者称为坊。以后,废除依户数而分乡里之制,里也化为是与村同样的表现村落团体的名称了。总之,自然生长的聚落,大体上,以户数百户前后为普通,而为数十户乃至数百户。然在唐代已有发见一个庄园中有佃客百户二百户之多者。譬如天宝(西历七四二年—七五五年)中相州之王叟,仅夫妇二人,居于邺城,积万斛之粟,支配着了"客二百余户"。宋代汜县之李诚,是一个"方圆十里,河贯其中,尤为膏腴府,佃户百家,岁纳租课"的广大庄园之主人。但是,有百户至二百户庄客的庄园,如加藤博士之所指摘,实已形成为了一村落,所以出现了许多村名之附有"庄"字者。"自唐之后半,以至于宋代,庄园发达广大而人口多者,自成为一村落,因而在南北各地,可以发见许多称为'何庄'之村落。"有以庄园主人之姓或官职为名者,或因地名而名者,又有选美名以命名者。而庄园普及之结果,"于是庄字便用作为了村落之意义,称农家为'庄居',称农民为'庄家''庄民'了"。

其后至于宋代,由庄园而发生了小商业都市。宋代由元丰(西历一○七八年—一○八五年)年间后,县分为乡及镇。到南宋时代,更分为了乡、镇、市,而镇、市即为小商业都市。而这些小商都市中,可以明白看出有些是由庄园所发达而来者。

第六节　唐末宇内皆为藩镇

中国在第八世纪——即唐之中叶——与庄园发达之同时,发见了新封建势力之抬头。此即"藩镇"。马端临说:"按唐自中叶以来,皇子弟之封王者,不出阁;诸臣之封公侯者,不世袭,封建之制已尽废矣。至肃代(西历七五六年—七七九年)而后,则强藩私其土地甲兵,而世守之,同于列国。"(注一)唐之中期以后,藩镇私土地甲兵,而世袭之,与列国无异。太宗之世,初置沿边节度使,这节度使是统兵以当边防之任的。常得更迭,而初非世袭之制。然至中期安禄山乱后,河北三镇,出现了世袭的节度使。不久,到第九世纪末叶,黄巢之乱时,东南沿海也都化为了世袭的节镇。"按唐末宇内皆为节镇。而所谓节镇者,非士卒杀主帅,则盗贼逐牧守,(地方长官)而朝廷之不能讨,因而命之。"(注二)到德宗(西历七八○年—八○四年)时,这种藩镇已达四十余了。领有土地甲兵而世袭之强大的藩镇,不外是一种离心作用之封建势力。唐室到中叶以后,愈益不能统制这新的封建势力了。这样,唐室到第十世纪初头,终于为自己胎内所育成而发达的封建势力所崩坏了。

唐末后之半世纪间,中国就完全为藩镇所分解了。即"五代十国,皆节镇之流裔"。而中国从来在中央集权之分解时,必然往复的受着外部所来的漂浪牧人种族之入寇,所以,在此,也发生了蛮族之侵入。

注一　见《文献通考·封建考》十七——译者

注二　同上

第四章　宋代庄园之发达

中世中国,在第十世纪初唐室崩坏的同时,约有半世纪间是出现了中央集权之分解。即唐室藩侯之后梁、后唐、后晋、后汉、后周相继起伏,而其中之三国,为突厥。又在东北方面,契丹常来入寇。因而,在此也可以痛切的证明了中国中央集权的充足理由之一,是在防止蛮族的侵入。

五代最后之后周殿前都点检赵匡胤,在西历九六〇年,受禅即帝位,建立起宋室。他渐次平定了诸方,一统天下。宋初,对外为逐契丹,对内为废藩镇,在某程度内,已举有了中央集权之实。但尚未能确立田制,以阻止庄园发达之势。

宋约经一世纪半后,到西历一一二七年,为东北之金——代契丹所树立之辽而兴起的女真所树立之金——所逐,不得已而移于江南。自此以后,首都即由河南之汴,迁于浙江之临安,而宋之文化圈,已局限于南部中国了。南宋止于西历一二七九年,约存在了一世纪半。两宋相合,计亘三百二十年。

第一节　不输租地之增大

农业劳动之生产力，在宋代已愈益发达了。因为，国家曾经为增进农业生产而讲究了种种之方策。譬如国家为奖励荒田开垦，而曾经对于开垦者，免除了数年间之输租。朝廷规定"县之令佐（官吏）而能招徕劝课，致户口增羡，野无旷土者，议赏"。使地方官加意于户口及耕地之增加。严禁杀耕牛。又太宗之世，政府曾经制作了不用畜力而专依人力而使用之犁数千个，以分配之。当时江北之民，杂种诸谷，反之，江南则单种稻，于是改革此情形，一方面在南部中国，则使人民于稻子以外，更种其他诸谷，在另一方面，则奖励江北水利方便之处，种植稻作。灌溉事业，也常常大规模的施行。要之，此时户口渐增，开垦进展，耕牛农具，更为普及，作物种类增多，灌溉设施发达，因而农业劳动生产力，是更为增进了。

然土地所有之兼并，因社会劳动生产力增进而愈益发展了。但曾经也有限制公卿以下官僚之土地所有的企图。譬如仁宗曾发诏规定公卿以下不得过三十顷，衙前之将吏，不得有十五顷以上。但这个因"限田不便"而不久就归废止了。于是，官僚、豪族、寺观等就努力于土地所有之兼并。仁宗明道二年（西历一〇三三年）据说已是"势官富姓，占田无限，兼并冒伪，习以成俗，重禁亦莫能止"。且不输赋租之"隐田"，也激增了。譬如北宋中叶，据说是"赋租不及者，十居其七"。由此而观，庄园所有者，在事实上可以说是实行"不输"的。徽宗政和中（西历一一一一年—一一一七年）限制官僚之田，规定一品为百顷，二品以下递减，至九品为十顷，只有在此限制内之田，得免差科，限外之田，皆不得免差科。但这个已是宋室为金所逐，而必须南渡的前夜了。

就在南宋时代，事态在本质上亦无变化。政府努力于麻、粟、豆、麦等作物之普及，免耕牛税以求役畜之普及，尤其更"大兴"灌溉事业。但这些的利益，皆不过是归"豪宗大姓"的。"强宗巨室，阡陌相望，而多无税之田"。到南宋末叶，据说是"豪强兼并之患，至今日而极"。^(注一)淳祐六年（西历一二四六年）殿中侍御史谢方叔说："……权势之家日盛，兼并之习日滋。百姓日贫，经制日坏，上下煎迫，若有不可为之势。……今百姓膏腴，皆归贵势之家，租米有及百万石者。小民百亩之田，频年差充保役，官吏之诛求百

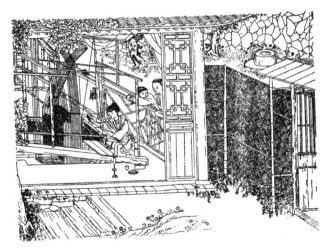

织（采自《御制耕织图》·织·第十七图）

端。不得已，则献其产于巨室，以规免役。小民田日减，而保役不休；大官田日增，而保役不及。……"^(注二)

所以，帝室自身，也不能不扩张与确保庄园了。譬如绍兴二十年（西历一一五〇年）诏曰："两淮沃壤宜谷。置'力田科'，募民就耕，以广官庄。"譬如"贼徒之田舍及逃田"，皆充官庄。譬如孝宗乾道二年（西历一一六六年）在黄冈麻城，设立了官庄二十二所。另一方面，宋室在末叶时，因财政的穷乏，而不得不出卖了诸路之官庄田。譬如建炎二十九年（西历一一五九年），曾出卖了两浙转运司之官庄田四万二千余亩，营田九十二万六千余顷。其他又常出卖，然购买这些官庄田者"无非大姓"。"豪宗大姓"乘此宋室之穷乏，可以愈益集积土地所有了。

要之，在宋代是"田制不立，畎亩转易，丁口隐漏，兼并冒伪，未尝考按"。这样，在北宋时代，据说天下垦田"赋租之不及者，十居其七"。由此而观，隐田及丁口之隐漏，可以说是很多。这些都是为豪强所支配的。

南宋时代，庄园领主的"邸第戚畹御前寺观，田连阡陌，亡虑数千万计。皆巧立名色，尽蠲二税"。然耕作者却是"鬻妻卖子"而生活。

其时至景定五年（西历一二六四年）终于在"是岁七月，彗见东方"。八月，蒙古都于燕京，这已是南宋灭亡之前夜了。

第二节 宋代耕作者之状态

（1）**农村社会之分化**　　均田制弛废以来,农村中已有主户与客户之别。这在大体上是始于唐之中叶,发达于宋代,其名称虽不同,然而是经元明清三代而都存续的。有生产手段及生活资料者,为主户,没有的称为客户。始原的主户是一般土著农民,客户是流移者或寄留者,均田制破坏以后,仅限于前者为有土地家屋,而后者的意义,就是无土地家屋的。换言之,宋代时,流移者之有生产手段者,亦为主户,土著农民之无生产手段者,亦为客户。主户是大地主及小土地所有者,客户大体上是农奴。

宋代主户与客户之比率,如次:

年代	主户	客户
真宗天禧五年（一〇二一年）	六,〇三九,三三一	二,六三八,三四六
仁宗宝元元年（一〇三八年）	六,四七〇,九九五	三,七〇八,九九四
神宗元丰三年（一〇八〇年）	一〇,一〇九,五四二	四,七四三,一四四

大体上言之,宋代户数之三分之一左右,已化为庄园农奴了。

（2）**耕作者之地位**　　我们征之于淳祐六年殿中侍御史谢方叔之言"小民百亩之田,频年差充保役,官吏之诛求百端",[注三]可以想像出耕作者之经营面积,当时通常为百亩前后。

A. **自营农民**　　假若耕作者同时是所谓"民田"的所有者,

那末,对于宋室就不能不负担赋税了。民田之赋——准用两税法,分夏秋二期而征收——虽然据说是"二十而税一者,有之;三十而税一者,有之"。[注四]"故赋入之利,视前代为薄"。[注五]但此不过是从政府的立场而言的。若从耕作者而言,则"催科无法,税役不均"。而税率可以说是不定的。田赋之外,有丁口之赋。即男夫二十岁以上六十岁以下为"丁",每岁必须输钱米。丁赋有时候是征"每丁钱千四百文,绢八尺有奇",所以并不轻薄的。据宋代之户口统计,则各代之人口数,比例于户数而言,是很少的。因此出现了每户平均只有人口二人强的奇现象,其原因,可以解释为是因丁赋过重,所以人口脱漏就远多在户之脱漏以上之故。在田赋丁赋以外,还有所谓"加耗"之田赋附加税。此外,杂税也很多。

特别值得注目的,是输税的"折变"之法。"一时所输,则变而取之,使其直轻重相当。谓之'折变'。"[注六]折变大体上可以解释为是因货币流通发达而生之现物税的货币缴纳化,但也可以再转化为他物的。这样,却毋宁说是供作为地方官吏诛求之工具了。即"折科民赋,多以所折复变他物,或增取其直,重苦良民"。[注七]非法的折变,通常如次:"既以绢折钱,又以钱折麦。以绢较钱,钱倍于绢。以钱较麦,麦倍于钱。展转增加,民无所诉。"[注八]到南宋时代,州郡之官吏,转化现物税为钱,更再转化之为银。"古者,赋租出于民之所有,不强其所无。今之为绢者,一倍折而为钱,再倍折而为银。银愈贵,钱愈艰得,谷愈不可售。使民贱粜而贵折。则大熟之岁,反为民害。"[注九]要之,"折变"之值得注目的,就是它是中世中国,希望把物纳地租中国家税部分,化为货币缴纳的一种企图。然欲得物纳地租中国家税部分,能够一般的化为货币缴纳,那就必须具备一种前提,这前提就是社会劳动生产力要有一定之发达,商业、工业、商品生产一般及货币流通要有显著之增进;诸生产物之市场价格,要能成立;而诸生产物要能以近于价值之价格而贩卖。但宋代社会劳动生产力,尚未发达至于可以完成此种转变的情形。宋代虽然已有比较显著的货币流通之发达,但本位货币本质上还为钱币,而非银,总之,以当时货币之发达水准而言,物纳地租之化为货币纳,是很困难的。所以,州郡之官吏,对于可以行折变的诸生产物,就能利用其不绝之价格变动了。

耕作者又被赋课着非常重的徭役。宋代初分户为九等——后为五等——著于户籍,以赋课种种之徭役。"役出于民,州县皆有常数。宋因前代之制,以'衙前'主官物,以'里正''户长''乡书''手课'督赋税,以'耆长''弓手''壮丁'逐捕盗赋,以'承符''人力''手力'散从官给使令……"^(注十)而据说:"役之重者,为'里正''乡户',为'衙前',主典府库,或辇运官物,往往破产。"^(注一一)当时欲免徭役而出家者之多,其原因正在于此。"出家者,须落发为僧,乃听免役。"

役法在钱币流通发达时,也发生了改革论,企图徭役之货币缴纳化。即神宗熙宁二年(一〇六九年),从户之等级,征收役钱,以代徭役,而各种之徭役,改为雇役。"凡当役人户,以等第出钱,名'免役钱'。其坊郭等第,户(官吏商贾等)及未成丁、单丁、女户、寺观、品官之家,旧无色役而出钱者,名'助役钱'。"^(注一二)这些役钱,是先由州或县计算必要之雇役费用总额,从户等而赋课之。

此时若付雇役费用后而尚有余，那末，其剩余即作备水旱灾之用。

然由徭役之推转为役钱，不免是很困难的。第一，新设之助役钱，不得不受猛烈之反对。这样，结果遂"罢户、寺观、单丁、女户出助役法"，[注一三]而仅行"免役钱"。然免役钱也招来了一种正如役钱反对论急先锋司马光氏所说的结果，即州郡县的"监司守令之不仁者，于雇役人之外，多取羡余"，而利用为诛求之工具了。不特此也，照当时货币流通之发达水准言，也还很难实行。司马光说："钱非私家所铸，要须贸易。丰岁追限，尚失半价。若值凶年，无谷可粜，卖田不售。遂致杀牛卖肉，伐桑鬻薪，来年生计，无暇复顾。此农民所以重困也。"[注一四]但宋代虽然有种种之波折，但大体上，免役钱与雇役之法，在某程度内得以强行了。

南宋时代，有"义役"之法，而到处推行。所谓义役，是一种村民各酿田谷，助役户，轮流给付徭役之制度。

要之，因为上述税役之关系，所以农民即很努力于农桑，但结果则正如司马光所谓"公私之债，交争互夺。谷未离场，帛未下机，已非己有"。"而况聚敛之臣，租税之外，巧取百端，以邀功赏耶？"有民田百亩前后而耕种的"小民"，因"频年差充保役，官吏诛求百端"而困穷。这样，他们就不能不"献其产于巨室，以规免役"了。

B. 客户　　他们是官庄客户，或是隶属于大官巨室者。前者是耕作官田，对宋室输缴地租——此时租与税已分，前者乃佃田中所出之地租，后者是由自己之田所缴纳于政府之地租的一部分——且因"皇祐之官庄客户逃移法"或"淳熙之比附略人法"而紧缚于土地。

大官巨室所占之客户,以收获之十分之五为租,输于田主,同时,还不能免身分的从属。但他的地位,比较官庄客户已稍为缓和。

客户除租以外,原则上尚须负担前述之丁口赋。但由前面所说"丁口隐漏"——在户数隐漏以上——很多的事实而观,无疑的可知政府不得支配的丁口是很多。而客户可以免除了对户所课之职役,或其转化形态的免役钱。这个,由小民"献其产于巨室,以规免役"的事实中,可以看出。要之,客户是没有生产手段者,所以可以逃避职役乃至免役钱,不过,客户却仍不能免于人头税的丁钱。其他,不消说他为田主还必须给付种种之杂徭的。

第三节　农村之组织及社会设施

(1)村落组织　　宋代之地方行政区划,分为"路""州""县"。县更分为"乡"及"镇"——南宋时代还分为"市"——而乡则由"里"及"坊"所构成。里及坊中各置"里正"或"坊正",使其监督赋税。又设"耆长""弓手户"等,掌管警察之事。

至第十一世纪之后半,王安石为相,施行种种之改革。——王安石之变法,可以与古代王莽之变革相对比——其时,改差役法为募役法,同时,还行保甲法(西历一〇七〇年)。在此不久以前,曾废乡里户数之制,自此而后,依保甲法之规定,十家为"保",五十家为"大保",十大保——即五百家——组织为"都保"。都保之中,选才、勇、物、力最高之人二人,为都保正及副,且对一都保之半数,教之以战阵之法。这是保甲名称之所由来,而为保甲法之起源。保甲法之特质,可以说是欲企图强化乡村组织为军事的组织。又保及大保中,各设正副。

保甲法虽经儒者猛烈之反对,经过了种种之波折,但宋朝一代,可以认为已施行了如上之组织,而完成了警察军事之职能。

(2)社仓　　南宋之初,朱子新创设社仓(西历一一六八年),而孝宗于淳熙八年(西历一一八一年),颁朱子之社仓法于诸路。当时已设常平及义仓,但这些是"皆藏于州县,恩不过市井游惰之辈。至力于深山长谷之农事,而远离州县之民,虽饥饿濒死,而不能及。又其法太密,避吏事畏法者,视民之莩,亦不肯发。往往其封镝全递相付授,有至累数十年,而不一訾省者"。(朱子之言)所以,社仓之特色,是不设于州县政厅之所在地,而设于所在之乡村。而这个是并不限于在饥馑时才发仓赈恤,而是于每年夏,对穷民赈贷,待秋熟,至冬日,使其加十分之二之利息以归还的组织。但利息是公积于仓的,若干年后,达本金之十倍时,则以后之贷粟,不征利息,而以每石征耗米三升代之。

社仓在县官监督之下,由乡村自身所管理。以十家名为"甲",置"甲首"一人,又五十家置"社首"一人,而社首、甲首(或保正),以当社仓管理之任。县官点检账簿,每岁放款及收回时,亲自参加以监督之。

要之,朱子社仓成立以后,东洋之所谓三仓,已都具备了。

注一—三 见《宋史·食货志》上一——译者

注四—九 见《宋史·食货志》上二——译者

注一〇——一四 见《宋史·食货志》上五——译者

第五章　蒙古征服国家之时代

第一节　建国以前之蒙古部族

西历第十二世纪,蒙古部族占据了润泽蒙古沙漠及草原地带而注入于阿穆尔(Amur)的斡难(Onan)及克鲁伦(Kerulen)两河之上流,介在于塔塔耳、汪克、克烈、蔑里乞、斡亦剌等诸部族间而耕牧。他们尚不知书写文字之术。因而,还没有自己之历史。祖先之姓名与部族之历史的诸事实,仅不过依口头而流传。

据顿逊氏之说,蒙古部族是营牧人生活的。他们之主要财产的家畜,是由骆驼、牛、绵羊、山羊尤其是由马所构成的,这些是他们的生活之资。家畜第一是供给为他们的主要食粮。他们最嗜好马肉。肉类为贮藏起见,切为小片,或曝于空气中使干,或以灶烟燻干。其他,任何兽类之肉都吃,也不嫌病死的野兽。他们欢喜吃马乳之发酵者,称之为"Coumiz"。此外,家畜又充种种之需要。即皮革利用为衣服;毛发供给为毛毡网绳之原料;腱用作为缝线或弓弦;骨制为矢镞;粪干燥以后,成为沙漠中唯一之燃料。特别如牛马之皮革,制造之为革囊,又羖羊中有一种"Artac"的蹄,就用作为盛酒之器。他们是游牧民,在放牧地牧草渐告缺乏时,折叠家屋,与家财,器具,幼儿等,同置于家畜背上,出发以求新的放牧地。诸部族都有固有之徽章,刻之于家畜之毛上,各以一定范围,定为放牧地。根据季节,数转其居。早春严寒渐弛之时,向山岭进发,到将近冬季时,归于平原。冬季时,若家畜不能自己用蹄搔除积雪,或破碎坚冰时,那末,就因不能得到饲粮而为饥饿所逼毙了。但马的胫是很强壮的,因而很少此种忧虑,所以鞑靼诸种族,多努力于马之繁殖。

但是,他们那些牧人种族,无疑的已早知道用极幼稚之方法栽培植物了。因为,他们因冬季寒冷的气候,就不能不豫为贮藏家畜之饲粮,否则,就不能很顺利的继续饲养家畜之故。

他们的祖先匈奴,据古代希腊人及罗马人的记述,与巴尔的人、波斯人、斯克的人同样的还不知近亲相奸之观念。关于鞑靼种族之婚姻,家族生活,顿逊氏述之如次:"妻女之数,视情欲之浓淡与资力之多少,而无一定。(譬如元太祖成吉思汗,据说就有五百人左右由捕虏者及蒙古女子所构成的妃妾。)迎处女时,先须以相当之家畜,作为纳币,以赠其两亲。妻女各有家室而别居。父之妻女为寡妇时,男儿必须扶持之,有时候,若非其实母时,亦有纳之者。又嫂娣为寡妇时,兄弟亦有保护之的义务。"

蒙古人曾生活于氏族组织之下。部族中有部长,称之为"诺延"(那颜 Noyan 或 Taïschi)。部长之职逐渐移为世袭。部中又分为多数之氏族。氏族中有族长，凡属于同一族者，常共居，对于部长——即诺延——每年纳一定之家畜以为贡纳。

西历一一六二年，蒙古之乞要特氏尼伦族（Kiyoutes Niroun）的酋长，与也速该（Yissougai）之妻谔伦额格（Ouloun-Eki）——她是蒙古族斡勒忽纳特氏（Olconoutes）之出——在斡难河畔迭温布儿答克（Diloun Bouldac）山附近，举了一男儿。这就是铁木真（Témoutchin）——这名称在蒙古语中，其意为精铁——其后为成吉思汗，更称为元太祖的铁木真，据说初于达克汉（Darkhan）山附近，以锻冶（蹄铁工）为业的。

铁木真袭父之后，而为酋长，渐次统一离散之近邻诸部族，一二〇六年，在斡难河上流，召集了种族会议（称"克里尔打"）。树立了一旗军旗，在军旗下，由卜者占卜。结果，说他当从天命而为"成吉思汗"——其意为强大之汗，汗即"可汗"之略——诸氏族之酋长，皆赞成，对铁木真都献上"成吉思可汗"的尊称。在这里，开始了蒙古国家建设之历史。这"克里尔打"（种族会议），本来是一个选举种族之君长，决议外征及决议种族内重大事项之民主的机关。但自此以后，已渐次变质化为一国家之机关了。

首都大体上是定于加拉哥姆。其地究竟相当于今日之何处，这尚是今日学者间之一问题，俄人蒲累德希那特氏，说是在奥尔哥河上流右岸之亚尔特尼集地方，其后，经芬兰与俄国两国探险队之实地探查，已经很确的证实了。即所谓喀喇和林或和林的地方。据《元史》之《地理志》说太祖（成吉思汗）十五年，建都于和林。但此记事却是错的——因为当时还在西征中——实际上，始于太宗即位七年（西历一二三五年），于此经营万安宫的时候。

在第十三世纪之初，成吉思汗已侵入中国，逐金，领有了黄河以外大部分之土地。又灭西方之夏。其后到第二代，太宗窝阔台，与南宋结同盟，终于共同灭金。然蒙古与南宋之同盟，不久即归破坏，而蒙古就继续压迫南宋了。

西历一二六〇年，世祖忽必烈即位，都于燕京。一二七一年，他定国号为"元"，元于一二七九年，遂灭宋，君临中国全体了。

蒙古部族于世祖至元八年（西历一二六九年）始由八思巴制定蒙古字，在此未颁布于天下之时，它们是文字也没有的蛮族，在此以前，要使用文字时，主要的不过是借用卫兀（畏兀儿）文字的。因而，从前面已考察之生产及生活样式而观，或由无文字的事实而观，可以说他们还在于野蛮上段。但凡蛮族征服国家，大都是树立未成熟的封建制度，使耕作者化为农奴的，蒙古亦复如此。

第二节　蒙古支配下之中国农民状态

蒙古之太祖成吉思汗，曾经打算鏖杀汉民，把中国化为牧地。其时，适有一人名楚材者，进言地税、商税、酒醋盐铁山泽之利，可得年收银五十万两，绢八万匹，粟四十万石，因此，把中国由牧场化的企图中解救了出来。但这牧人种族到世祖忽必烈时，已改变方针了，于即位之初，即下诏天下，谓："国以民为本，民以衣食为本，衣食以农桑为本。"同时，还颁布了《农桑辑要》一良书，其后，仁宗、英宗、明宗及文宗之世，也都颁布。世祖曾注意于农事。如置大司农司,行司农司,以掌管农事,又命诸路之宣抚使,在农村中选拔通晓农事者,为劝农官。颁布《劝农立社事理》十五条,规定农村组织。又成立了常平仓、义仓等之社会设施。

但蒙古支配下之汉民族,全体上是很惨痛的。因为当时之状态是 (甲)元之诸帝,多不知汉文(《二十二史札记》);(乙)汉人之为元朝大官者,在蒙古支配之约一世纪中,仅数人而已(箭内博士《元代社会之三阶级》)。而这些又都因为 (甲)住于中国本部之蒙古诸王及高官等,一意于土地之夺占,不顾农事;(乙)常平仓,义仓等社会设施虽有而无所蓄,即"名虽存而实废";(丙)租税虽蠲免,但仅及于大土地所有者,而佃作于官人之田而输其租的佃民,并未获得其益。

元代破坏社会生产力中之最应举出来的,是马匹之拘刷。本来,马在民间是用为拽车或拽碾,或农耕的。但元之朝廷,因为一方面要阻止汉人的军事行动,一方面直接为自己军队之必要,所以常很多量的拘刷民间之马匹。世祖至元二十三年(西历一二八六年),由民间总计拘收了十万二千头之马,同二十七年,为九千一百头,同三十年,得十一万八千五百头;成宗大德二年(西历一二九八年)拘收十一万余头;武宗至大三年(西历一三一〇年)得四万余头;仁宗延祐四年(西历一三一七年)得二十五万五千头,同七年,得二万五千头,天顺帝天历元年(一三二八年)得十一万余头。即汉民于数十年间共丧失了七十万余头之役畜。

而农民又因不断之远征,被征发了多量之军役。世祖至元七年,定"十丁出一卒"之制度。总之,这也是有影响于社会生产力之破坏的。

甲、蒙古王公官吏之土地收夺

南宋时代,北部中国为外族女真国家之金所支配。金徒金人,赐与以土地,同时,他们更进而收夺汉人之土地,但因自己不熟习农事之故,因此都把这土地再租种于汉人。换言之,金人把被征服者化为了农奴,外来王公官吏之土地收夺,在金代称为"夺田"。

成衣(采自《御制耕织图》·织·第二十三图)

而蒙古之王公官吏,也与金人一样的收夺了汉人之土地。元朝对于王公勋官,皆赐与以"采地"。他们领有土地及人民,置管理人以管理之;大者尝赐与以八万户,至于赐与以一二万户者,为数甚多。同时,对于一般官吏,也多少赐与以土地。但他们却又常进而冒占民田,或以"献田"之名,侵占民田。从世祖时代以后,已经有所谓"王公大人之家,或占民田近于千顷"者,而他们自己皆不耕作,使之化为牧场。不使之化为牧场者,就募召民户,以之为农奴,而自己则不缴纳官租。蒙古之将校,占民户以为"部曲户"(称"脚寨"),擅其赋役。

乙、 江南强豪之发达

"强豪之家"中,包含在宋代之为官者,因蓄积而为大土地所有者及豪商等诸种人物。他们主要的在南部中国发展。据说"又江南豪家占农地,驱使佃户。无爵邑,而有封君之贵;无印节,而有官府之权,恣纵妄,靡所不至"。

江南之豪家中,有每岁收二三十万石之租,占王民数千户乃至万家,以奴使之者。而他们这些"权富豪霸之家",雇用曾为官吏者,或曾服于军役杂职者,以侵凌弱者。豪家大概都配置事务员于其庄园,以为佃户之监督及征税。他们与官吏结托而免于差赋。

所以,在汉人自身之间,也有了一种变形化的——专制主义之下——庄园之发达。

丙、 寺院之庄园

寺田为"不输租地"。而元代寺观之庄园是很大的。譬如仁宗延祐六年,已有"白云宗摄沈明仁,强夺民田二万顷,诳诱愚俗十万人。……"的事实了。元朝泰定四年(西历一三二七年),曾禁僧道购买民田。然此后二十年,至顺帝至正七年,则亦"发山东地土十六万二千余顷,属大承天护圣寺"了。

丁、 经理之不成功

元朝曾经企图田土之经理,但毕竟因庄园之发达而终未成功。换言之,世祖之世,以欲增加政府收入与使农民负担之公平起见,曾经企图过田土之经理,但结果是欺隐多而未能究明事实关系,且亦不得增加收入。其后至仁宗之世,再度行经理之制,然此时因官僚与强豪结托奸伪,又终未成功。

这样,在蒙古人支配之时代中,可以说"民间田税之籍多失实,以故差徭不平"。

戊、 农民之状态

(1)私租 根据世祖至元二十年之诏,有所谓"江南有地土之家,召募佃客,所取租课,重于公税数倍,以致贫民缺食者甚众"的事实。换言之,在江南,私租为公税之数倍,而所残留于耕作者者,在必要生活资料以下。

江南之富户,使"地客"耕作其土地。这地客生了的男子必须供主家为奴役,生了的女子,必须供主家为婢或妻妾。主户把佃户视为奴隶,或干涉其婚姻,或典卖之。而一切的徭役,都要佃户负担。这佃户实不外是一种农奴。

(2)官田之耕作者,常受"减租之恩典",而输租也很宽大。开垦荒地时,由第三年——其后为第四年——起,始纳租。但这些"恩典",实在并非为耕作者的,而为监官之利益计算而已。

（3）职田之耕作者,据世祖至元二十四年江西袁州路万载县的例子,其佃租如次:每亩上等米六斗之外,斗面米三升五合,鼠耗米三升五合,及水脚稻藁等的钱。而县官在巡视的时候,还要向耕作者要求鸡酒,贪五两十两之钱钞。

（4）赋税　　元室在江北征地税与丁税,地税为每亩粟三升,丁税为每丁粟三石,驱丁一石。在江南,初以米三分之一,钞三分之二的比率,征收秋粮。其后,成宗之世以后,征绵绢布等的夏税,以仿唐以来之两税法。

又,相当于唐初之"庸"者,在元代称为"科差",分"丝料"（每二户丝一斤）及"包银"（汉户四两）之二种。最后,如前所述,一切之差役都由佃户所给付了。

（5）农村之组织　　在元代地方行政区划中,全国分为十行省,其下置路、府、州及县。这些是根据地域而分的,但县更根据户数而区划。换言之,世祖至元七年,规定社制,各村落以五十家为一社,老年之通晓农事者,选为社长,以任农桑之劝课,游荡之诫饬,及奸非之防察。

第三节　元朝末期之民族及农民之叛乱

元初,世祖忽必烈,都于燕京,自此以后,不仅支配了全中国,更支配了西至米索不达米亚,及欧洲的广大蒙古帝国之大部分。而南对柬浦塞（Combodia）俾路支,及爪哇,东对日本,也都企图过远征。

但元室以世祖时代为绝顶了。对于柬浦塞的侵略,终于退却,对爪哇之远征的企图,也归于不成功,对日本所发之舰队,也因陷于大混乱而几乎全灭。元室在忽必烈以后,倾于急激,中期以后,相继生民族与农民之叛乱了。

由来,北部中国之汉人,尝因蒙古之压迫,土地之被夺占,过重徭役之被征,已大量的南迁了。在世祖至元二十年,据说"内地百姓之流移于江南而避赋役者,已十五万户"。

这样,至元之中叶仁宗延祐二年时,江西省赣州路起蔡五九,陷汀州宁化县,僭称为王。其原因是因官吏欲增税而企图经理——即土地之经界整理——撤去住宅墓地,虚张顷亩之故。

不久,到处都起了汉民之农民叛乱。因蒙古王公官吏及豪强之诛求,与政治弛废所激成之水旱灾的饥馑频发,遂造出了多数之饥民与流民。这样,到顺宗至元三年,在广东及河南,盗贼骚扰,——朱光卿起兵广东,棒胡起兵河南——同四年,在漳州袁州起兵乱,其后至至正元年,湖广、燕南、山东又生叛乱,同四年,有山东盐徒之叛。翌五年,参议中书省事陈思谦报告说:"所在盗起,盖由岁饥民贫。"至正六年,京畿、山东、辽东、陕西、福建、河南等一时皆告警,同七年,为势益甚,翌八年,方国珍终于举兵于浙江台州。方国珍举兵以来,四海鼎沸,长江大河沿岸一带,已化为混乱之巷了。

本来,反抗蒙古支配而起于各地之群雄,乃由农民、流民、商人等种种要素所构成。河南之韩山童韩林儿为妖教师;湖广之徐寿辉为贩布者;其部将陈友谅为渔夫;江苏之张士诚,为运盐舟

夫;浙江之方国珍,为贩盐者;安徽之郭子兴为卜易者之子;其部
下朱元璋——其后为明太祖——为佛寺小僧之游食者;四川之明
玉珍为游侠;福建之陈友定及朱元璋部下之徐达,为农民,常遇春
为盗贼。……

像义仓及社仓那样备荒贮蓄的设施,已名存实失,而不能防
止激化之水旱灾及饥馑结果所生之饥民及流民了。诛求愈益加
甚,禁令虽存而农民却在人身买卖中生存。寇贼愈益猖獗,北部
中国之中原大平野已荒废了。而实在已是"两淮之北,大河之南,
所在萧条"了;而"今燕赵齐鲁之境,大河内外,长淮南北,悉为丘
墟"了;承元末大乱后之明初,据说"山东、河南,多是无人之地"。
在江南起兵乱以来,郡县也频罹于饥馑,乡村农民,不能不离父母
弃妻子了。

第十四纪中叶,元末叛乱约继续了二十年间。这是乘农民叛
乱的民族斗争。于是汉人终于覆灭了蒙古之支配,外族蒙古,终
再被逐至于漠北。西历一三六八年,由佛僧而起的汉人朱元璋称
帝,树立了新的王朝。在这里,形成了汉人自身的封建的官僚主
义的支配装置。而农民的叛乱遂被镇定了。

第六章　明室之中央集权与庄田之发达

序　　说

由佛僧而起的朱元璋(明太祖),与其同党,统一了中国,建设明室以后,定首都于长江下流的南京与黄河流域的开封。北部中国从唐末五代以来,相继有契丹(辽)、女真(金)的侵入,从第十二世纪初宋室南渡以后,三世纪中,就完全委之于外族支配之下,自此而后,才再归于汉民族自身之王朝之下。这是西历一三六八年。

第三代之成祖(永乐帝),英明而为一大建设者。他以今日之北平为北京,迁于此。今日建筑学上,使北平成为世界杰出首都之一的各王宫及寺院,大多为永乐帝所经营。成祖之世,文运亦大兴。他在南方曾经远征至爪哇及锡兰。以锡兰岛之一王子为捕虏而归,数年间中,使其为贡纳。

总之,明初诸帝,对外则平定云南,以安南为属国,更远征缅甸及暹罗。北逐鞑靼。在东方,与明室建设之同时,起了替代高丽之李氏朝鲜,而朝鲜则受明之册封。同时,对内行中央集权,强化了官僚主义的封建制。

然而,明在沿海方面,从山东以至于福建,广东,自初就是倭寇出没无常。而倭寇又渐次猖獗,终至称为"南倭北虏",而与北方之鞑靼,同为对明室之二大忧患之一。中国在蒙古帝国崩坏之同时,失去了东西陆上之交通路,对外贸易就不能不专依海上贸易了,而倭寇在经济上的影响,就是使明室对外的海上贸易上,也遭遇了一大顿挫。于是明朝禁止国人远航海外。自此而后,经验到了一长期之沉滞。

明代在田制税法上值得注目的,是"鱼鳞册"及"黄册"之制定。太祖丈量天下之田,作成一土地台账,称之为"鱼鳞册"。这可以与第十一世纪末英国 William the Conqueror 的 Doomsday Book 相比。鱼鳞册在明末万历之世,曾一度加以改订,到清朝以后,就成为了田租赋课之基础。"黄册"也于太祖之世所编成。这是定赋役籍的。换言之,太祖命天下之郡县,以一百十户为一里,每里编成黄册一册,其上载丁粮之多寡,为徭役赋课之基础。

第一节　改禄田为禄米

过去,蒙古自世祖以来,累朝都以天下之官田,分赐于诸王、公主、驸马、百官、宦者及寺观之属。受田之家,各任命土著之奸吏为"赃官",以诛求耕作者。他们更进而侵占民田。这样,就有了所谓庄园之发达。其时也有人提议"诸田租,使民输之于有司,

228

有司输之于省部，省部输之于大都，以分给于诸受田者"，但"帝不从"，这样，蒙古时代，毋宁说是开了封建势力跳梁之道。

明太祖代鞑靼而树立了纯粹之汉民族的王朝后，其初，依然是对一族及功臣，封建的赐与以土地。但明之支配，不久就发达成为了中央集权的组织。最初，太祖赐田土于诸王及功臣，以为俸禄，但不久，与官僚主义装置整备的同时，一般的就把禄田改成为了禄米。譬如太祖于洪武三年，封其子九人为王。他全体据说有二十余子之多，所以，诸王之数无疑的是很多。但那些王都是仅列爵而不临民，仅分藩而不赐土的。列朝，被封为王的人很多，但诸王及庶子郡王，可以说虽封各地而"未有拨赐土田之例也"。但若因此而即以为明初以后，对诸王已完全不赐田土了，那是与事实不符的。总之，在太祖时，一方面有土田赐与之事实，同时，在他方面，已确立了王侯百官禄米之制。

实际上，在太祖洪武二十八年，正式确定了亲王岁赐禄米之制。根据这制度，从来对亲王所支给的禄米各五万石，现在，因天下官吏军士之俸给增大，同时为足资军国之用计，各减额一万石。郡王从来是支给六千石的，现在减给为二千石。又规定支给镇国将军为一千石，辅国将军为八百石，奉国将军为六百石，镇国中尉为四百石，辅国中尉为三百石，奉国中尉为二百石。规定支给公主及驸马为二千石，郡主及仪宾为八百石，县主及仪宾为六百石，郡君及仪宾为四百石，县君及仪宾为三百石，乡君及仪宾为二百石。诸侯及一般官吏，初分与以公田为俸给，不知从何时起，已改定用禄米支给了。加之，百官之俸禄，与货币流通发达之同时——最少在中叶以后——一部分已用银钞—即货币—支给之了。（《大明会典》三十九卷官俸条参照）但由禄田转变为禄米，由禄米转变为一部分用货币的俸给，其自身是很重要的表示着社会劳动力之向上与货币流通之发达，至于这是始于何时，现在尚不明白。"《太祖实录》洪武十年十月辛酉，制赐百官公田，以其租入，充俸禄之数，是国初此制未废，不知何年收职田以归之上而折俸钞。"（《日知录》十二卷俸禄）总之，在明代，王公百官之俸禄，一般已不用田土，而用禄米，或银钞支给之了。

第二节　明代之庄园

明代，因中央集权化，而禄田已改为了禄米，但庄园——特别是王公勋戚的庄园——依然很发达。因为禄米之制虽定，而赐田之制仍未废止之故。且因禄米是比较的少额，所以，王公勋戚，欲图有收入增加的机会起见，也就更有设置庄园的必要了。

明代有多量旧来的官田——即宋以来之官田——及"还官田"——即前代贵族富豪之庄园，而与王朝颠覆同时，田主也没落而归官的田——且更有"没官田"——即因犯罪而没收之田——及"断绝入官地"——即家系断绝而无承继者，因而归属于官之田。譬如明初官田，即约占民田之七分之一。至于明代庄园之所以能发达，可以说有下列之诸契机：

（1）赐与　　上述之官田，可以说是由专制君主对王公勋戚，因宠遇或勋功而赐与的。譬如，英宗正统六年，梁王瞻垍死时,因其后无继,于是他就把从故郢王那里所得的田宅园湖,都赐与了其兄襄王。又如穆宗隆庆五年,籍没的陆炳之庄田二十二顷八十七亩,就赐与了皇室姻戚(皇亲)李钰。又如潞藩之庄田,达四万顷。但大部分据说是间旷地。就中最足代表的例子,为福王之庄田。明近末叶的时候,神宗于万历二十九年(西历一六○一年),封皇三子为福王,曾欲在河南赐与以庄田四万顷。当时,就发生了赞否两论,其时反对论的上奏文中,就以为在丰饶的河南,已有周、赵、伊、徽、郑、唐、崇、潞八王的庄田,今若再将四万顷化为庄田,那末,庄田就要占河南耕地的一半了。由那上奏文,已可以窥察出明末诸王有田的发达程度了。但当时虽有反对之论,然天子的欲望是不能不满足它的,于是在河南求得了膏腴之地一万一千余顷,都赐作为福王之庄田。其后,在山东各地,合计得四千四百八十五顷,其残余额,则求之于湖广,总计达四万顷,以赐与福王,但福王之庄田,虽然说是仍旧赐与他了四万顷,但也有人说,事实上已减为了二万顷。总之,这个实例,很明白的表示了诸王受宠遇而受赐多量田土,以设置庄园的过程了。

(2)间旷地之开垦　　自古以来,贵族都是乞受"间田",使农民开垦为熟田,然后以图扩大庄园的。

(3)民业之收夺　　其方法很多。譬如贵族将农民所已开垦荒地而成为熟地的地——荒地乞受之开垦,永免于租——对朝廷依然称为间田,乞受之以侵占民业,即横夺其地租。或者乘经界之不明,或丈量之不行,于是履亩丈量,划出剩余地以侵占之。又或者是由奸民自动的以垦田对朝廷诳报为间田,以投献于王公。

这样,如皇子皇孙的庄田(皇庄),在武宗(西历一五一〇年——一五二一年)时,已达三百余处。又如前所述,到明末时,已竟有一领主保有四万顷的了。

而明代不仅为皇庄,还有很多的所谓勋戚庄田(勋官及姻戚之庄田)。武官及姻戚,或因勋功,或受宠遇,或依其他前述之诸方法,受赐庄田,而此庄田且日渐增大。这以全体而言,为数甚多。

又明朝重用回回教人,对于他们也赐与以庄田。佛寺道观,也常有广大之庄田。但在明末时,僧道却很被压迫,而庄园也都被没收了。

在数量上,明代究有多少庄田,精确的还不知道。但如明中叶孝宗弘治二年(西历一四八九年)时,在畿内一地,已有皇庄五处,其面积合计一万二千八百余顷,而勋戚,中官之庄田,有三百三十二处,面积合计达三万三千余顷。因而,在第十五世纪末叶,这两者合计,在畿内已几乎有四万六千顷的庄田了。换言之,仅在畿内一地,已有四万六千农民——假定平均一家之经营耕地为一顷时——化为庄户(即庄园农奴)了。而庄田可以说是累朝增加的,所以,明末时,全国庄田面积及庄户数,可以推定是已很多了。

庄田由管庄官校(管庄之内官与校尉)——皇庄的管庄称为太监、旗校——管理。这些庄田管理人,在庄田中,由农奴(庄户)内或无赖徒内,选出一个称为"庄头"的农奴头长,以直接监督佃户。现实的耕作者,是那些称为"庄户""佃户"等的庄园农奴,这与前代无甚大异。庄户究占有如何比率,这虽不甚明白,但如第十五世纪末,明朝中叶时,在属于今日安徽省芜湖道的婺源县,有户数一万七千一百四十五户,其中,庄户占二百七十九户。由此事实,已不难窥得一斑了。

最后,关于中国庄园特质之问题,就是所谓"不输不入特权"之有无。本来,如前所述,在专制主义之下,是不许严密意义的庄园之发达的。不过,在实际上,在某程度内,有着不输之实。譬如,以下列的实例,就可以立证。即第十五世纪末叶,其时为宪宗之末年,中官佞幸,曾受赐多量的庄田,其后,因得罪,于是辞庄田归之于官。然朝廷依然是"不以赋民"。这时候,李敏遂请求由佃户收取银三分,以为亩科。由此事实,可以看出庄田主人是"不输"的。又如明末叶万历年间(西历一五七三年——一六一九年),在怀远县有怀远侯的田地十五顷,及灵璧侯的田地十八顷余,为"官屯"。由来,这两府的田地,是由县民佃种出租的,但自归于二侯以来,该府即自己征租。有人根据这些实例,以为禄田是由政府征税,然后支给以相当之禄米的;而只有庄田,是由其主人独立征收地租,对政府不输税的,换言之,即庄田是立于税制圈外,而是政府征税权之所不及者。与"不输"的同时,在某程度内还有着"不入之特权"。因为在王朝交替之时,有下列之实例。楚潞二藩之庄田,有五百十四顷余与四百八顷余,由二藩自行征税,不入于州县行政单位的"里"中,而楚藩有"把头",潞藩有"区头"。这二藩到清朝始"入于州之掌管",而编成为楚潞二里(村)。由此而观,明代的庄田,可以说是"立于普通土地行政圈外,而由特权阶级之所有者所直接支配的"。但是,我们在此,也不可把专制主义下中国庄园之政治的法律的特权,评价过大。

第三节　明末税法之变革

在明代,田租本来也是仿唐宋以来之制,分夏秋二期征收,称之为夏税及秋粮。以米麦纳付者,称"本色",以银、钞、钱、绢代输者,称为"折色"。最初,本色为主要的租税形态,至于税额,在太祖之世,官田课每亩五升三合,民田课三升三合。徭役亦有种种,称为"里甲""均徭""杂派"等。徭役以劳动给付时,称为"力差",徭役以货币代付时,称为"银差"。

在明末,税法上起了一个值得注目的变革。即"折纳"——尤其是银纳,已增大其比重了。神宗万历九年时(西历一五八一年),行了一种称为"一条鞭法"的税法,这就规定改里甲,均徭等徭役给付为"银纳",而这个是根据田赋之多寡,由土地所有者负担的。这样,从此以后,徭役大体上也化为银纳了。但不久,与一条鞭法施行的同时,亦有课徭役者。而徭役是以亩计,在地赋中附带征收的。结果,像户口调查那样,已是不必要的了,所以明末以来,中国之户数统计已完全消失,而只有人口统计了。

要之,自此而后,地租之一部分租税的银纳化,已增大了比重,同时,因一条鞭法的实行,徭役之银纳化,也已一般化了,而且是以田赋为基础而附带向土地所有者赋课的。这些事实,与俸禄一部分之支给银钞,以及土地所有兼并之发达,是有关联的。这些,毕竟都是表示了社会之劳动生产力,已有如许之增进,而货币流通,也已有如许之增大了。

第七章　中世中国之都市及商业

第一节　市制之变革

从古以来,中国的都市是围以城壁(城墙)的。城墙有围一重、二重,而至三重者。在二重城墙时,内部的城通常称为"子城"(或称"牙城",或称"小城"),外部之城,称为"罗城"(或称"大城")。最重要的建筑物,在子城之内——如皇居或州县厅舍之类。在子城之外部,有民居寺院等。

子城外与罗城内,有若干规则的直角交叉的道路——即街。其结果,罗城以内,分为若干依此种道路(即街)所区划之方形区域。这个称之为坊。

本来,坊之东西南北有门,除掉有连结这些门的道路外,更有若干之道路。坊门在日没后关闭,天明后始开。坊本来是以墙围绕,除特定之高官外,不准对街开门。还有街鼓的制度,在日没及天明时,击鼓以通知坊门的开闭。

中国自古以来,已行市制,这最初不过是定日相会交易而退的场所,但不久常设的典铺设立了。此时,"市"的意义是商店相并而设的商业区域。主要的特质是:"(一)界域为一定;(二)同业的商店相集为街。其同业商店之街,初称为'肆''列',其后专称为'行'。"(加藤博士)要之,自古始原的市制存在以后,商业区域即为一定,而在其区域内,同业商店相集而为行。

此种始原的坊制及市制,因商业之发达,到中世,尤其是宋代时,已归崩坏了。譬如庶人也可以任意对街建屋设门。因而,坊门之开闭已化为无意义,而街鼓之制度,亦已自动的废止了。

市制因商业之发达,在唐末时已弛废了。即商店有些也已设于市以外之区域中了。其后,到宋代时,商店与坊制废止的同时,已向街开设店铺。最后,到北宋末,夜市也已开设了——在严守市制时,夜间坊门是闭锁的。

要之,市制从唐代末叶以后,已开始弛废,经五代而入北宋时代,因坊制之弛废,而愈益崩坏,最后,自北宋中叶以后,"已除去了旧来那样商业上之空间时间的限制,任何地方都可以开设商铺,又任何时候都可以营业"。而此种变化,毕竟是由于"都市人口增加,交通商业繁盛,其富增大"之原因,亦即由于社会生产力增进之故。

第二节 "行"变化为"几尔特"(公会)

如前所述,在中国,都市的商业区域,最初限定于一定区域,称之为"市"。市的营业时间也被限制的。而市中商店不能杂设，原则上，同业商店应相集而设立。这同业商店之街，最少从《周礼》时代以来，已称为"肆"了。这到汉代，也称为"列"（或称"市列"），到六朝或隋代以后，已称为"行"了。唐代大都市的"市"，有着多数的"行"——肉行、铁行、衣行、鞍辔行、秤行、绢行、药行、鱼行、金银行等等。在宋代及元代，最少，在主要的都市中，同业商店也已相集而形成街，称之为"行"了。

如前所述，在宋代，都市的组织已不能不有变革了。换言之，商业区域的限制，已归弛废，而商店已可以在都会内到处开设了。其结果，过去在市之区域内所设立之"行"，而今已散在于都城内之任何地方了。过去称"商业区域全体"之意义的"市"，而今主要的已用作为从来称"行"之同业商店街了——药市、花市、肉市、米市等等。这事实，特别在南宋时代为显著。而与此变革过程之同时，同业商店相并为"列"的组织自身，也已归于弛废。换言之，在从来的同一"行"内，异种商店也得以设立了；他方面，同业商店在从来的"行"外，也得以设立了。此种市之组织与其变革，在县以上之都市中，都可以看出。

与旧来之都市的变革过程同时，农村中也发生了变化。换言之，在这里，已有"草市"之发达，而都市与农村之分离，已愈益进展。

所谓"草市"者，是县城以外农村中所有自然发生的小都邑。在唐代时，县不过分为若干之乡（村落），但到宋代以后，许多县在其区划内，除乡以外，更另设"镇"。镇是小都邑。南宋时代，小都邑之数更多,在"市"之名称之下,已有与乡、镇同样的一种地域团体了。

此种旧来都市组织之弛废与农村中自然发生的小都市之发达,毕竟都是由于中世中国社会劳动生产力发达的同一原因所致,且都又表现了商业之发达。

然则,同业商店是否从称为"肆"或"列"的古代以来,即已形成一种公会呢?这不甚明白。但中世在"行"以下设立商店的同业商人,已形成一种公会,而此公会也称为"行"。公会会员则称为"行商""行人""行户"。此种公会,恐怕从唐代以后已存在了。最初,此种公会的"行"之职能,也许是在实行共同的祭祀。但不久,就变为企图获得商业上之共同利益的了。而官吏方面,似乎也已劝奖了此种同业商人公会。因为,宋代各行之商人,最初是必须轮流着以极低的价格(几乎为无偿)调度官用物品的——但其后,由物纳改为了"免行役钱"(即纳货币),而根据商人之资产缴纳,至于官用物品,变为以市价购买的了——而这些负担,恐怕可以说是对于公会会员全体赋课,而为共同之责任者。

正如坊中之置坊正,村中之置村正一样,在行中有"行头"(或称"行首""行老")。行头之职务,带有徭役之性质,而由官所指命,以检察行内商人之不正行为。但是,行头在某种程度以内,也有同业商人自治组织之领袖的机能。

与市制崩坏的同时,行就愈益发达为公会了。唐代市制严存的时候,可以说商业是为市所独占的,而各种商业,是为市内各同业街之同业商店所独占的。然至宋代,与市制崩坏的同时,各行之商业独占，都被威胁了。可以克服此威胁的，只有公会的"行"之团结。于此，因保护同种商业独占的共同利益起见，行就有了强化为公会组织的充足理由，因此，宋代市制崩坏的同时，行就组织强化成为都市的商人"几尔特"（Guild）而发达了。

成为商人几尔特而图同种商业独占的"行"，不仅在中世中国存在，就到近世也还存在。譬如"近来在广东，各种商业都设着称为'行'的同业公会，不加入此公会，即不能经营其商业。要加入这公会，规定须为有信用之商界，有行商二三名之保证，须缴纳加入会费银百两左右，但实际上，若不依承顶行商店铺之方法，加入就是很困难的"。（加藤繁博士）。行俗称为七十二行，而实则不止此数。但行在清朝时代，最初恐怕是很多，但其后渐次废弛，到清末时，只残存于广东等一二地方了。

在近世中国，商人几尔特中之重要者，毋宁说已为会馆或公所了。这是反映社会经济之变化的。会馆在明末已出现，其初不过为同乡人的寄宿舍而已，但不久，其意义已转为同乡人团体或同乡兼同业的商人公会了。此种商人几尔特的会馆，其形成之目的，是同乡商人为对抗所在都市土著商人之迫害，而拥护共同之利益的。然土著商人为保护自己之共同利益，也仿照外来商人，组织公会，这个，同样的也称为"会馆"。此商人几尔特之会馆，出现于明末清初。所谓"公所"，本来的意义是公共营造物，但到清朝中期以后，主要的意义，已为土著同业商人之公会。换言之，土著商人几尔特的"公所"，由其起源而论，乃较会馆为迟，而起于乾隆以后。

名称之起源,姑不论,但会馆及公所,在成为商人几尔特的一点上讲,是中世中国之"行"的再生。换言之,中国的商人几尔特,在中世时,因同业商店的"行"之分解而发生,依然称之为"行"。到近世,改称为会馆及公所,而依然存在着。广东多数的行,在康熙乾隆时代,约有半数已化为会馆了,不过,会馆及公所,其经济的基础,较之"行"尤为巩固,因而可以说也更有力。但同时,行也还继续的有着较弱之存在。

第三节　外国贸易

据说西历第一世纪中叶,亚历山图利亚住民希巴尔斯氏,发见了印度洋上最发达的季节风——风因海陆气温之差,冬季由大陆吹向海洋,夏季由大洋吹向中央亚细亚高地——然后,利用之于航海。不久,印度以东的海上贸易中,也利用季节风了。后汉时代以后,季节风亦已利用于航海,从阿剌伯及南洋方面到安南及南部中国广州来的人,夏季五六月时,藉南风而来,至于出港归航,则在冬季十一二月时,就北风而去。

而中国人从古以来,已经知道罗盘针了。世界罗盘针的起源,是在中国,由中国传之于阿剌伯,更由十字军传之于欧洲的。

外国贸易在唐宋时代,已渐趋繁盛了。唐代中叶,因欲使国家独占海外贸易之利益起见,曾经设置了"市舶司"的官。市舶司(或单称为"舶司")在宋代也有。宋代是设于广州、杭州、宁波之三地方的。这市舶司在元代也设置。元代一方面还为政治的原因,强化了海外贸易之国家的独占,他方面,更加意于陆上贸易。明代也依然置市舶司。但明初,海外贸易曾为倭寇所妨碍。

唐室得阿剌伯人之所传,对外国的输入货物,征取十分之三为关税。宋室则抽解输入品之十分之一乃至十分之四。但实际上,可以视为是施行着外国贸易之国家的独占的。在宋代因贸易之渐次发达,独占遂更为强化了。换言之,由海外所来的香药、宝货,先由市舶司购买之,然后由官再出卖于民间,以收其间的利益。凡私为贸易者,处以酷刑——有时候,处以黥面而流刑。元朝在大体上也是征收舶货之十分之一的。但此仅限于由大汗运来的东西。而这意义,并不是说已经负担了如许的关税时,任何人就得自由贸易了。元代,凡权势之家,以自己之资本经营贸易者,籍没其家产之半。换言之,贸易是由官方自具船舶,给以资本,选人而为之。其时获得之利润,以十分之七归官,而仅以十分之三分配于贸易商。中世中国之贸易对手国,是大食(阿剌伯)、古逻(马来半岛之一国)、爪哇、占城(安南之南部)、斯玛德拉等。

输入商品是香药、犀角、象牙、珊瑚、琥珀等,充贵族奢侈需要用之商品。另一方面,输出品是金、银、铜钱、铅、锡、绢、窑器等。因而,贸易愈繁盛以后,金、银,特别是铜钱等之海外流出,也愈益重大化了。实际上,宋代的铜钱流出,非常显著,东方散布至于日本,西方广散至于阿剌伯。而这事实,是动摇了中国币制之金属的基础。所以,唐代以来,对于以金、银、铜、铁之互市,有了禁令。到宋代也有关于这点的禁令,违犯者处以重刑。但实际上,贵金属,特别是铜钱的流出,却依然很多。

政府不消说因此得了渐次增进的外国贸易之利益。宋代初叶，政府因外国贸易的收入，为三十万缗乃至五十万缗。南宋初期，达二百万缗，"当时差不多占岁入中二十分之一。在国家财源中，占了一个重大的位置"。元朝毋宁说是因陆上贸易而得更大的利益。明初，外国贸易遭一顿挫，中期以后，欧人东来，外国贸易于是再渐复兴。

本篇之参考文献

加藤繁著：《唐宋时代庄园之组织及其之发达而为聚落》（狩野教授还历纪念《支那学论丛》）；《唐宋时代金银之研究》；《昭车坊》（《东洋学报》第一号）《宋代之户口》（《东洋史讲座》第十四卷）；《内庄宅使考》（《东洋学报》第十卷第二号）；《唐宋时代之仓库》（《史学》第四卷第一号）；《唐宋柜坊考》（《东洋学报》第十二卷第四号）；《关于唐代之不动产质》（《东洋学报》第十二卷第一号）；《唐宋时代之商人组合"行"》（白鸟博士还历纪念《东洋史论丛》）；《唐之庄园与其由来》（《东洋学报》第十七卷第三号）；《关于唐宋之草市》（《史学杂志》三十七卷一号）；《唐宋时代之草市及其发展》（市村博士古稀纪念《东洋史论丛》）；《唐宋时代之市》（福田博士追忆纪念论集《经济学研究》）；《交子之起源》（《史学》第九卷第十二号）；《宋代都市之发达》（桑原博士纪念《东洋史论丛》）；《宋代之主客户统计》（《史学》第十二卷第三号）。

清水泰次著：《明代之税役与诡寄》（《东洋学报》第十三卷第三—四号）；《明代之地检》（《东亚经济研究》第十一卷第三号）；《明代庄田考》（《东洋学报》第十六卷第三—四号）；《一条鞭法》（桑原博士还历纪念《东洋史论丛》）；《明初之赋役》（《东亚经济研究》第十八卷第二号）；《中国之大家族制》（《史学杂志》三十八编第二号）。《明初之夏税秋粮》（《史学杂志》第三十九编第六号）。

玉井是博著:《唐代之土地问题管见》(《史学杂志》第三十三编第八、九、十号)《唐时代之社会史的考察》(《史学杂志》第三十四编第四—五号);《关于敦煌户籍残简》(《东洋学报》第十六卷第二号);《唐之贱民制度与其由来》(载《朝鲜中国文化之研究》中)

中田薫著:《律令时代之土地私有权》(《国家学会杂志》第四十二卷第十五号);《唐宋时代之家族共产制》(《国家学会杂志》第四十卷第一—二号);《日本庄园之系统》(《国家学会杂志》第二十卷第一号)。

仁井田升著:《清明集户婚门之研究》(《东方学报》第四册);《古代中国日本之土地私有制》(《国家学会杂志》第四十三卷第十二号以下);《唐令拾遗》、《唐宋时代之水利权》(《史学杂志》第四十三编第七号)。

滨口重国著:《唐之地税》(《东洋学报》第二十卷第一号);《唐两税法以前之徭役劳动》(《东洋学报》第二十卷第四号,第二十一卷第一号);《从府兵制度到新兵制》(《史学杂志》第四十编第一二号)。

宫崎道三郎著:《日本中国古代之汇兑制度》(《宫崎先生法制史论集》"中田薫编");《唐代之茶商与飞钱》(同上)。

羽田亨著:《元朝对于汉文明之态度》(狩野教授还历纪念《支那学论丛》)

三岛一著:《唐代之度牒问题》(《史学杂志》第三十七编第八号);《唐宋寺院特权化之一瞥》(《历史学研究》第一卷第四号)。

有高严著:《元代奴隶考》(小川博士纪念《史学地理学论丛》);《元代之农民生活》(桑原博士纪念《东洋史论丛》)。

冈崎文夫著:《唐之均田法》(《支那学》第二卷第七号)

小林高四郎著:《唐代两税法论考》(《社会经济史学》第三卷第六号)

周藤吉之著:《宋元时代之佃户》(《史学杂志》第四十四编第十、十一号)

王充恒著:《宋代南方经济之发达》(《经济史研究》第十一卷第三号以下)

日野开三郎著:《北宋时代货币经济之发达与国家财政》(《历史学研究》第二卷第四号)。

青山定雄著:《宋代商税之地理的考察》(《史学杂志》第四十三编第七号)

桑原隲藏著:《宋末提举市舶西域人蒲寿庚之事迹》;《唐宋时代之铜钱》(《历史与地理》第十三卷第一号)

石桥五郎著:《唐宋时代之中国沿海贸易及贸易港》(《史学杂志》第十三编第八号以下)

重松俊章著:《宋代之均产一揆与其系统》(《史学杂志》第四十二编第八号)

曾我部静雄著:《宋代之财政大观》(《东亚经济研究》第十四卷第四号)

东川德治著:《元代之婚姻制》(《法学志林》三十卷四号)

白鸟库吉著:《蒙古民族之起源》(《史学杂志》第十八编第二、三、四、五号)

箭内亘著:《蒙古史研究》

内田银藏著:《日本中古之班田收授法》……中第二节《日本中古之班田收授法与后魏北齐后周及隋唐均田法之比较》(《日本经济史研究》中所载)

泷川政次郎著:《碾硙考》(《社会科学》第二卷第七号)

三岛、铃木俊共编:《东洋中世史》第二篇(世界历史大系5)

志田不动磨著:《中国都市发达史之一出》(《历史学研究》第一卷第一号)

顿逊原著,田中萃一郎译补:《蒙古史》

根岸佶著:《中国几尔特之研究》

"兴安总处"调查科译:《蒙古民族之习惯法》

《隋书》《唐书》《新唐书》《旧五代史》《宋史》《辽史》《金史》《元史》《新元史》《明史》等之《食货志》

《唐会要》(宋初,即西历第十世纪末叶王溥撰)

《耒耜经》(唐陆龟蒙(八八九一九○五年)著)

《五代会要》(宋王溥撰)

《册府元龟》(宋王钦若等奉敕撰[西历一○○五年])

《明会典》(明徐溥等于弘治十五年奉敕撰,成于弘治二十年[西历一四

九七一—一五〇二年])

《明会要》(清龙文彬撰)

《农政全书》(明末,即西历第十七世纪初 [毅宗时] 徐光启撰)

Franke, Die Rechtsverhältnisse am Grundeigentum in China, Leipzig, 1903.

Franke, Staatssozialistische Versuche im alten und mittelalterlichen China, Berlin, 1931.

Hirth, China and the Roman Orient Researches into their ancient and Mediaeval Relations. etc., Shanghai & Hongkong, 1885.

Morse, The Gilds of China, Shanghai, 1909.

Polo, M. The Books of Ser Marco Polo by Yule-3d. edition revised by H. Cordier 2 Vols London, 1903.

第六篇

官僚主义的封建制之完成
与其崩坏时代

序　　说

　　在世界史进入于近代化,而出发至掠夺的重商主义时代时,中国与明室中央集权分解的同时,因外部牧人种族女真的侵入,遭遇到了一大荒废,到西历一六六一年,与明室坏灭的同时,终于再沦陷于"东北夷"一部族之支配下了。

　　女真在第十二世纪初头,曾经跟着完颜部族所树立之金的兴隆,侵入到了北部中国,逐宋于江南,大约有一世纪左右,支配了中原。但他们在第十三世纪初头,到蒙古兴起以后,就为成吉思汗所征服。自此以后,又不得不很久的再沉沦于东北了。但蒙古于第十四纪末叶,明室兴起以后,被逐至于漠北。而明室把东北女真,分为三部而支配。第一称为海西女真(明代称为"女真"),居于海西等地方。第二为建州女真,居于建州毛邻等处。第三是野人女真,住于满洲极北部阿穆尔地方。其中,只有野人女真,去中国较远,而朝贡亦无常。反之,海西与建州女真,都是每岁朝贡于明朝的。

　　清朝——即满洲朝,不外是"东北夷"中建州女真所树立的王朝。建州女真最初牧耕于牡丹江、松花江之合流点地方,即今之三姓附近,统率于明成祖永乐帝任命的"建州卫指挥使"阿哈出酋长之下。但不久,这部族分为二族而南迁,其一是本部队,由酋长阿哈出统率,土著定住于吉林省城附近,另一族则为斡朵里女真,土著定住于图们江流域。永乐帝以后者为建州左卫,任命酋长猛哥帖木儿为其指挥使。但这斡朵里女真,其后,出辽东,投寄于建州卫之地。

第十六世纪末叶,建州一支部的酋长中,出现一佟努尔哈赤(佟为姓,努尔哈赤为名)者,渐次并合诸部族,着手于国家体制之组织。明室于神宗万历十七年(西历一五八九年),任"夷酋"佟努尔哈赤为建州的都督金事。女真在金代时曾经有过固有的文字,但在长久的沉沦中,连文字也消失了。努尔哈赤在西历一五九九年,收集蒙古字,以创定为自己的国字。这是满洲字的起源。他在西历一六一六年,创建了新国家,称国号为金——或称后金——由自己即可汗之位。金国可汗(后日之清太祖),不久,以建州八旗之兵约八万——一旗之兵,为七千五百人——破明兵约九万人,夺取了辽东首府辽阳。

其后,太宗立,于一六三六年,改国号为清。自此而后,清兵侵入明之内地,接连攻略诸方。而此时明室已无国家的统制力,总督、巡抚、总兵等,徒拥大兵,割据而不统一,明兵在清兵之前,相继溃走,投入于流寇之群。此后,中原大平野,遂为清军所荒废,而明室的中央集权,化为有名无实,治水设施,亦被破坏,水旱之灾害激发,而饥馑频起了。其后,饥民也投而为流寇。这样,明之国家,因东北夷的侵入,内部也促进了解体。此时,明室已完全丧失存在的理由了。

当时明之叛徒中有李自成者,指导流寇,占据西安,于西历一六四四年陷首都北京,逼明帝自杀。在那里,明将吴三桂,乞援军于清国,以求共同讨伐李军。清军遂利用此机会,破李军,入北京城。同年,在清的方面,世祖代太宗而即位。世祖迁首都于北京。清军相继讨伐南方所拥立的明末诸王,渐次攻略南部中国,逐广西肇庆地方拥立的最后皇帝于缅甸,逼其自杀。至此,明室遂亡,其时,为西历一六六二年。清朝方面,则康熙帝代世祖而即位。

清朝在最初的一世纪半,辈出了有能力的支配者。康熙(西历一六六二年——一七二二年)及乾隆(西历一七三六年——一七九五年),不问对内的还是对外的,都现出了一个帝国的极盛期。此时已支配了满洲地方,又并合了内外蒙古。康熙时代,平定了南方之三藩——吴三桂称王于云南,行政上财政上已皆为独立,有多数之藩庄,开矿山,征盐税。其他二藩,在广东及福建——领有台湾,并合西藏,略取青海。乾隆帝更在西方平定了伊犁(准喀尔诸部族)及土耳凯斯坦(回教族)。又在南方远征缅甸及安南,使其臣服朝贡。又还征服了后印度的尼泊尔,使其朝贡。朝鲜在太宗时代已被征服,置于宗属关系之下而朝贡。这样,帝国之领土,有了一个未尝见的扩张,人口也大为激增了。

同时,在内政上则于全国战略上的要所,置"卫",配置"八旗"(满人)及"绿营"(汉人),承继旧制,而更强化了中央集权。譬如在中央,设置了天子之秘书职的"军机处",不仅以此机关处理军国的机事,还及其权力于一般政治,而地位在于议政大臣(贵族会议)及内阁之上。这样,就如总督,巡抚那样,政府也得以以一纸公文自由左右之。又清室为防止反抗叛乱起见,实行所谓"回避政策"。即官吏不得就任于其乡里省分,例如山东人就不得在省内为官吏。同时又励行"血族回避",近亲者不得任官于同一衙门。又官吏有外缺、京缺之别,即地方官职,亦不得由地方官厅任命,必须由中央差遣(京缺)。而官吏常常更迭,且各省之行政的责任,分割于相互可以牵制的若干官吏间。尤其因为清室是以"东北夷"侵入而来的,所以汉满人间的规律,是非常重要。这样,施行所谓"满汉两缺之分"。"缺是官职。凡应以满人充当之官职,汉人不得充当,而必须以满人为官。譬如南京及保定(直隶)的总督,即如此。"(稻叶博士)又,有汉人大官之处,必并置可以与其拮抗之满人,而对朝廷之书类公文,必须要两者之副署。要之,在内政上,征服者外族之绝对主义的组织与制度,已完成了。

不过,满洲朝在内政上与蒙古朝不同,中央大官也容汉人,而把一切地方官职,对汉人是解放的。在那里,国内因政治的安定,经济的渐趋发达,制度文物的兴隆,不久,"东北夷"满人,渐次为文化汉人所同化,丧失了从来他们固有的祖先之野蛮性,最后,终于开了由征服种族地位转落之道途。

第一章　满洲人之土地收夺与分配

　　满洲族于征服中国的同时，关于土地之分配，差不多就是恢复了他们祖先金人同样的方法。换言之，"东北夷"的诸王及八旗的士卒们，收夺了汉人的耕地，以"圈"为标识，分配于他们之间。这个就是所谓"圈地"。最初，世祖在顺治元年（西历一六四四年）入北京城的同时，发上谕于户部，说明关于对诸王及勋臣等的土地赐与。这上谕中大概说近京的各州县中，有很多的无主荒田及前代明皇族、驸马、公、侯、伯、内监、寇乱者的没田等之无主庄园。户部应详细精查，若本主尚在，或其子弟尚存，可适当给与其若干，其余都须分配于诸王、勋臣、兵丁人等。这些并不是要想利用土地，而实因没有安置诸王、勋臣、兵丁人等的地方之故。所以不得已而略取之。又令各府州县乡村，分置满人汉人，治理各人之疆界，以防他日的争端。今年即先由东来诸王、各官、兵丁及将来在京各部院官起首，分给以田土。其后随来者，亦须分给以应得之分。如前所述，在从前明代时，皇庄及庄田已发达了。但因外族的侵入，酿成了明末清初的大乱，而使皇庄庄田，造成了一异常的荒废。这样,发生了许多没收的庄园及没有耕作者的荒田。这些田土,都分给于清室一族及勋臣以下了。受到这些的分配者,假定一旗为七千五百人,而共仅八旗,那末,亦应达八万人之多了。但这些东北夷的旗人,拙于农耕,所得收获极少。于是,他们就归因于土地的硗瘠,而更要求换给美田。结果,清朝就收夺了汉人之熟田,分配于旗人。不,实则旗人亦不假手于官,而自动的收夺汉人之田房的。这个,我们从顺治二年户部谕告中可以看出,即谕告中说:"民间田房之为旗人指圈而改换于他处者,应视其田产之美恶,速行补给。"在"圈地"之外,又为各省驻防的旗军,设定所谓"马厂"的马料田,这事实我们也不能忽视,要之,文化汉人与向来蛮族侵入时所经验过的事实一样,全体已被陷入于被收夺者之惨酷地位中了。

这里,在满洲朝中仅为昙花一现的事实,是八旗井田。即清初安定的同时,因旗人户口增加,旗地已告狭隘,于是于雍正三年(西历一七二五年),以直隶顺天府固安县,及其他数地的官地,成为孟子所传说的"井田",对于旗人中之无田地者,每户分给以田百亩,与房屋场圃十二亩半,但此时已驯染于汉文明的旗人,到底已再不能使之紧系于土地。在他们中,有许多就卖了井田而离去,即留而不去者,亦不再耕公田。这样,此井田在十余年后的乾隆初年,即归废止而改为"屯田"了。

在这里,我们就把清朝时代之身分制的土地所有,换言之,即征服种族所收夺之土地的分配,加以一概观:

(1)皇室庄田　　通常,皇室庄田、宗室庄田、八旗庄田及驻防庄田等,都可以举为是"官庄",这些庄田都是满洲部族由汉人处收夺得来的,而是身分制的分配于他们间的土地之根干。在这里,先就皇室庄田而考察,至于宗室庄田以下,将改一项论述之。

皇室庄田,通常在管辖上还可以小分类为"内务府","户部","礼部","工部"及"三陵"等五种官庄。但本质上可以说并无宫中、府中之别。这些都可以总括为皇室自身所保留的庄田。这些庄田,依种种之方法而设定,而增加。换言之,第一,是汉人自动以土地来投降者。第二,是继承明之皇庄、庄田及其他;或收夺余剩地;或旗地犯禁典卖于汉人而收回为官者;特别是拨给荒地于壮丁而使开垦之者。第一种为"带地投充"庄田,第二以下为"承领地"官庄。此外,还有因犯罪而没收者。但这些名称姑且不管它,而其实质,要都不外是收夺汉人田土而侵渔得来者。

官庄并不是奴隶的经营,而由"庄头"或"官庄佃户"等农奴小经营的经营耕作的。"庄丁"与"佃户"的区别,不过前者是旗丁,而后者是一般农民之结永佃关系者。此外,在官庄的耕作者中,尚有所谓"现租户"的隶农,不过在数量上不甚重要。

官庄中,每庄必置一"庄头"。庄头是官庄现地的管理者,同时,也是农奴的头长。其职可以世袭。他对上是督率官庄之丁及佃,有管理庄田之义务。他尤须调查"丁""佃"之户口,制定一定之簿册,以呈于上司。他之最重要的职责,是征收庄租以献上司。但他只要缴纳每一庄所分配得的一定租额,若有租额以上之剩余,即归他自己所有。他又可以任免丁及佃。

（2）宗室庄田　　王公之庄园,自其成立而言,乃由"受赏地"（圈地、分封地等），以及像在皇室庄田中似的"带地投充"与私设庄园等所构成。第一种赏赐田中的分封地，自康熙以后，凡皇族封为王公时，皆随时拨给以一定额的。私设庄园中之重要者，是前述的所谓"马厂"。宗室庄田之管理及经营，与官庄的情形相同，所以在此省略其叙述。

（3）旗地　　所谓八旗庄田者，是拨给于有旗籍者——即满洲八旗、蒙古八旗、汉军八旗之成员——的庄园。其中，满洲八旗的庄田是当然的，而占有最多量。由来，满洲八旗，设于清太祖之世，而是分为八旗的满洲兵。其后，到并合蒙古，领有中国本部时，更编成了蒙古八旗及汉军八旗，共计为二十四旗。但满洲八旗不消说依然是常备军的根干。清室在略取中国本部后，多少分给了田土与八旗之各宗室、军将、兵丁等。在全体上讲，为非常多额。因为，一旗为七千五百人时，那末，单仅满洲八旗，即已达六万人了。因而，即令每人平均仅为一顷，那末，单仅满洲八旗，就已占六万顷了。而实际上与户口增加的同时，其数又已更增数倍了。到蒙古八旗及汉军八旗编成以后，对于他们也支给了若干庄田。满洲八旗的庄田，以直隶为中心，其他则散在于满洲、陕西、甘肃、浙江、广东等各地。又如前面已指摘过的"驻防庄田"，则散在于直隶、满洲各地，这是八旗官兵所赖以为在职中衣食之资的。

八旗庄田不仅限于由朝廷分给的田土（圈拨地），此外又依所谓"带地投充"庄田而增加。又，八旗也可以依开垦荒地及购买而扩张其庄田。

八旗庄田是不输租地。但旗人对于皇帝有负担服军役之义务。八旗庄田是分与于旗人身分的田,此种田土可以世袭。因而,假若旗人去旗籍时,那末,就不得所有这田土了。而八旗庄田有一种"种族财产"的性质,本来是禁止买卖让渡于汉人的。而旗人一般在西历一八九八年以前,商业也被禁止的。但他们在长久接触汉人文化中,逐渐驯染,而又不得不依存于商业及高利贷资本了。于是,庄田买卖之禁止,就很难行了。这样,到一八五三年,关于旗地买卖让渡的禁令,遂归废止。事实上,在此以前,旗地已有买卖于汉人的了,不过,这些已卖于汉人的田土,在某程度以内,得由皇室买回,变为官庄。其后,至清朝末叶,已不得防止旗人买卖庄田,或放弃之势了。自此而后,旗地已得公然买卖,旗地大部分已归汉人,直隶满洲以次,旗地遂急激的归于消失。其时,不消说旗地一部分也已为满洲王公自体所集中。总之,许多旗人,已自动的由旧日之身分转落,而不得不化为皇室庄田及王公庄田之庄丁了。

（4）屯田　　这是一个极古的制度,到清朝时代,因近代军队之形成,已渐次归于消灭之途。屯田在西历第一世纪以前,前汉时代,已于今日之甘肃地方,为担任防备匈奴之壮丁们所设定了。其后,历代为防止外族之侵入,或因小封建国家相互之争霸权,也设屯田于军事上重要的地方,移民壮丁,以经农耕,同时,使其从事兵役。屯田是不能买卖的。它是不输租地,但耕作者须负服兵役之义务。其后,屯田更设置于各省。而这不仅是为担当国境或都邑守备之用,同时,还为维持大河川之堰堤或堤防,或从事于国家现物税之漕运及看守漕运而设置。譬如明代驱逐蒙古以后,仅在北边地方,已实行了七万户左右之军事的移民。第十六世纪末乃至第十七世纪初头之屯田面积,据说已达六十四万顷以上了。但到清朝时代,屯田之意义已渐次减少。这因为第一是由于兵制变革之故,第二是由于国家现物税一部分,已变为银纳("折色"),而现物税("本色")也已由海上而转运了。清代在西历一七五三年时,屯田总面积为二十六万顷以下。如上所述,屯田之意义消失以后,根据前述屯田的耕作者之徭役给付,已转化为地税之给付。当时,屯田还禁止典卖。但其耕作者,因不耐地税之诛求,事实上,多处分其田地,到第十九世纪末叶,屯田大部分早已不在于正当所有者之掌中了。所以,西历一八九八年时,以敕令废止了军田。中国屯田之历史,至此遂告终。

(5)官田　　通常包括于官田中者,单是籍田、牧地、祭田及学田。由此而观,此时官田之名称,实在不能说是适当的,但这里是从通常之用法。籍田本来是天子亲蹈土而耕作之田。牧地是使壮丁开垦牧场附属之荒地,以供马粮之田。但若有余地时,更可以使之开垦,此时,征收地税。祭田是赐与圣贤后裔之田——孔子及孟子之后裔,在山东及直隶,曾赐与以极大之田地。学地是充贫士修学费用之田地。这些所谓官田,当然是免除国税。又广义解释时,凡因种种原因没入于官而不设官庄之田,及一切无主之田,与荒芜地,也含于官地之中。

(6)寺庙地　　如前所述,寺观,特别是寺院,在中世初期,曾经兼并了莫大之土地。所以唐朝在其末叶,曾压迫寺院,没收了庞大的寺院之庄园——譬如西历八四五年,武宗曾毁佛寺四万余,使僧尼二十六万人还俗。但寺观不久又再度集积土地财产,大体上在中世一世纪中,是领有了莫大的土地,而免于输租。然寺院领地到明末时,又再度被没收。把这被没收的土地,再分配给了明之王公勋戚。

寺观之土地财产,在清朝时代时,不问量的或是质的,都已不能像中世那样发达了。

要之,满洲族与其他一切蛮族征服国家的情形一样,它没收了无主之荒田,及前明皇亲、驸马、公、侯、伯、内监之庄田,整理后分配于东来之诸王、勋臣及兵丁等,以树立了未成熟的封建制度。然清朝在封建国家的一点上讲,还依然是未成熟的。换言之,中国之封建的土地领有,就在清室之下,也终未完成。

第二章　旧来中国之工业生产过程

第一节　中国工业小史

据《禹贡》所载，在日本神武纪元前千五百年时（西历纪元前二二〇〇年时），夏禹时代九州地方的"贡"——如前所述——是种种土产乃至手工品。这些东西假定当时确已知道了，那末，就必须依何种之方法而施以加工的。但关于此时之劳动方式，及由此劳动方式所生之人类社会关系，毫无传说。

其后据《周礼·考工记》说："有虞氏（舜）上陶（尊重制陶）；夏后氏（禹）上匠（因治洪水，尽力沟洫之故）；殷人上梓；周人上舆。"由此而观，这些手工业，可以说自古已存在了。

现在，我们把周以前姑置不问。据《考工记》之记载，周代时已知道中国各地的竹木、土石、皮革、金属等各种材料，而加工的了。当时有六种社会的分业，手工业者，称之曰"百工"。"坐而论道，谓之'王公'（天子诸侯）；作而行之（亲受其职而居其官），谓之'士大夫';审曲面执,以饬五材(审查材料之曲直方面形,以执其宜)(五材或谓系金、木、水、火、土,或谓为金、木、皮、玉、土,但五是无意义的),以辨民器,谓之'百工';通四方之珍异以资之,谓之'商旅'(行商人,即客);饬力以长地财(谷物),谓之'农夫'(农受一夫之田,即百亩);治丝麻以成之,谓之'妇功'。"

周室列百工于事官以属之。当时,粤(越)无镈工,燕无函(铠)工,秦无庐(矛戟之柄)工,胡(匈奴)无弓车之工。这因为在这四国中,这些器物,人人能做,所以无须国工。但在周室,这些从属于官,而有"凡攻木之工七,攻金之工六,攻皮之工五,设色之工五,刮摩(玉工)之工五,抟埴(陶工)之工二"。周室在这诸工中,尊重职之多者。因而攻木之工最为尊重。而这些诸工中,分为"攻木之工:轮、舆、弓、庐、匠、车、梓;攻金之工:筑、冶、凫、枲、段、桃,攻皮之工:函、鲍、韗、韦、裘;设色之工:画、缋、钟、筐、帻;刮摩之工:玉、楖、雕、矢、磬;抟埴之工:陶、㼸"。要之,当时是行着共同体中有计划的分业。

如前所述,周室最重木工,特别是"舆"。假若我们把治水之大协业姑置不论时,那末,舆就是协业中之最发达者了。譬如马克斯氏,认工场制手工业(Manufacture)之发生,有两种方式,第一,是把一生产物在完成以前所必须经过手工之各种独立手工业劳动者,在同一资本家之指挥下,统合于一工场之方式;第二,是制纸与制纸夹别针等同一乃至类似作业的手工业者,为多数同一资本家,同时雇佣于同一工场之方式,前者之实例,如有装饰的马车。"譬如马车就是一种车匠、马具匠、裁缝师、锁工、带工、旋盘

工、花边工、玻璃工、画工、漆匠、镀金工等大多数独立手工业者诸
劳动的总生产物。"周代舆之制造，正可以说是已发达为一类似工
场制手工业之协业形态了。即"一器而工聚焉者，车为多"。第一
是"轮人"，制造轮及盖。制造轮的时候，先有制三材——毂、辐、
牙者，然后"三材既具，巧者和之"。第二是"舆人"，制车（即

水车（采自《古今图书集成·考工典·水车部汇考》）

輿）。第三是"辀人"，制辀（即车辕）。另外还有"车人"之职，制种种之车——譬如栢车（用于山地之大车），大车（用于平地者）、羊车（善车）——这些制作，在分业与协业之下，由多数属于官之世袭的手工业者，在官的工场中制作。

中国之丝，从古是著名的，据说秦汉以后，已传之于欧洲。即古代罗马，由希腊传入丝生产，希腊则由波斯传入，而波斯是由中

连二水磨图（采自《古今图书集成·磨硙部汇考》）

国传得者。但周代时,"治丝麻以成之"一般是归于家庭妇人之分业,主要的为"家庭工作"。但周室却有"典丝"之官,掌管贡纳之丝,颁之于内外工;"染人"是掌管染丝帛的,而"典妇功"之官,一般的掌管"妇式之法",在这个官的指挥之下,营造织物,就在这种情形之下,可以说也已有着官家工场中类似"工场制手工业"的协业了。

到春秋战国时代,因中国文化圈之扩大,海岸地方有大煮盐,在吴、越、楚的地方,发生大冶铁。制盐制铁在移归国家经营以前,最初不是以国家的经营而发达的。在此,无疑的也有类似于工场制手工业之大协业。"往昔豪强大家,得管山海之利,采铁石而鼓铸,制盐。一家聚众,或至千余人。大抵尽收放流人民也。"(注)(《盐铁论》,前汉昭帝始元六年,西历前八一年。)次于这粟米的生活必需品及最重要劳动用具之生产,终于到前汉时代时,特别是武帝时,已移归国营了。

汉代时,新设"酒榷",即酒之专卖或卖酒之租——王莽时代,官家更自己酿造——于是,所谓"百药之长"的酒酿造,也发达了。此外,货币铸造也收之于官,我们由五铢钱制造之渐趋多量,也可以看出了造币之发达。

丝织物在汉代时,已形成了若干闻名之中心地——如临淄(山东省),襄邑(河南省);特别像锦那样,是在四川成都——此时,丝织物已有了手工业之"家庭工作"以上之发达,而无疑的也有了类似于"工场制手工业"之协业。中国在汉时代,已为世界先驱的发明了制纸术。但中国之制纸,在此后二千年中,还是旧态

水碾图（采自《古今图书集成·磨硇部汇考》）

依然，而停留于幼稚阶段中。

　　铜器，特别是青铜器之起源，是很古，而且其技术也早已进步了。据《考工记》说，周代时已经知道六种合金术（"金有六齐"）——尤其在后汉初年，佛教传来，到南北朝时代，更渐流布以后，愈益促进了金银铜器之制造。这样，在唐宋时代时，金银铜器制造已很发达。尤其是寺院佛像、佛具的需要增加，往往使币制之金属的基础,也发生了危殆。所以,唐宋常加寺观以压迫,不断的抑压铜器、佛像、铜钟等之制造。

由唐至宋,铜钱也有多量的铸造,所以,当时铜山也可以说是很发达了。但这一方面也是因政治安定,军器动员解除后,偏向于交换手段铸造之结果,所以铜山未必能说是与铜钱数量比例而增加的。每年所铸铜钱数量,北宋中叶达五百余万贯,但自南渡以后,主要的因政治之不安,而数量激急减少了。然当时矿山之劳动方式,及因此劳动方式所生的人类社会关系如何,那就不甚明白。

中世中国值得注目之工业的进步,是水碾硙及碓,即谷物精制及制粉之水车的利用。碾硙,大概就是那遗下中国最良之农书,以及实施均田制为中世中国划期的鞑靼国家北魏时所发明。这碾硙是有一个水平的浸于水中之车轮,这水车之毂与上部之碾硙(即引臼),以轴联结之,而是一个利用水流回转而生之动力的机构。这机构的利用,唐宋时代,有非常发达的倾向。这原因,第一因为水碾比较借人力及畜力的陆碾,有较高的劳动生产力。用水碾时,水车一辆之一日制麦额,据说达六十斛。第二,因为水力之工业的利用,是"没有代价的自然力"之一。这样,自帝室以次,王公富商寺观等,相继设置碾硙。譬如唐中叶玄宗时,有势力之宦官高力士那样,就在澧水畔设置了碾硙五辆,其每日之制麦额达三百斛。又如广德二年(西历七六四年)京城北之白渠中,王公寺观之碾硙,设置了七十余所之多。然在东洋社会中,水力之工业的利用,终于是被专制国家所阻止了。这因为东洋专制国家之主要收入，由田租得来，因而，在东洋不能采用那"形成工业者之人为手段"的工业保护主义，而不得不采用了农业保护主义（这当然未必是为农民，而毕竟是为田租确保与增进起见）。换言之，水车之工业的利用，到妨碍灌溉而影响及于国家收入时，就不得不在农业保护之立场上，而阻止其发达了。这样，像那欧洲"工场制手工业"时代中，有极大任务之工业上的水车机械，在中国，则被专制国家阻止了它的自由发达，常以"有害水田"之理由，而被破毁。中国专制国家与工业上水车发达，陷入于矛盾时的破坏水车，以及抑压中国手工业者几尔特之市民独立的各种萌芽形态，都成为了中国工业停滞之有力原因。

但中国的盐，除海盐以外，自古也已经晓得池盐及井盐了。譬如蜀之井盐，其起源即可远溯至秦代——到中世唐宋时代时，这三种制盐业也很盛。例如唐代之盐池，据说达十八所之多，而盐井有六百四十处之多。制盐业是隶属于国家的，换言之，在盐产地置监院，以游民之劳动者，为"亭户"，使其免除其他杂徭，而专从事于制盐。一时，盐之贩卖也曾为官营，但不久，鬻盐大体上是使商人担当其任的。总之，制盐在唐之中叶时，其国家的盐利收入很盛，据说为"六百余万缗。天下之赋，盐利居半。官闱之服御，军饷，百官之禄俸，皆仰给于此"。但此时国家盐利收入之增加，不仅是由于生产之增加，同时也是由于暴利的。

中世时，茶之制造很盛。中国茶之起源，据说在汉魏时代之蜀。到唐宋时代，茶之栽培与制造，已非常发达于中部中国及南部中国了。尤其到宋代时，已树立了茶之专卖。这样，制茶一部分恐怕也已有类似"工场制手工业"之协业的发达了。其后,至清朝时代,茶已成为了输出之大宗。

窑器(陶磁器)在唐宋时代,主要的因饮茶之流行与茶器之需要,也很发达了。在各地形成了生产中心地。当时,在与阿剌伯人的海上贸易中,陶磁器与丝,都为重要之输出品。

除东西之陆上交通外,因利用季节风之海上交通发达的结果,造船业也很发达。事实上,像罗盘针那样,欧洲于第十三世纪初,由十字军间接从阿剌伯人传入,而阿剌伯人则由中国传入的。中国从西历第三—四世纪晋代时,已经知道航海中磁石之利用了。而宋代时,往往有超过乘员一千人以上之大船舶,所以,船舶之建造,也无疑的常常大规模经营。

到中世末叶,元朝初年时,即第十三世纪末叶时,威尼斯商人马可孛罗,到了世祖的朝廷,而他是"欧洲商业资本到远东来的第一燕"。其时,马可孛罗在旅行记中记载说杭州地方已有十二个手工业者的同业公会,而这些公会统制着拥有十二人至二十人或四十人手工业者的一万二千家工场。但马可孛罗所引用之公文书,不能说不含有夸张的。又据另一资料,第十三世纪时,在杭州的手工工场,是围绕于卫城而星罗棋布,有各种——如衣服、诸器物、武器之——手工业者,在其中工作。其时,工匠为一千六百人,各使役着三至四人之徒弟。工匠是从属于官的,而多数之徒弟则不外为官奴。

手工业者"几尔特"——非商人几尔特——在欧洲,其起源大体上是在第十四纪(称为 Zunft, métier, Mistery 或 Company)。然在中国,这手工业者的公会,明白的在第十三世纪时已有。至于中世中国时称为"行",其后至清朝时代时称为会馆、公所的商人几尔特,其起源可以远溯之于唐代,几尔特在欧洲,终于获得了市民的独立,而可以把自己组织成了一政治的权力。但中国的几尔特,虽然常有广泛的组织,而公会会员的经济势力也很大,同时还有固有之统制力,而社会的势力,事实上也很大,可是无论如何,不能获得政治的,法律的特权。关于中国几尔特之政治的势力,一般人虽然把它过大的评价,但只要与欧洲"几尔特"一比较时,就不能不否定之了。中国的几尔特毋宁说其特色,是"政治势力之脆弱性"。不过,中国几尔特手工业者,只对于隶属的劳动力,可以发挥很大的权力。"中国几尔特手工业工场中之工人及徒弟之地位,可以证明凡对上无力的人,也常常对下——只要碰到较弱者时——是无慈悲的发挥其权力的。"而中国几尔特之不能获得市民的独立,不消说是由于中国之专制主义之故。中国专制国家,很惧怕市民政治的独立以后,要威胁其所根据之广大灌溉农业的神经中枢。总之,中国手工业者几尔特之政治的脆弱性,已如前所述,是一个使中国早期资本主义,虽有萌芽,而不能完全成长的最有力之一原因。

中世末,明初一方面因失去了蒙古朝所发达的东西陆上贸易通路,而另一方面因海上倭寇猖獗而禁止国人海外渡航的结果,外国贸易既遭受了一顿挫,而各种工业也因而受了一重打击。但至明中叶,即西历第十六世纪初年,如后之所详述,欧洲人已替代了从来之阿剌伯人,出现于南方,而为商业资本之担当者。这样,一度衰微的丝织物及陶磁器等之输出贸易品,再呈现了活泼气象。丝织物在明清时代,已于中国南部之江苏、浙江,形成了中心。但这自生产方法而言,除去若干之官营工场外,本质上也还是家庭工业(Hausindustrie)。但若干之官营工场手工业,使役着了多数之劳动力。

此后,窑器,特别是磁器之制造,也在江西省之景德镇,形成了一大中心,而非常发达了。牧师达托尔哥尔说,一六二五年明朝末年时,景德镇有百万人口,而大商人是使役着可惊的多数劳动力。不久,原料之高岭土的样本,选了几种,远送至于法国。这原料土就称为"Kao-lin",而在欧洲,也发生了模仿中国磁器的磁器制造。其后,景德镇到第十九世纪初年时,据说也还有人口百万以上,而街之外貌,很类似伯明罕,不过与伯明罕所不同的,就是它非生产钢铁,而是生产磁器的。这些话纵令打上几个折扣,我们也还可以想像出磁器制造之殷盛。其后,景德镇因欧洲——特别是德国及法国——兴起了模仿中国磁器的陶磁器工场制手工业;又因日本陶磁器制造也已趋于繁盛,更因清朝末期时,中国自身国内市场的趋于狭隘化;还因前世纪中叶太平军的荒废——太平军陷景德镇,破坏了最优秀之宫廷炉——等,到第十九世纪中叶后,可以说是衰微了。然而,在前世纪末,据报告说景德镇还有百二十个煅烧炉与总数十六万人的劳动者。陶磁器制造,不消说是不限于景德镇的,在其他各地方,也形成了许多中心。

关于矿山,特别是金属矿山,因南方的云南为元代政治的征服后,又经明代经济的开发之结果,特别是银、锡的探掘,已得以很盛了,这是值得注目的。因为从来银子由中国自身所产出的,是很少——中国在第十九世纪末以前的所以没有银币之铸造,也是因此之故——又因为云南之锡,在前世纪时,已经唤起了英法资本之猛烈的利权竞争之故。

第二节　从来中国工业之各种基本形态

中国帝国,从第十八世纪末叶以来,已为英人大量运入之鸦片所麻醉,接着,中华之障壁,也已被英国重炮打开了许多大孔,而使棉制品以次之机械制品,就多量的泛滥于中国。最后,到前世纪末叶时,外国资本开始输出,而中国则不得已就采用了近代的工场制机械产业。但其时,中国却已曾经有了很多种类之加工产业,而这些大概都不外是一种依据机械以前之技术基础的生产方法。所以,我们可以说:"在中国经济史急速趋于告终阶段之工业生活,已表现着了混乱的多样外貌。"

将临解体期之旧来中国的工业生活,自其生产形态而言,第一,有家内工业。这家内工业中,最早期的是一种以自己消费为目的,包括一切加工于自家生产之原料,或加工于同他人交换所得之原料的所谓"家内工作"。最始原的家内工作,"是自然经济之必然的产物,而其残存物,则常维持于有小农民层的地方",而此种家内工作,正是使农民经济对于近代机械产业解体化影响的抵抗力得以提高的。但是,这家内工作,从工业生活的形态(Type)而言,是前期的,而且是副次的。其后,家内工作发达到超过了自家消费用的加工而为贩卖用生产物——即商品——的制造时,于是成立了狭义之"家内工业"——有为副业者,有为本业者,亦有为专业者。而其中,假若发生直接对市场有通路的比较独立者时,那末,从属而地位劣恶化的所谓"近世的家内工业"也可以有了。中国之家内工业,在欧洲资本到来以前,以"中世的家内工业"为主要形态,其后,转化为了从属于商人,或从属于工场制手工业,或从属于工场制机械产业之下,而为地位日渐恶劣化的"近世的家内工业"了。

其次,我们从经营规模而考察时,第二,必须举出"手工业的小经营"。如前所述,我们从手工业之是否占主体劳动活动之全部或一部分而加以考察时,可以区别为:(甲)家内工作;(乙)虽因贩卖而经营,但为副业者;(丙)已为本业者;(丁)进而为专业者的四种。而从来中国之工业生活,不消说,可以发见这些一切的形态。其后,手工业成为专业,且与其他劳动活动分离而独立时,化为了纯粹的手工业,在这里,经营规模才成为了问题;旧来之中国工业,从经营规模而言,不消说主要的为工业的小生产。但工业的小生产自身,我们变换一个视角而由其是否有生产手段,尤其是由其是否有加工的原料而观察时,又可以区别为独立的手工业,与多少非独立的"工资工作"二种。工资工作,不消说与独立手工业同样的也可以连结于农业劳动,而表示种种之比重的。工资工作自身,还可区别为两种,其一是自己有经营设备,而对顾客之原料加工的"自宅工资工作",其二是到顾客的地方工作,领受相当于劳动工资之报酬的"出门工作"。譬如中国中世后发达的碾硙，即为前者，而修缮劳动即属于后者。本来，上述之种种限界，现实上与自然中的所谓限界一样，在社会中也常是流动的，对于这个，我们切不可以忘怀。总之，我们在如前之细别以后，可以把手工业者的意义，规定为"一切小经营的加工于原料之小生产者"，而区别之为第二形态，至于其活动是否与顾客为直接关系，抑为小工业的市场生产者，则不置问。在旧来中国许多加工产业中，这个手工业的小经营，与家内工业同样的有过最重要之任务。而中国手工业的特质，第一，可以说是生产力主体因素（即人类劳动力），有异常的才能。其自身，可以视为是中国农业集约园耕劳动之手工业的反映，而且不外是历史的累代蓄积继承之结果。第二个特质是"出门工作"手工业之非常普及。在欧洲，几尔特曾经阻止着手工业者们到顾客那里去工作，所以购买者或定货者，必须到手工业者那里去的，反之，站在田租收入之基础上的中国专制国家，以商工为末业末利而抑压着，所以与欧洲正相反，而手工业者却不能不追随于顾客之后了。最后，中国手工业者的特色，是政治的脆弱性，这一点已如前所说了。

第三形态，是经营规模扩张而具现着"协业之古典的姿态"之"工场制手工业"，但这个由技术的基础而言，依然是手工业。中国的工业生产，有几种是自古以来就为"工场制手工业"的。但数千年来，依然不出于此阶段以上。我们在考察中国"工场制手工业"内部中之依据分业的协业以前，一般的先必须明白工场制手工业之成立，与其历史的特性。工场制手工业之发生方式，换言之，即工场制手工业由手工业所形成的方法，可以说有两种。一种是由各种各样独立手工业之结合而出发。此时,这些手工业,只有在形成同一商品的生产过程中,各相互补充部分作业时,是极度的非独立化与一面化而已。另一种工场制手工业形成的方法,则由同种手工业者的协业而出发。此时,同一之个别的手工业,只有在分解为种种特殊作业,而这些特殊作业孤立化为各特殊劳动者之专属机能时,是极度独立化的。"所以,工场制手工业,一方面是引导分业入于同一生产过程中,或使分业更趋于发展;而另一方面,却又是结合从来分离之各手工业者的。"但是,"这特殊的出发点,不问其属于何种,而其归结的姿容是同一的。换言之,那都是一种以人类为各器官的生产机构"。工场制手工业由技术的基础而言,依然为手工业,因而,其作业是依存于个个劳动者对于道具使用法之力量、巧拙、迟速及确实的。但是,工业劳动的生产力,可以因手工业之转化为工场制手工业而增进。这因为是藉劳动之结合,而制出了新生产力因素之故。"凡终身为同一单纯作业之劳动者,是已把其全身化为这作业之自动的一面的器官了。所以,比较不单纯为一作业全系列的手工业者,在作业上,可以费较少之时间。形成为'工场制手工业'之活机构而结合的总合劳动者,显然的就是由此种单面的部分劳动者所构成。这正是工场制手工业可以比独立手工业,能费较少之时间,以产出较多生产物的所以然,换言之,亦即劳动生产力得以增进的缘故。"要之,工场制手工业在其内部之分业中,分解了手工业的活动,特殊化了劳动用具,形成了部分劳动者,把他们分置于一个总合的机构中而结合之,这样,使从来在工场外所有之社会的生产过程中之"质的编成"与"量的比率"——即社会劳动之一定组织——导入于工场之内，而使其有计划化。借以新展开劳动之社会的生产力。但与此工场制手工业同时所新生的社会生产力因素，自身却表现为了资本之生产力，因而其结果也成为了资本的结果。"在工场制手工业中之有机能的劳动体，与在单纯协业中之有机能的劳动体，一样是资本的一个存在形态。而由多数个别的部分劳动者所组成之社会的生产机构，也是资本家的。因此，这正是诸劳动结合所生之生产力表现为资本之生产力的所以然。"劳动生产力之增进，其直接的意义，不过为富——即使用价值——之生产的增进。但工场制手工业的劳动者，因其机能已单纯化之故，所以在修业上之费用，已全然不要（不熟练劳动者），或者已比独立手工业者为减少了（熟练劳动者），其结果，也就失坠了劳动力之价值。这事实，对于资本而言，其意义就不外是"相对的剩余价值"之增进。"因修业上费用消灭或减少而生之劳动力相对价值的失坠，直接就包含着资本价值增殖之提高。因为缩短了劳动力再生产中必要的时间，就是扩大了剩余劳动之范围。"要之，工场制手工业的分业，在社会生产过程之特殊资本制度的形态时，不外就是生产相对的剩余价值——换言之，不外是在劳动者牺牲中，提高资本之自己增殖（有人称为"社会之富"或"国富"）——的特殊方法。"这个不仅是使劳动之社会的生产力，为资本家——不为劳动者——而发展，同时，是使其经过个别的劳动者之畸形化而发展的。……因而，这个一方面表示了是社会经济形成过程中历史的进步与必然的发展契机，他方面表示了是文明化与醇化的一种榨取手段。"

第三节　旧来中国工业中之工场制
手工业的实例——制盐业

前世纪末叶,欧洲资本,把中国推入到它们自己之生产方式时,中国自身也在若干工业部门中,有了工场制手工业之发达。我们可以举出制盐业以为此种工场制手工业之一实例。如前所述,制盐与冶铁,同为中国自古以来最重要之一工业部门。

中国盐由其赋存之方法,可以区别为海盐、池盐与井盐。而自其起源与产额而言,海盐为最古而最重要,如前所述,制盐事业,我们可以想像出自古以来已有类似于工场制手工业之大经营了。但海盐之制造,制法是非常简单,所以主要的形态,恐怕常是手工业的小经营。

池盐之制造也是很古就知道了。盐池在华北的西部及蒙古地方,有多数的存在。其中,在山西南部解州的解池,古来最为著名,而这个不仅充为华北之西部地方的需要,同时常用以充中部中国内地诸地方之需要。解池之制盐,如我们已经在前面所考察,在中世时,无疑的已大规模的经营。但制法也很简单。即以桶运盐水于盐田而已。前世纪之七十年时,德国的地质地理学者李托芬氏说,解池畔的土地,约为一百五十家协同合作社所占据,而这些都是协业的作业,在那里,工资劳动者也有被雇佣的。

中国制盐,恐怕是旧来中国工业一般中所最发达的大经营,这在岩盐之采掘中,可以看到。海盐及池盐之制造中,不过可以看到单纯协业,反之,在这里却有真正工场制手工业的大经营。岩盐产地为四川与云南。就中,四川之岩盐,其赋存量为最大,采掘也最早,而且为最发达。这采掘起源,可以远溯至于秦代。岩盐是穿盐井达盐床,以汲取其涌出之盐水者。制法是煎法,还有是天日制盐之晒法。中国的盐井中,四川之自流井为最著名。根据比较新的数字(一九二三年)时,自流井与其附近之盐井,有一千五百八十所。而其殷盛,正仿佛是美国的油田。百数十呎之凿井塔,相并而立,盐井中有些是用着很好的土法以掘凿,下底之深达二、三千呎。前世纪七十年时,李托芬也说,要得到浓厚之盐水,下底必须掘至六百至八百米突,通常欲得较稀薄之盐水,下底亦须掘至二百至三百米突。盐井之凿掘工作,由一队之劳动者工作,通常要三年乃至六年,不,差不多要十年之久,最高纪录,到过要七十年者。因而一井之掘凿费用,已要数十万两。由此而观,此时,手工业的小经营,最初就已不可能了。何况此外从汲取盐水到精制时之各种设备及经营费,更需二十万乃至三十万两呢!李托芬说,一井中须四五十人劳动者与同数之畜力——特别是水牛——以工作。在那里,分业总已存在了。有驱使役畜的,有看守大竹筒之盐水汲取器运动的人。井盐之制法,已如前述,是煎法,在煮盐小屋中,锅有七十个,不,往往有一百个以上者。在这里也必须要十数人之劳动者。盐水之煮沸精制,多用天然瓦斯——岩盐赋存地多出天然瓦斯,此种瓦斯井,称为"火井",到夜间时,这瓦斯利用为全地域之照明用——但燃料不足时,则用煤来补充。岩盐是经过上述之生产过程而精制的。但此时归于此全生产过程中之各生产手段——盐井、火井、盐水汲取设备、由井导盐水至煮盐小屋之桶的设备及锅等——所有者的利润，由当时之诸关系而观，也是很大的。

注 见《盐铁论·复古篇》——译者

第三章　官僚主义的封建制之解体过程

　　在地理上,中国于清朝时,领土已扩张到了未尝有的大,而人口已占了地球人口之约四分之一,在历史上,中国从来因战争、内乱、水旱灾、饥馑及外族之侵入,几乎是周期的破坏了社会生产力,因此,得以往返循环的再生了差不多相同一的生产关系。换言之,中国社会之历史辩证法的特色,是较高阶段中"保存"的契机,远较"废弃"的契机为大,即中国社会中,常得以保存了多量旧来之社会关系。

　　所以,中国社会在清朝时代时,因上述历史的及地理的条件,表现成为了一种包摄各种文化阶段与社会关系极度复杂的国家。即土地财产中,还可以发现原始的氏族所有及村落共同体所有。奴隶也多量的保存着。就在社会统制组织中,血属的统制与村落共同体,也还多量的保存着。尤其是父家长制,还有着古典的严格。

　　但中国社会之中世的构成,虽有此多样性,然而却表示着是一种本质的种类。即其大体上不外是以"纯然之王有地"(有种种之名称），及官有色彩强烈的——在经济的意义中，亦即在国家官吏苛敛诛求耕作者全剩余生产的意义中——"小农民土地所有"（这在前世纪一八六〇年终顷时，据报告约占中国耕地全体之约五〇%）与"庄园的土地所有"为物质基础之专制的官僚主义，与未成熟封建主义的结合。而此种中国中世的社会构成，就不过是利用了及保存了上述太古的乃至古代的社会构成之种种遗制，以作为强化其基础的支柱，而也只能作为支柱之用。

因而，除边疆地域——即中华沿边——外，譬如氏族的土地所有，不仅数量的为有限，实质上也已由原始的形态变化过了。这在中国北部，几乎等于没有。因为已被不断之战乱破坏殆尽了。反之，这在江南，特别是广东、福建等地，可以稍稍多量的发见。尤其在广东省，就到现世纪时，氏族所有地也还占着耕地全体之三〇%—四〇%。但这已由原始的形态转化了。因为在原始的氏族间，土地之共同体所有，即跟着有共同的利用，而此二种契机是一致的，但在中国——除边疆地域——此种一致已完全消失了。即氏族共同体之所有地，已为氏族内构成员所个别耕作，或贷之于氏族外人，而个别的耕种的了。此时，氏族共同体所有的性质，表示于土地收入之氏族共有中。马札尔氏分为"土地自身之氏族共有"与"土地收入之氏族共有"之二者，而似乎认中国之氏族财产中，只有后者，但这个不得不认为是误解。因为土地收入之共有，不外就是土地财产本身共有之经济的机能。无论如何，解体期中国之氏族的土地所有——除边疆地域——既然可以发见了那个，当然已是由原始的形态转化的了。氏族制度自身，虽在中国宗法之下多量保存着,但与宗法同时,已由原始的氏族制度转化而再组织的了,且已消失了原始之本质的职能与意义。其次,村落共同体所有,在解体期之中国,也不过单尽了副次的及补充的任务而已。换言之,只不过在牧养地,泥场(泥土采取地)、采落叶柴草之山野等村落共有地中,残留其名而已。村落共同体自体,已与古代中国井田法的同时,由原始的形态而转化,此后,更经了几度的再组织,以成为了官僚主义的封建制之基础。因而,村落组织之意义,在第二次的组成以后,可以说已变化了。又父家长制一般是表现于由野蛮移于文明之过渡期社会中的,但只有这个在中国常发见古典的严格。这个实在是专制国家机构之道德的支柱。皇帝看做为全国民之家长,官吏为管辖区域内住民之家长。最后,奴隶在解体期的旧中国社会中,也可以发见,但主要的不过得以存续为了家内奴隶乃至奢侈奴隶——因而一部分为赘物(蓄妾)。要之,原始的乃至古代的社会构成之诸遗制,在解体期之旧中国社会中,还可以多量的发见,但发见的这些,不外是中国社会中世基本构成之官僚主义的封建制之诸支柱,及基础之补充。

中国社会在清朝时代时,封建也依然是尚未成熟。但此已完成为官僚主义的封建制,而在当时世界的环境下,康熙乾隆时代,已绝对主义的组织化了。这样,中国社会之中世的构成,以第十八世纪末叶为转机,转入到了决定的解体化之道程。现在,我们就究明与追迹这过程。但促进旧来中国社会解体化的各重要因子之复合,可以分成两方面,一方面是欧洲资本与其所伴之重炮,还有一方面,是中国社会自身胎内育成之诸矛盾的发展。但这些在作用上,不消说是相互关联而交互作用的。

第一节 欧洲资本之到来

中国有丰富的天然资源,而人口虽然曾经经过历史中往返不已之牧人种族的侵入,与内乱,水旱灾饥馑等的破坏,但在清朝时代,因最初一世纪半之政治的安定,而显著的增加了,在前世纪初已达四亿人,占世界人口之四分之一。但关于自然富源,中国不仅富于多种多样之矿物资源,而农业上亦得自然环境之惠,土壤之自然的丰度很高,而有了种种之作物。加之,中国人劳动力,能甘于粗食而发挥其卓越之属性。要之,中国从各自然条件而观,可以说是已具备着为资本发展的最佳地盘。

然由此种自然富源之开发水准而言,旧来中国之特色,是广大地域中农业牧畜之发达与工业之异常的不发达。交通虽有水运之便,但一切交通机关,依然不脱旧态,而在未进入现世纪以前,几乎还不知铁路。

所以,中国对于近代欧洲资本之发展,可以说具备着了绝好之机会。"即,它们有着四亿左右之人口,而这些人口都有异常的天赋劳动能力,与许多天赋的聪明及才能,同时又惯于低微的物质快乐标准;而它们占有了具备着丰富未开发矿物,而缺乏制造工业或交通机关的国家,这事实,就展开了有利榨取之眩惑的希望。"(霍伯逊《帝国主义论》)——不消说,在今日大体上还是同样。

　　大家认为近代资本与后进民族交涉时，分为三个阶段。"第一，为普通之商业，即二国正常的余剩生产物之交换。其后，英国或其他西洋强国，以资源开发之目的，在外国获得了领土，或投下资本以后，未必要以输入贸易来保持其平衡——因为这时期在事实上，也含着投资之过程的——而是在铁道机械及其他资本形态中，享有了莫大输出贸易之时期。假若在新开发国内部能够获得资本及事业能力时，这阶段得长时间的存续罢。至于第三阶段，即依其处殖民之欧洲人或土著民，而使资本及组织的活动力，能在国内发达的阶段。在中国，正残留着这个最近将来得以到达的阶段。"（霍伯逊）

　　欧洲资本之打开孤立中国的门户，而为解体化活动之开始，不消说，大体上是在入于第十九世纪以后。而英国之鸦片秘密输入与加农炮，尤其是一个重大的契机。但欧洲商业资本，在此以前，已早就到了中国。这里，我们把西历纪元前秦汉时代时与西洋之商业交通史，姑置不谈。第十三世纪末元初，如前所述，威尼斯商人马可孛罗，就是欧洲商业资本到远东来的"第一燕"，而他的访问中国与拜谒皇帝世祖，就是一个著名的插话（Episode）。这样，元初约半世纪间，开展了中国与欧洲之交通。这主要的是陆上交通。然不久在蒙古衰亡之同时，中央亚细亚之回教徒再起，而成为了东洋与西洋间之一障壁，到第十四世纪中叶以降，东西交通立刻衰微了。汉人王朝明室，初禁国人出洋，亦不欢迎外人来华。这样，东西交通几乎有二世纪间，陷入于极度衰沉中。

其时，世界史已跟着第十六世纪进入于近代。哥仑布于一四九二年发见美洲，曾先后四回到美洲去探险。哥比尔尼克斯天文学之出现，是一五〇〇年。自然科学也发达了。因相继之探险旅行，发见了全世界，而地理学也发达了。遍设殖民地于世界各地，而世界交通也就成立了。欧洲从此时到第十八世纪的约三世纪中，入于所谓重商主义时代。第十六世纪，在欧洲纵非是划期的时期，但在东洋，却已经验了种种划分新时代之变化。中国当明之末叶时，日本是经过信长，秀吉而入于德川幕府之时代，至于朝鲜，正是"壬辰之役"中发生名将李舜臣的宣祖时代。总之，新领土及新商业通路之发见，一度影响及于了欧洲以后，葡萄牙、西班牙人以次，欧洲各国人都访问了中国、日本、菲列宾等各国，而东洋也渐渐入于内外多事的时代中了。

在此稍前，中国与西洋之商业通路，与蒙古没落之同时，已不得不由陆上转换为海上了，所以自元末至明之中叶的长期间中，其特色是商业资本之衰沉，而此事已如前所述。与欧洲新时代开始之同时，到明之后期，中国南海方面已来到了欧洲之商业资本。最初来的是葡萄牙人。于一五一七年到达广东。其后，经过了相当时期，葡萄牙人就以澳门为根据地，而从事于贸易了。西班牙人的到来，约迟半世纪。于一五七五年，才来了两个宣教师。但他们一无所得的而被逐归了。其后，一六〇四年，荷兰商人到来了。在此二年以前，荷兰东印度公司已设立。但荷兰也被拒绝通商。荷兰之使节，以后虽常来北京，但都被葡萄牙所反对，而未得通商上之特权。英国经过一六〇〇年设立之英国东印度公司，于一六三五年时,才企图与中国通商,但因澳门之葡萄牙人的反对,而不得不失败了。但两年后,于一六三七年,英国船三艘,到了澳门附近。英国船在企图入广东港口时,虽然遭受到了炮击,但终于进入港口,卸下货物,转载糖及香料等而归了。一六七〇年,为英国开了厦门。同时也开台湾,不过台湾不甚重要,到一六八三年时,与台湾之通商遂归中止。一六八五年(清康熙二十四年)以诏敕开放一切海港,与外国通商,因此,英国就经过东印度公司,而获得在广东设立商馆之权利了。但最初之商船,派遣于一六八九年。第十七世纪在中国之欧洲商业资本的历史,其特色可以说是最初获得特权之葡萄牙人与后来的荷兰人及英国人间之激烈的竞争,与英国人之打破葡萄牙人在中国之贸易独占。

另一方面,连接国境的俄罗斯,很早已与中国在政治上及通商上有交涉了。最初俄罗斯之使节,于一五六七年来到北京。但因他们未带贡物,不得谒见皇帝(明之穆宗)。第二回(一六一九年,明之万历)及第三回(一六五三年,清世祖顺治十年)的使节,也未许谒见皇帝。这因为未带贡物,与不答应行叩头礼之故。但不久,俄罗斯的商业队,才出现于北京(一六五八年)。这商队其后相继于一六七二年(康熙)及一六七七年(同上)来到了北京。但沙王朝第二回使节之出现于北京,是一六八九年(康熙二十八年)。以前,于同世纪中叶时,俄罗斯军队到了黑龙江,开设屯田。一六八〇年,中俄国境战争开始了。其结果,成立了《尼布楚条约》,定了两国之国境,而帝俄就退出至黑龙江彼岸,且又成立了关于国境贸易之协定。那是中国与欧洲近代国家最初之战争,又是最初之条约。其后,俄国使节,相继每隔数年,来北京一次,答应行叩头之礼,而谒见了皇帝。一七二七年,沙王朝与清室间,缔结了《恰克图条约》。在那里规定了该地方之两国国境,又结了一个关于国境贸易之协定。而在第五条中,承认在北京设置俄国公使馆。一七三三年,雍正帝之使节,派遣至于沙王朝廷。这实在是其后到同治年间(一八六一——一八七四年)止的百余年中,清朝派遣至外国的唯一使节。自此而后,俄国的商业队,已中止到北京来了。在这贸易中,严禁银及其他货币之交易。俄国人带来罗纱皮革之类,与中国人有的茶、丝织物、棉织物等,藉物物交换而交易。一八〇六年(嘉庆十一年),两艘俄国船来到了广东。但俄国被北京政府之命令,禁止了海上贸易。其理由是因为俄国已有了国境贸易之特权,所以再不许兼享海上贸易之特权。俄国船被禁在广东贸易以后,那就不能不专限于恰克图了。

现在,我们就再转观海上贸易罢。法国于一六六〇年后,每隔一长期间,派遣商船来到广东一次。但在广东之法国商馆的设立,为一七二八年。贸易在十八世纪中,单仅为小规模的。法国领事馆旗子的最初飘扬,是一八〇二年。美国在最初时,乃转经英国东印度公司而经营茶叶买卖的,但一七八三年《凡尔赛条约》成立而被认独立以后,其翌年,美国就由自己派遣船只至广东,参加远东贸易了。其后,美国继续贸易,终于在广东商业界中,占到了第二位。第十八世纪时,其他瑞典、丹麦、普鲁士等欧洲各国人,都新来到了广东。但他们的贸易,决不是重要的。当时之贸易主角,依然是英国。

反之,中国对于外国资本的态度,在最初时,清室对于外国资本未必是敌对的。曾经以诏敕为外国贸易开放了一切海港。然重商主义时代之欧洲商业资本之掠夺政策,不久,就使清朝对外国资本,抱着敌意了。其时,不具贡物,及不行叩头礼等,也是对外国资本抱敌意的理由。这样,第十七世纪终顷以后,中国之外国贸易,事实上,主要的仅限于广东一地。这因为其他各港——主要的如厦门及宁波——被课着高压的关税之故。而广东一港,清朝对于外国贸易,也加以限制。最初,一七二〇年(康熙五十九年)时,北京政府使广东商人组织一个称为"公行"(Co-hong)的几尔特,以外国贸易归十三个称为"行商"(Hong-Merchants)的特许商所独占,而外国贸易必须经过他们的手。且抑压一年加重一年了。例如一七二八年时,对于卖给外国人的一切产物,都课以从价一〇%之附加税。一七五七年,发了一道敕令,终于宣言以广东为中国唯一之贸易港了。

然此种限制,在另一方面,到底不能使英国为首班的欧洲资本感到满足的。当时,恰巧碰到所谓产业革命,经验过了生产技术之革命。即机械采用的同时,经营既得以扩张,而生产亦得以增进了,且市场扩张之要求,更趋于高昂。在政治上,企图对封建制及绝对主义加以攻击,以贯彻市民之自由与平等。一七七六年,美国宣言独立;一七八九年,法国经验了国家的变革,决议了《人权宣言》。在观念形态上,有市民自由与平等之说,特别在经济理论上,发生了所谓"布尔乔亚(资本家的)经济学"。要之,重商主义已让路给了"自由放任"(Laissez faire)主义,欧美各国此种深刻之经济的社会的变革，不消说，不能与东洋毫无关系而进行的。

　　总之，欧洲资本已真正的开始打开孤立中国之门户了。但中国门户在绝对主义政府之下，依然是不得不坚固的密闭。乾隆时代，一七九三年时，英国更欲获得特权起见，派遣了玛加德尼卿到北京。他们打着了英国来聘使的旗帜到了北京。但使节除被以礼仪迎接，以宾客待遇，以严重的监视，以殷勤的逐归以外，一无所得。他们的目的之一，是请求缓和对广东贸易之高压及苛税，但这些在到以后用大炮除去之前，是依然存续着的。另外还有一目的，是要求确保广东以外各地——天津、宁波及其他——通商之自由，但这个终于顽强的为北京政府所拒绝了。然而，英国政府并不介意于此失败，嘉庆二十一年（一八一六年），派遣爱姆哈斯德卿至北京，以为第二回的使节。其目的是想要求除去显著的高压，把东印度公司的中国贸易，置于安全之基础以上，避免地方官厅之攻击，以直接置于皇帝之保护之下。他们这一次也打了来聘使的旗帜到了北京。使节虽为许多王公百官所迎接，但所得到的却是"速就归途"的命令。爱姆哈斯德卿遂回到了广东。于是，问题除诉之于武力以求解决外，已无别法了。

　　英国资本之中国侵略欲，入于第十九世纪后，愈益认真了。从来，英国的对华贸易，专由东印度公司经营的，但此独占至一八三四年（道光十四年）时，因英国资本家的要求而废止了。同年，拿彼亚卿到广东为通商代表。但两广总督却不承认他，而拒绝与他交涉。且命令与英国停止贸易。拿彼亚卿终于客死澳门，而对英贸易再经"公行"而经营。英国于一八三六年，再派遣使节。但依然毫无所得。此时，鸦片问题已趋于重大化，而引导出了鸦片战争，顽强的紧闭的中华帝国门户，也终于渐次为强力所打开了。

第二节　鸦片战争（一八四〇——一八四二年）

对于旧来之中国社会，像鸦片那样发挥可怕之破坏力的商品，已没有其他的了。这鸦片正如磨灭人类生命，使其燃烧起极度兴奋，颓坏其身体与德性一样，把中国有机体，依其血液之流出，发生了最有害之兴奋，一步一步愈益确实的陷入于不可恢复之自坏过程中。

生产鸦片的罂粟，中国在唐代已经知道了。但中国人知道鸦片之制造，是明之中叶（大约一四八八年时）。据说这是从回教徒转学于阿剌伯人之制法的。最初供作为药物之用。西班牙人从菲列宾带来烟草，更以之于一六二〇年左右，输入福建，不久，相传就混用鸦片于烟草之中。但鸦片在一八〇〇年以前，纵令已经知道吸食，但似乎决非多量。清之雍正帝，于西历一七二九年，发了第一道的鸦片吸食禁止令。

最初，把外国鸦片输入中国者，是葡萄牙人。在上述雍正帝发禁令的一七二九年时，输入额未超二百箱。中国之鸦片输入，在一七七三年以前，由葡萄牙人所掌握。而这数年中是由私人贸易商经营的，但一七八〇年后，归英国东印度公司之独占了。一七九六年，广东的鸦片输入，为一，〇七〇箱。一八〇〇年（嘉庆五年），仁宗发了一道禁止外国鸦片输入及国内栽培罂粟之敕令。

但实际上,虽然有了前述之鸦片吸食禁止令,然当时,鸦片之吸食却愈盛行;而外国鸦片——从印度——之输入,虽已剥夺了它的合法性,但秘密输入,却愈益激增了。这是由于英国东印度公司大活动之故。

由来,英国在第十八世纪时,由中国之输入茶叶及生丝,已渐增大,因而,多量的银,就不得不由英本国及印度流出到了中国。在那里,英国又把印度的鸦片带进到了中国。这样,鸦片就占了东印度公司对华输出之大部分。一八一一年至一八二一年时,鸦片之输入,每年平均达四,四九四箱,到一八二一年至一八二八年时,每年平均已增大到了九,七〇八箱。但贸易收支,还是中国有利。换言之,白银还依然由印度,英本国及美国等,不绝的流入中国。但中国的贸易收支,从道光七—八年(西历一八二七年—八年)以后,是逆转了。即中国之白银,逆转的开始流出海外了。一八三三年,清朝不得不出了"银两输出禁止令"。但此时,英国鸦片的秘密输入,仍然沿着激增之一途前进。即一八二八年至一八三五年时,鸦片每年平均输入达一八,七一二箱。又一八三五年至一八三九年时,每年平均激增至三万箱。英国说,这是由于中国人吃鸦片,所以才输入,但中国政府说,这是由于英国输入,所以才吸食的。北京政府为励行鸦片秘密输入之取缔起见,于一八三九年,派遣钦差大臣林则徐至广东。他到了广东以后,要求外国商人把所有之鸦片都提出。他没收了英商所有之鸦片二万二百九十一箱烧弃之。这样,一八四〇年(道光二十年),清朝与英国间,就开始了所谓"鸦片战争"。战争继续了三年之久。一八四二年,两国间才缔结了《南京条约》。这不外就是承认三年前巴玛斯顿卿所已豫定之条项。

英国因此战争与这最初之条约,遂达到了宿望之第一课。换言之,即第一,是开放了广州、厦门、福州、宁波及上海五港,为外国贸易之条约港。第二,废止了"公行"之外国贸易的独占。第三,在条约港须课均及公正之关税(除茶为一〇%外,其余输出入品概为从价五%)。而英国使北京政府割让香港岛,得偿金二千一百万元——六百万元,乃对烧弃之鸦片的赔偿——在各条约港,有设置领事之自由,承认两国人对等待遇。

其后,至翌年一八四四年,美国及法国也与清朝缔结了条约。

要之,鸦片之直接的经济的结果,是使中国有机体在消耗前流出白银;政治的结果,是引起了用强力开放中华帝国门户之战争。但鸦片对于旧来中国社会所生之结果,尚不尽于此。关联于鸦片秘密输入之贿赂行使,在道德上主要的是使中国南部诸省官吏完全堕落了。由来,在中国皇帝是尊为全领土之父家长的,皇帝之官吏,也是视为管辖区域之父家长的。但自此而后,因鸦片密输而得法外利益之官吏的堕落,渐次使中国从来结合庞大领土国家之道德的纽带之父家长制的权威失坠了。而这事实,更成为后述南部诸省农民叛乱之条件。随着鸦片征服中国人之程度,而皇帝与大官,也愈益失坠其支配权了。实际上,历史正如在唤醒中国国民长期传统之墨守以前,先使全国民陶醉一下的进行着。

英国因鸦片战争之结果,得了香港岛之割让。自此以后,香港就在英国保护之下,树起了英国国旗,而为鸦片密输商人之根据地了。外国鸦片之输入,依然为北京政府所禁止的。因而,鸦片问题发展之契机,可以说依然是存在着。但我们在追述这个以前,必须先阐明一下中国社会胎内因欧洲资本所促进之中国社会自身内部之解体化的各种契机。

第三节　太平之乱——太平天国之成立与发展之时代（一八五〇年——一八六〇年）

最初,得到半世纪左右之安定的清朝,以乾隆时代为绝顶,其后,在国内也现出崩坏之征候了。在清朝之下所蓄积之官僚主义的封建社会内部的诸矛盾,从第十八世纪末以来,开始暴露了。以贫农为母体,再集合浮浪的知识分子,零落之手工业者及小商人等之宗教的秘密结社之叛乱,多孤立分散的起于中国各地。从

太平军之领袖

乾隆末年到嘉庆时,白莲教徒已经以湖北为中心,而蜂起于四川及河南了。而这叛乱更蔓延至于陕西及甘肃。清朝为平定此白莲教徒,曾经费了十余年之久。因为常备军之"八旗"及"绿营"已经是败颓了。政府就不得不倚赖于佣兵的"乡勇"。到官兵已明显的不足恃的时候,各地就纷设堡垒,拥武器,而成立了自卫的"团练"。清室之中央集权,遂渐趋分解。

入于第十九世纪时,南方出现了海贼,猖獗至数年之久。在内地,发生了很大的天理教徒之乱(一八一三年)。其时,在西方之天山南北路,回教徒也起叛乱。这个在一八二八年时,才渐告镇定。

中国社会内部之崩坏,因欧洲资本之压力而促进。欧美资本与商品输入之同时,更带入了与专制主义绝不相容之"红毛"的观念形态。由来,专制主义是以住民之孤立,封锁与无知为基础,同时也只有依这些可以维持。但欧美资本之侵入,不得不把这基础推翻了。

旧来之中国社会末期时的农民战争,与前世纪中叶南部中国所起的太平军,同时达于高潮。太平军乱是一个教训的乱事。因为这个正暴露了旧中国社会内部的诸矛盾已在内攻。这个告白了庞大国家机构之坏颓,与皇帝官僚装置之支配权已完全失坠。而这个更明白显露了其时欧美资本是在如何的策动。

关于太平军乱事之条件与其全经过的分析,假若忽略了欧美资本之中国侵略,那就为不可能。欧洲及美国的资本,以后当明白叙述,它是一个中国内乱的发生,发展及败北之有力条件。

到太平战乱而达于高潮之中国农民秘密结社的叛乱,由其发生诸条件而言,是结合国内历史的条件,与世界史的条件而发生的。长时间中有规则的增加之国内过剩人口,已成为了国民之大多数,而使它们已不耐旧来官僚的及封建的关系了。于是以英国为首领之欧美资本来临了,如前所述,强取了五港之自由通商。多数之欧美商船,开始往来于中国,而中国不久也就充满了英美之低廉的机械制造商品,而从来根据家内工业或手工业小生产之中国工业,遂为机械之竞争所打倒。在此时,鸦片的作用,对于旧中国社会之经济、政治、道德,依然是一个有害的破坏的因素。这样,中华帝国遭遇到社会的危机了。国民全体都陷到了贫穷状态中。国家已再不能征纳租税,而临于破产之境地了。

这样,各地相继而起之叛乱,当时的观察者,都认为这是一个本质上极难解决的农民战争。"……而且尚有较此为更恶者。这就是在动乱化民众之间,已经有一种人在指摘出一方面是贫穷与他方面是富裕的社会不平,同时,又已有一种人在继续要求着财产之重分配与私有财产的废止,格致拉夫氏(Gützlaff)于二十年的离国以后,再归来到文明人及欧洲人之下时,他听到有人说社会主义,他总就这样的质问:'那个究竟是什么?'人家对他说明以后,他惊叫起来说:'那末,我无论走到什么地方,都不能避免这种灭亡的教理了吗?与这个完全相同的东西,在中国很早已为动乱中多数人所主张的了!'"格致拉夫当时居留在中国,以《太古至南京条约止之中华帝国史》(一八四七年刊)一书及其他之"中国研究"而著名的。

太平战乱于一八五〇年先起于广西省之山地。叛乱忽扩大至于全省，又波及到广东及贵州。叛徒之母体，是贫农。失业的下层职工及小商人，也加入其中。而流离之知识分子，在宗教的秘密结社的组织下，指导他们。譬如首魁洪秀全，一八一三年生于广东之花县，为贱种客家之所出。他最初应过几次考试，都未及第，就转化成为了不平不满之有识贫民。一八三三年，他已接近了基督教的教理。他跟着美国传教师，研究基督教理，而容受之。但他不受洗礼。他与冯云山共创"上帝会"（崇拜神之会）。忽然，他的追随者，达数千人之多。这是在广西省的山地。一八五〇年，洪秀全为组织之首领。会员为狂信的而有训练规律。洪秀全要求为三位一体的第三位，即天父为第一位，基督是第二位，为天兄，以自身太平王为第三位，号为天弟。他在太平天国运动之初期，发挥了杰出之指导者的能力。

叛徒于一八五一年陷广西东部之永安州城，树立了太平天国。他们于翌年犯广西北部之桂林——广西之省城——出湖南省。陷多数之都市，迫湖南省城长沙。但长沙终不得陷。于是北行陷洞庭湖畔之岳州，此后，他们下长江，出湖北省，陷汉阳，其后至一八五三年，占领了湖北省城之武昌。太平天国军更乘船下长江，一路屠沿岸之九江、安庆、芜湖，入江苏省，终迫帝国旧都南京，而占领之。城中之满洲兵有五千人，但生残者不出百人。

太平天国定南京为天京，同时编成第一、二北伐军，向首都北京出发。他们席卷安徽省，屠安徽巡抚，入河南，侵山东西部。太平军由河南进至山西之山地,陷汾水流域之平阳,由此转东,渐入直隶。他们一直迫到距天津仅二十哩的地方。但终为清军所败,而不得不向南退却了。

此时,在广西及广东,残留分子结合了自然发生的农民叛乱,蜂起于各地。各地都市,因城内贫穷职工及小商人等的呼应叛徒,所以都容易陷落之。叛乱波及到了浙江及福建。在福建,厦门、福州也很容易的被占领了。在浙江,宁波也为叛徒所占领了。一八五四年,在上海附近所起的农民军,终于占领了上海,而保持了十七个月之久。咸丰六年(一八五六年)太平军的一队,入四川省,到同治二年止,在那里驱逐了清朝政权。

太平军是因不耐租税诛求及官僚专恣而自然蜂起的农民战争,但同时,又是受了英美与商品同时输入之近代思潮的影响,而在当时之历史的诸条件下,必然的带有一种民族战争之性质,而其目的是在反抗那"掠夺我们财宝土地及政府"之满洲部族,在中国二百年间的支配。譬如太平天国二年(西历一八五二年)的一檄文,就激越的申诉着:

"嗟尔有众,明听予言!予惟天下者,上帝之天下,非胡虏之天下;衣食为上帝之衣食,非胡虏之衣食;子女人民为上帝之子女人民,非胡虏之子女人民。慨自满洲肆毒,混乱中国,以六合之大,九州之众,一任其胡行,恬不为怪,中国尚为有人乎?……夫中国,首也;胡虏,足也。中国,神州也;胡虏,妖人也。……奈何足反加首,妖人反盗神州,驱我中国悉变妖魔也。……予谨略言其彰著者:夫中国有中国之形像,今满洲悉削发为禽兽;中国有中国之衣冠,今满洲别顶戴猴冠,而坏我先代之服冕！是使中国之人,忘其本也。中国有中国之人伦,前伪妖康熙,暗使鞑子一人,管理十家,淫乱中国之女子,是使中国之人尽为胡种也。中国有中国之配偶,今满洲妖魔,悉收中国之美姬为奴为妾,三千粉黛,皆为羯狗所污;百万红颜,竟与骚狐同寝,言之痛心,谈之污舌;是尽中国之女子而污辱之也。中国有中国之制度,今满洲造为妖魔之条律,使我中国之人不能脱其网罗,手足无所措,是尽中国之男儿而胁制之也。中国有中国之语言,今满洲伪造京腔,更中国之音,是以胡言胡语惑中国也。凡有水旱,毫不怜恤,坐视饿莩流离,暴露有如草芥,是欲我中国之人稀少也。满洲又纵贪官污吏布满天下,剥民脂膏,士女皆哭泣于道路,是欲我中国之人贫穷也。官以贿得,刑以钱免,富儿当权,豪杰绝望,是使我中国之英俊抑郁而死也。凡有英雄代天报仇,动辄诬以谋反大逆,夷其九族,是欲绝我中国之志也。……予总计满洲之众,不过十数万,而我中国之众,不下五千余万,以五千余万之众,受制十万,此孔之丑也。今幸天道好还,中国有永兴之兆;人心思治,胡虏有必灭之征。三七之妖运告终,而九五之贵人已出。胡罪贯盈,皇天震怒,我天王肃示天威,创建义旗,扫除妖孽,又安中国,恭行天罚。……予兴义兵,上为上帝报瞒天之仇,下为天国解下首之苦,务肃靖胡氛,同享太平之乐。顺天有厚福,逆天有显戮。布告天下,咸使闻知。"

　　欧美资本的活动,最初他们是采取了中立之态度。在他们,毋宁说实际上还是以这样某程度的助长内乱为有利。而叛军自身,最初也非排外的,因而,太平天国运动在这一点上,与日本幕末之民族运动,是不同的。一八五六年,恰巧发生了爱罗号事件——此事件乃以清朝官吏闯入揭扬英国旗的鸦片秘密贸易船,实行搜查为发端,其后,英国海军遂对广州市街炮击——其时,太平天国舰队的一指挥者,就寄书于驻在香港之英国商务官约翰·鲍令卿,申请军事行动之同盟与协力。

　　太平天国运动在经济及社会上,一方面揭了彻底的要求——他们以为凡天下之田,皆应天下之人同耕;丰荒相通,相互赈恤,以共享天父上主皇上帝之大福。即"有田同耕;有饭同食;有衣同穿;处不使不均沾,人不使不饱暖"。他们"不认土地田亩之私有,不认金钱之私藏,故贮银十两金一两以上者,以私藏犯法处罚"。田亩之收获,也使以新谷归属于国库。他们特别实行了耕地之再分配。即根据癸好三年(西历一八五三年)颁行之《天朝田亩制度》而观,凡田皆从土地之肥硗,分为九等,以第一等田一亩相当于第九等田三亩,且依照人口,规定每一人之分配额,男女十六岁以上,各人皆得受田。十五岁以下,分配以半额。又一家有六人时,若其中三人受好田,则其余三人须受丑田,各以一年举行重分配一次。(稻叶君山《清朝全史》四一二一三页)我们须注意这个《天朝田亩制度》之规定,是很具体的。要之,我们可以看出,太平天国乃以生产手段为国有化,使生产物也归属于国库,只有必要生活资料行分配的。

第四节　第二鸦片战争及太平天国之崩坏

太平战乱之发展,是以努力获得中国市场之欧美资本的中立及支持,为一个有力之条件的。叛徒们之一见像有基督教色彩,最初使欧美资本感到了满足。尤其像英国那样,是期待着使中国成为第二印度。但南京(天京)政府之政策,渐渐不得不使他们失望了。因为他们是太彻底的(Radical)了。加之以分割略取中国为目的的英国资本政策,与维持旧政权及门户解放为目的的美国资本政策,不得不相交错了。此时,因内乱而疲弊极了的清朝政权,已渐渐的不得不赖外国资本以求镇定。而北京政府先接近了在北方狙击中国领土的帝俄。而国内商业,高利贷资本及富农,也反对太平天国之彻底的政策。他们的向背是很明白的。换言之,他们毋宁是欢喜倚赖外国资本以维持旧秩序的。在此种情势之下,发生了第二鸦片战争。

甲、 第二鸦片战争（一八五六年——一八六〇年）

以英国为首领之欧美资本,不仅以南部中国之解放为满足的。如前所述,一八五六年起了爱罗号事件。事件之起端,是因清朝官吏在广东检查了一只在香港政务厅登记,而揭有英国国旗的洋型中国船,撤去了英国国旗,同时把乘员移到了监视船中。英国当局曾企图百方救济,但一切终归于失败。在此,英国却完全不提起该船是鸦片秘密贸易船,而集中问题到了凌辱国旗,使国论鼎沸,遂对清朝宣战。此时,法国也支持了英国。一八五七年,英法联军先陷广东,其翌年,把战争进至华北沿岸,陷白河之堡垒(大沽),迫天津。于是,缔结了《天津条约》。但不久,因条约之批准问题,又再起战斗。一八五九年,先在华北沿岸,英法联军与中国间继续战斗。最后,联军入北京,烧宫殿,一八六〇年遂缔结《北京条约》。其结果,是为外国贸易新开了华北及华中之各港。允许英国商船可以航行于中国内河。中国又支付了许多赔偿金。不仅这样,英国又使清朝割让香港对岸九龙之一部分。更改订了关税。最后,从来在法律上禁止的鸦片贸易,也终于公认了。

乙、 太平天国之崩坏

最初,一八六〇年时,美国因中国商业高利贷资本及富农之需要,着手为太平天国之坏灭。而美国本来已是畏惧了在太平天国背后活动的英国资本之露骨的侵略政策。且太平天国之政策,愈益增加了商业,高利贷资本及地主之反抗,于是在他们间的结托外国资本以镇压叛徒之要望,更抬头了。此时,英法已因第二鸦片战争之结果,逼迫北京政府,而已满足其原有之欲望。加之,太平天国之发展,毋宁说表示了是他们的威胁。因为太平军之政策是很彻底的,而一八六〇年时已向着英法所要求为局外中立地的上海,开始了攻击。此时,英法同盟军也就与美国一致行动。太平军虽曾顽强的抵抗,但于一八六四年(同治三年),终于使天京(南京)陷落,而叛徒遂坏灭。但太平军自定南京为天京以来,已经过十余年了。

太平军乱中,双方因战斗而毙者,虐杀者及因饥馑而死者,总数约达二千万人。叛乱于一八六四年,才告镇定。但国民已弊疲之极,政府不能收纳租税,而清朝政权遂堕地。这样,帝国各地,相继骚扰而发展成为叛乱。在太平军乱中,山东、安徽、河南已起"捻匪",到天京陷落以后,太平军更与其结合了。捻匪在太平军乱后之数年间中,猖獗于华北一带。又在云南及华北西部之陕西、甘肃,发生了回教徒之乱。

第五节　太平军乱后

在北方已领有黑龙江全左岸(一八五八年《爱珲条约》)的帝俄,乘第二鸦片战争时清室之困穷,于一八六〇年略取了乌苏里地方。俄国更于一八七一年占领了西方之伊犁地方,一八八一年,根据《彼得拉斯堡条约》,除掉得到很大之赔偿金外,更使清朝割让了该地方之西部。俄国根据该条约,还有在土耳凯斯丹及蒙古设置领事馆,开设商店之权利。

由来,中国在其周围,有几个于一定期间中朝贡的藩国。譬如琉球在一八七五年前,每三年朝贡二回;朝鲜在一八九四年前,每四年朝贡一回;尼泊尔在一七九〇年至一八八二年时,每五年朝贡一回;俾路玛在一八九五年前,每十年朝贡一回;暹罗在一八八二年前,每三年朝贡一回。安南也是每四年朝贡一回之藩国。其后法国于一八六二年使安南割让了南部之交趾支那,翌年,柬浦塞(Combodia)也被并合了。但法国之目的是要略取北部之东京——安南以北部为东京,中部为安南本部,南部为交趾支那——支配富良江即(红水),以入于云南。因为他们向来知道在那里有丰富之矿物资源的埋藏。法国于一八八四年,以安南为保护国,获得了宿望之对东京的支配权。但这个引起了清朝与法国间之战争。但中国终于在一八八五年,依《天津条约》而承认了法国对于安南之宗主权,而且缔结了关于越境贸易之协定。法国的野心,是达到了。

英国于一八六二年并合了下部俾路玛,到知道了法国对中国南部之野心时,于一八八六年,更由中国略取了上部俾路玛,并合于英领印度中。一八九四年,中国为英国开放了云南之腾越。这样,英国也已得确保从印度至云南的贸易通路了。

锁国、封建制的日本,经过了一八六八年之政治的变革,到明治政府成立时,已统一为近代国民国家了。日本之大陆政策,引起了清日战争(一八九四年——五年)。其结果,是大家都知道的。

中国因清日战争而一败涂地后,列强之对华政策,遂进入到了新的阶段。换言之,即外国资本在中国之利权竞争,很炽烈了。第一,帝俄于一八九六年,以日本为目的,与李鸿章缔结了一个中俄同盟的密约,而获得了中东铁路之敷设权。这个自西而东,由满洲里经哈尔滨至绥芬河之间,为九百五十哩,由北而南,自哈尔滨经大连至旅顺间,为六百四十六哩,合计敷设了一千五百九十六哩(至一九○四年止)。俄国于一八九八年更租借了辽东半岛。同年,德国派军舰至中国沿岸物色,最后租借了胶州湾,同时使北京政府授予了它山东省铁道及矿山利权。法国租借了华南之广州湾,而且获得了把东京之河内到老开的铁道,越国境而延长至云南府的敷设权。同年,英国先得了香港对岸之九龙半岛的全部租借权,而且得了到广东止之铁道敷设权。又于同年,在华北租借了威海卫。再获得了从最大商业都市上海到旧都南京间三百十一粁之铁道借款权。在此一年前的一八九七年,以法俄为背景之比利时财团,成立了中国铁道一大干线——连结北京(北平)汉口间之京(平)汉铁道——之借款契约。但全线之开通为一九〇五年。其他,前世纪末叶以来,各国相继获得了中国铁道利权,其中,特别是从天津到长江岸浦口——南京对岸——之津浦铁路最为重要,这利权,于一九〇八年归于德国及英国了。至于全线之开通为一九一三年。在此以前未曾表示过领土野心的美国,也于一八九八年缔约了从汉口到广东之粤汉铁路的借款契约。但这个契约,以后结局归到了英国资本之掌握中,目下在建设中。^(注一)

要之,世界在世纪之转换期,进入到了帝国主义之时代,而中国便成为了近代资本之最良的食饵。老大帝国遂被剥取了领土,或被分割成为了各列强之势力范围,被强取了矿山铁道之利权,而金融的为外国资本所隶属化。此后,帝国之锁国完全消失了,而清朝政权之经济的基础与封建的官僚主义组织,遂因外国资本之侵入与国内的扰乱而崩坏了。老帝国遂愈益确实的为半殖民地化了。

第六节　国民革命之进展

此时,在国内起了新形成之市民阶级,建设近代国家的运动。这个进一步成为了打倒旧来军阀、官僚、土豪及买办——外国资本侵略中国的牵线者——与反对帝国主义之斗争了。他们要求有宪法,要求排除清室对铁道、矿山等重要资源之支配,而使之为人民所有,他们又反对了对外借款。此种国民国家之运动,因日俄战争(一九〇四年—五年)的结果,而愈益鼓舞了。革命军于一九一一年终于陷落了南京,成立了共和政府。翌年,一九一二年一月,孙逸仙就任了共和国第一代之大总统。清室支配之二百五十年,至此告终。而中华民国第一年开始了。

但中国并不能与中华民国成立的同时,完全扫除了旧来封建的诸势力。不,大总统孙文于就任不久后,不得不把政权明白的交付于军阀官僚势力代表者的袁世凯了。袁世凯树立了绝对主义政府,抑压了国民党。袁之死后(一九一六年),中国就分散于有外国资本背景的诸军阀官僚、地主、商业、高利贷资本之代表者们掌握中,而内乱也就相继而起了。此时,国民党在华南已扩大势力,而得以树立政府了。

其后,国民政府渐次获得了新形成之中国产业资本的支持,又与旧来之封建的官僚的诸要素相妥协,又依外国资本之支援,而发达起来的过程,同时,也是新对立物之发展过程。这最近之阶段,已不得不由我们的课题中除开了。

第七节　结　　论

旧来中国官僚主义的封建制,在清室之下,以封建制而言,可以说是依然还未成熟的,但全体却已组织与完成为绝对主义的了。第十八世纪以来,欧洲资本之中国侵略欲,已愈益露骨,尤其是英国的鸦片与大炮,对此高筑之绝对主义国家障壁,打开了几个洞,渐次使此障壁毁坏了。在内部把旧来中国社会导入于崩坏的诸因子,因外国资本而更促进了。于是,中国官僚主义的封建社会,不得不转入于解体化道程中了。

由来,清朝最初对于外国资本不是敌对的。当时,恰因欧洲进入掠夺的重商主义时代的结果,第十七世纪以来,欧洲各国民间,遂惹起了对华贸易之猛烈的角逐与不和,这事实是使清朝不得不转入锁国政策的原因。而以"东北夷"来临中原的清室,当时又很怕与外国人的接触,将助长被征服者文化汉民族间已有之不平不满。因为孤立与封锁,是专制主义之基础。所以,清朝把中国内地,遮断了与欧洲人之通商,而隔离了国民大部分与欧洲人之接触。不过,只有南方广东一港为例外。但即在广东,也置有特许商人,而限制着自由通商。第十八世纪初约二十年间,欧洲人是必须经过"皇帝之商人",一七二〇年以后,则必须经过"公行",然后可以购买中国之茶及丝,同时,出卖自己带来的商品的。清朝又严禁了国人之远渡海外。这样,中国在第十九世纪初以前,几乎保守了完全之孤立。

　　其后，中国以乾隆时代为绝顶，而到内部的社会的矛盾出现时，由外部来了英国之加农炮，而成为了社会混乱与国家破产之重大的因子。如前所述，最初英国对于中国先输入所谓印度产鸦片的麻醉剂。当时，印度的英国政务厅，其收入之七分之一，是得之于对中国之鸦片秘密输入的；同时，印度对英国商品之需要，也大部分是依据于印度的鸦片生产的。而英国从鸦片背后，以武力出现于中国。"满洲王朝之威信，当着英国之武力，已如脆弱的火绒那样坏灭了，而天上帝国永远性之迷信的确信，也倒坏了。离开文明世界而在未开密闭的状态，已打开了破口。"在此以前，世界交通，已因加利福尼亚及澳洲黄金的牵引力而急激发展，并且已有自由的航路了。

　　中国贸易之收支，在一八三〇年以前，常为自国有利。因而，银子从印度、英国及美国不绝的流入中国。其后，一八三三年以来，这个关系已逆转了。同年，英国机械制的棉制品及少量的毛织物，出现于中国而又渐次增加。不久，鸦片战争打开了中国之门户，同时，对于国内的解体化，给予了一重大的打击。其后，鸦片依然多量的输入，而英国的棉制品，也愈益泛滥于中国国内了。

　　但农民之贫穷化，鸦片战争之赔款负担，鸦片秘密输入之贵金属流出等，愈益驱使政府趋向于苛敛诛求了。而其结果，又是很明白的。

　　要之，旧来中国之产业，政治机构，财政及道德，因英国鸦片及武力之外部的要因，促进了入于重大的解体化道程中。这以鸦片战争为划期。一八五三年六月十四日纽约《每日讲坛报》载了一篇中国社会评论说："完全的孤立，假若是旧中国保全之主要条件，那末，现在，这孤立已因英国之媒介，而惹起了武力的终末，所以，它的崩坏，正如在棺内密封的木乃伊，一接触到新鲜空气，能立刻遭遇瓦坏命运一样，可以确实发生的。"实际上，其后解体是确实进行了。

清朝对国人远渡海外之设置封建的禁限，这已如前述。一八六〇年以前，中国人的海外移民，是被禁止的，但国内之相对的过剩人口，不得不于海外找求出路。而外国资本更吸引了"比自己生活费而能生出最大劳动剩余生产物""最适宜于为产业的榨取目的"（霍伯逊）的中国人。这样，就渐渐的出现了秘密渡航者。一八四七年记录上最初向美国的渡航者，由厦门送出了约八百名。这是派遣于古巴岛的，而名目上为自由劳动者。但事实上，不消说是使其服苛酷之强制劳动的。总之，由此时以后，对西印度群岛，中美及南美及澳洲等的渡航者，急激增大了。譬如中国人之加利福尼亚渡航者，即由一八四九年之三百二十三人增加至一八五二年的一万八千余人。而一八四九年至一八六八年的二十年中，在三藩市上陆的中国人总数，达十万八千余人。其中四万五千人，于同年间归还本国了。同年间之澳洲移民数，也不较此为少。海外渡航者是用一船装载三百至七百人的"漂海地狱"的苦力船输送的。给与他们的坐席，据说通常不过八平方呎。而这些苦力船，横渡热带洋上到着古巴时，需一百六十八日，到秘鲁亦须一百二十日。这样，一四％至四五％的移民，大多皆不得不死于移民船中了。或者不耐虐待而自杀。进一步则起暴动，常常虐杀船员。虽然在此种状态之下,但如一八六五年时,还由澳门送了苦力五千二百〇七人至古巴,送八千四百十七人至秘鲁。同年,由广东送了二千七百十六人至古巴。要之,这里的问题,就是许多中国人虽遭遇了不断的渡航禁止令,而他们依然不得不为服役强制劳动而投身于"漂海地狱"这件事实自身之历史的经济的社会的意义。

以上,我们已经究明了旧来中国社会卷入于渐次成立之世界资本主义体系中,而使官僚主义的封建制,由内外两方面促成解体的过程了。

最后,我们还残留着一个对于旧来中国社会之生产方式自身之变革的考察。但在这里,我们不得不只能说一下关于中国工场制机械产业始期——大体上,即先进资本主义国之对华资本输出,与中国半殖民地化之始期——的确定。而我们把问题专限定于铁道及纺织业。

(1)中国之铁道 《帝国主义论》著者在一九〇二年说:"铁道是资本主义最重要产业部门——煤矿业与铁工业——的综合;而且是世界贸易与布尔乔亚民主主义的文明之发展的综合;同时,又是最明白的尺度。中国的铁道,以吴淞铁路为嚆矢。一八七五年,在上海之英美商人,得到了特许,于是设立了一所敷设沪淞间约十哩之铁道的公司。但该地域中,有中国人所最尊重的墓地,因而,他们反对铁道敷设。(因中国重视风水)但发起人们,不理会反对,于一八七六年先建设了从上海起五哩的铁路,而且开始通车了。但通车以后,发生了轹死人,于是民众激昂愈大,终于为中国政府收买而毁弃了。第二企图——华北之最初企图——是中国人自身（即直隶总督李鸿章等）设立之开平矿务局所筑造，而于英人技师下进行的'开平蒸汽轨道'。最初，先建设了从唐山到胥各庄之六哩余，用骡马牵曳的轨道车。其后，至一八八二年，才由蒸汽车头运转。不久，一八八六年，李鸿章等得敕许，设立了开平铁路公司（其后改名中国铁路公司），于唐山芦台间，开通了二十八哩的铁道。一八八八年，把这个再扩张至天津（八十哩）。而此线又计划扩张，一方面扩张由天津至北京（北平）之八十哩，另一方面扩张由唐山至山海关的八十哩。这个于一八九四年，作为政府事业，而延长至于山海关。以上大体是清日战争前中国铁道之水准。

中国因清日战争而知道了铁道之重要性。这样，一八九六年，敷设了由天津至北京郊外马家堡的铁道。这时候，在东北部，把已筑之天津及山海关间之线路，再延长至新民府及营口，而清日战争之结果，使列强在华之利权获得竞争，更趋炽烈了。这样，由前世纪九十年末以后，以外国资本之中国铁道建设发展了。连接北京与汉口之京汉铁路于一九○五年完成了。

这样，中国之铁道，在清日战争开始前，如前所述，不过百数十哩而已，但日俄战争后，至一九○六年末，全延长已达三千七百四十六哩（据摩斯之统计）了。

（2）纤维工业之机械的采用[注二]　中国棉业中工场制机械工业之采用，是前世纪之九十年时。换言之，一八九○年，李鸿章初以资本银四十万两，在上海创立了机器织布厂（或称洋布局）。

但这个不幸到一八九二年归于灰烬了。但翌年,又再复兴。由半官半民经营,改称恒丰纱厂。于是,中国之棉业,到一八九五年清日战争时,渐次不过只有工场七家,锭子十八万枚而已。

清日战争后,中国人自身的纺织企业也兴起来了。(譬如上海振华、九成、同昌、德大、振兴、豫泰等工厂之设立)这样,一九一一年时,工场已达三十二家,锭子已达八十三万一千枚了。

要之,中国近代的工场制机械产业之采用,大体上可以说始于前世纪之九十年时。但同时,这也是中国半殖民地化之划期。

(注一)粤汉铁路近正在积极建造中,预期在一九三六年五月底可以通车。——译者

(注二)一八七六年五月九日之《申报》有新闻一则如下,可资参考:"男耕女织,为国家务本生财之道,……本馆前论织布之法,宜亦仿效西人者,非欲变成法也,特以通商后,每年洋布入内,几不可以数计……则布日以来,必银日以往……昨闻李伯相议在英国购办织布机器,先在宁波、上海开设织造局,俟果有成效,然后具奏饬民间仿行,虽此说仅得诸《循环报》,尚未见有明文,然已闻有一职官某,愿先捐钱一万,为斯举之领袖云。"——译者

本篇之参考文献

稻叶君山著:《满洲发达史》;《近代中国史》;《清朝全史》上下二卷

东亚同文会编:《第一回中国年鉴》;《支那经济全书》;《清国商业综览》

田中忠夫著:《革命中国农村之实证的研究》;《中国经济论》(译编)

矢野仁一著:《近代蒙古史研究》;《近代中国史》

羽仁五郎著:《东洋资本主义之形成》(《史学杂志》第四十三篇第二号以下)

大上末广著:《旧满洲之土地形态与地租形态》(《满铁调查月报》第十三卷第三号以下)——以后改出单行本,题为《清朝时代中满洲之农业关系》。

小竹文夫著:《自明末至清中叶末外国银之中国流入》(《支那研究》第二九号)

斋籐良卫著:《中国国际关系概论》

武籐中山籐枝共著:《中国大革命》

威德福格尔著:《孙逸仙与中国革命》(筒井英一译)

满铁农事试验场 《满洲向来之农具》

伊籐武雄著:《现代中国社会研究》

大塚令三著:《中国共产党年志稿》(《满铁调查月报》一九三二年十二月号);《中国共产党文献考》(《满铁支那月志》一九三〇年四、五、六月号)

天野元之助著:《满洲佃农方式与其性质》;《满洲经济之发达》(《满铁调查月报》第十二卷第七号)

阎传绂著:《奉天省之土地制度与地税制度》(《满铁调查月报》第十二卷第六号以下)

铃江言一著:《中国革命之阶级对立》

田中萃一郎著:《太平天国之革命的意义》(《史学杂志》第二十三编第七号)

山口慎一译编:《中国问题研究资料》(第一、二、三辑)

宫本通治著:《关于中国农村经济之一考察》(《满铁支那月志》第三十号以下)

松井等著:《东洋近世史》第二篇(《世界历史大系》9)

丁达著:《中国农村经济之崩坏》

山本三吾译编:《远东之农业问题》

和田清著:《内蒙古诸部落之起源》

《北京之百业调查》(《北京满铁月报》第二九号)

《中国各地之农民状况调查》(同上第二八—九号)

临时台湾旧惯调查会编:第一部报告《清国行政法》

日森虎雄著:《中国红军及苏维埃区域之发展情况》(《满铁调查月报》一九三二年八、九月号)

李俊龙著:《中国共产党之土地政策概观》(《满铁调查月报》一九三四年一月号)

佐野袈裟美著:《农民战争之太平天国革命》(《唯物论研究》一九三四年三月号)

福迭切克著:《由广东到上海》(别府重夫译)

山田秀二著:《明清时代之村落自治》(《历史学研究》第二卷第三号以下)

马札尔著:《中国农村经济研究》;《中国行会手工业之运命》(《满铁调查月报》第十三卷第八号);《中国工场制手工业之发达》(《同上第十四卷第六号》)

中山耕太郎著:《新中国读本》

《大清会典》(乾隆二十九年〔一七六四年〕傅恒等奉敕撰)

《钦定皇朝通典》(乾隆三十二年〔西历一七六七年〕敕撰)

《钦定皇朝文献通考》(乾隆十二年〔一七四七年〕敕撰)

国民政府实业部中国经济年鉴纂编委员会编:《中国经济年鉴》

Morse, Chronicles of the East India Company Trading to China 1635－1834 5vols. Oxford, 1926, 1929.

Morse, The International Relations of the Chinese Empire, 3vols. London, New York, 1910, 1918.

Morse, Far Eastern International Relations, Boston, 1931.

Morse, In the Days of the Taipings, Salem 1927.

The Chinese Repository 20Vols. May, 1832 to Dec., 1851. Canton.

Jamieson, Tenure of Land in China and the Condition of the rural population. In the Journal of the China Branch of the Royal Asiatic Society, vol. XXIII, No. 2, 1888.

Möllendoriff, The Family Law of the Chinese. Journal of the China Branch of R. A. S. Vol. XXVII, No. 2, 1892－3.

Inlanh Communications in China, Journal of the China Branch of the R. A. S. Vol. XXVIII, No. 1, 1993－4.

Franke, Die Rechtsverhältnisse an Grundeigentum in China, Leipzig, 1903.

Buck, Chinese Farm Economy, A Study of 2866 Farms in Seventeen Localities and seven provinces in China, Chicago, 1930.

Wassiljew, Die Erschliessung Chinas, Leipzig, 1909.

Wagner, Die Chinesische Landwirtschaft. Berlin, 1926.

King, Farmers of Forty Centuries or Agriculture in China, Korea and Japan. London, 1911.

Gützlaff, China Opend, 2vols. London, 1838.

Marx, Uber Indien und China, unter dem Banner des Marxismus, I. Jahrg./Hebt 2, 1925.

Navarra, China und die Chinesen, Bremen 1901.

Franke, Ostasiatische Neubildungen Hamburg, 1611.

Cordier, Histoire des Relations de la Chine avec les puissance Occidentales, paris 1901－1902.

Cordier, Histoire générale de la Chine et de ses relations avec les paysétrangers, etc., 4vols. paris, 1920.

Die Grosse politik der enropäischen Kabinette, 1871－1914. 40 Bde. Berlin, 1922－27.

China Year Book. Woodhead, editor, 1912－, Tientsin and Shanghai.

一般的参考资料

服部宇之吉著:《支那研究》

浅井虎夫著:《中国法制史》;《中日通商史》

田中忠夫著:《中国经济史研究》

东川德治著:《中国法制史研究》

伊籐武雄著:《中国大陆之人口及面积统计》,其他(《满铁调查资料》)

山口高商东亚经济研究会编:《中国经济通说》

熊得山著:《中国农民问题之史的叙述》(《中国社会史论战》第四辑);《中国社会史研究》

聂国青著:《中国土地问题之史的发展》

薛农山著:《中国农民战争之史的研究》(《中国社会史论战》第七辑)

中江丑吉著:《中国之封建制度》(《满铁支那月志》第八年第一号)

伐令著:《中国封建制之特质》(《满铁支那月志》第八年第

一号）

朱伯康著：《中国封建制度之史的考察》（同上第四十三号以下）

吉田虎雄著：《中国货币研究》

桑原隲藏著：《历史上所见之南北中国》（白鸟博士还历纪念《东洋史论丛》）

沙发诺夫著：《中国社会发展史》

马札尔著：《中国农业经济论》

长野朗著：《中国土地制度研究》

马禄里著：《饥馑国中国》

稻叶岩吉著：《中国政治史纲领》

陶希圣著：《中国封建社会史》；《中国社会之史的分析》；《中国婚姻与家族之发达》

加藤繁著：《中国经济史》（《社会经济大系》及《经济学全集所收》）

小岛祐马著：《中国之产业并经济制度之沿革》（《中国经济通说》第十三编）；《中国之学问的固定性与汉代以后之社会》（《东亚经济研究》第十六卷第一号）

历史科学编辑部译编：《东洋历史》

威德福格尔著：《解体过程中之中国经济与社会》

《二十四史》（自《史记》至《明史》）特别为《食货志》，《地理志》等。

《通典》（唐杜佑编，其中含中国太古至第八世纪时之政教

记录)

《钦定续通典》(清乾隆三十二年〔西历一七六七年〕官撰。
其中含唐、五代、宋、南宋、辽、金、元、明代,为《通典》之续编)

《皇朝通典》(乾隆三十二年敕撰)

《文献通考》(马端临编,成于一三二二年——一三七〇年。包
含中国史太古至宋代止)

《钦定续文献通考》(成于清乾隆包含宋以后)

《皇朝文献通考》(成于清乾隆中。官撰)

《钦定古今图书集成》(其中之《经济汇编·食货典》。这是
中国最大之百科大辞书,着手于清康熙末,完成于雍正三年。蒋
廷锡等奉敕撰)

Morse, Currency in China (From the Journal of the North China
Branch of the Royal Asiatic Society, vol. , XXXVIII)

Morse, The Trade and Administration of the Chinese Empire,
Shanghai 1908.

Lee, The Economic History of China, with Special Reference to
Agriculture, New York, 1921.

Franke, Die Rechtsverhältnisse am Grundeigentum in China.
Leipzig, 1903.

Parker, China, Her History, Diplomacy and Commerce, from
the Earliest Times to the present day, London, 1901.

Werner, Chinese Weapons, Shanghai 1932.

Sacharoff, The Numerical Relations of the population of China,

During the 4,000. Years of its historical Existence, Hongkong, 1862.

Macgowan, Chinese Guilds, or Chambers of Commerce and Trades unions. (In Journal of North China Branch of the Royal Asiatic Society). 1888 − 1889.

Wittfogel, Voraussetzungen und Grundelemente der Chinesischen Landwirtschaft, Archiv f. Sozialwiss u. Sozialpol, 1929.

Wittfogel, Probleme d. Chinesischen Wirtschaftsgeschichte. Archiv f. Sozialwiss. u. Sozialpol. , 1927.

Wittfogel, Die Gründlage der Chinesischen Arbeiterbewegüng, Archiv für die Geschichte des Sozialismüs und der Arbeiterbewegung, 1930.

Couling, Encyclopeedia Sinica. Shanghai, 1917.

Mallory, China, Land of Famine. New York. 1928.

Far Eastern Geographical Establishment, The New Atlas and Commercial Gazetteer of China. 1917.

Madjor, Die Oekonomik der Landwirtschaft in China. Unter dem Banner des Marxismus. III. Jahrg. (1929). Heft. I.

Jamieson, Chinese Family and Commercial Law. 1921.

Du Halde, Description geographique, historique, chronologique, politique de l, Empire de la Chine et de la Tartarie chinoise 4 Vols. paris, 1735.

Richthofen, China, 4 Bde. Berlin, 1877 − 1911.

Richthofen, Tagebücher aus China, 2 Bde. Berlin, 1907.

Oressey, China's Geographic Foundations, A Survey of the Land and its people. New York, 1934.